中华人民共和国法律释义及实用指南

国家出版基金项目
NATIONAL PUBLICATION FOUNDATION

《中华人民共和国老年人权益保障法》释义及实用指南

吴高盛　主编

中国民主法制出版社
全国百佳图书出版单位

北京·2014

图书在版编目（CIP）数据

《中华人民共和国老年人权益保障法》释义及实用指南／吴高盛主编—北京：中国民主法制出版社，2014.5

（中华人民共和国法律释义及实用指南）

ISBN 978-7-5162-0527-3

Ⅰ.①中… Ⅱ.①吴… Ⅲ.①老年人权益保障法－法律解释－中国 Ⅳ.①D923.85

中国版本图书馆CIP数据核字（2014）第104126号

图书出品人：肖启明
全案统筹：刘海涛
责任编辑：胡玉莹

书　名／《中华人民共和国老年人权益保障法》释义及实用指南
作　者／吴高盛　主编

出版·发行／中国民主法制出版社
地　址／北京市丰台区玉林里7号（100069）
电　话／63292534　63057714（发行部）　63055022（法律室）
传　真／63056975　63056983
http：//www.npcpub.com
E-mail：mzfz@npcpub.com
经　销／新华书店
开　本／16开　710毫米×1000毫米
印　张／21.5　**字数**／282千字
版　本／2014年6月第1版　2014年6月第1次印刷
印　刷／北京友谊印刷有限公司

书　号／ISBN 978-7-5162-0527-3
定　价／42.00元

编写说明

2012年12月28日，十一届全国人大常委会第三十次会议审议通过了对1996年制定的老年人权益保障法进行全面修订的《中华人民共和国老年人权益保障法》。修订后的老年人权益保障法总结我国1996年老年人权益保障法颁布实施以来的经验，针对老年人权益保障工作面临的新情况、新问题，对原法作了较大幅度的修改和补充完善，增加和充实了有关社会服务、社会优待、宜居环境、参与社会发展等方面的内容。结构更加合理、内容更加全面。修订后的老年人权益保障法自2013年7月1日起施行。修订后的老年人权益保障法颁布后，民政部于2013年6月27日颁布了《养老机构管理办法》和《养老机构设立许可办法》，对法律有关内容进一步作了具体规定，新规定与修订后的老年人权益保障法同步实施。

为配合修订后的老年人权益保障法的学习宣传，帮助广大读者准确领会法律条文及相关法规的含义，我们编写了本书。参加本书编写的同志有吴高盛、李方、刘丽、姜洋、张伟、赵小丽、蒋恩凡等。

本书力求准确、详尽、通俗地阐述老年人权益保障法及相关法规的有关内容。但因时间和水平有限，错误和疏漏之处在所难免，敬请读者批评指正。

编　者

2014年5月

目　录

第一部分　法律文本及条文释义

中华人民共和国老年人权益保障法 …………………………………… 3
第一章　总　　则 ………………………………………………………… 16
第二章　家庭赡养与扶养 ………………………………………………… 53
第三章　社会保障 ………………………………………………………… 88
第四章　社会服务 ……………………………………………………… 107
第五章　社会优待 ……………………………………………………… 135
第六章　宜居环境 ……………………………………………………… 150
第七章　参与社会发展 ………………………………………………… 160
第八章　法律责任 ……………………………………………………… 176
第九章　附　　则 ……………………………………………………… 211

第二部分　立法文件

关于《中华人民共和国老年人权益保障法（修订草案）》的说明 …… 219
全国人民代表大会法律委员会关于《中华人民共和国老年人权益保障法（修订草案）》审议结果的报告 ……………………………… 226
全国人民代表大会法律委员会关于《中华人民共和国老年人权益保障法（修订草案二次审议稿）》修改意见的报告 ……………… 229

第三部分　相关法律法规

中华人民共和国婚姻法 …………………………………………………… 233
中华人民共和国继承法 …………………………………………………… 241

中华人民共和国社会保险法 …………………………………………………… 248
农村五保供养工作条例 ………………………………………………………… 265
城市居民最低生活保障条例 …………………………………………………… 271
社会救助暂行办法 ……………………………………………………………… 275
城市生活无着的流浪乞讨人员救助管理办法 ………………………………… 287
养老机构设立许可办法 ………………………………………………………… 290
养老机构管理办法 ……………………………………………………………… 296
最高人民法院关于贯彻执行《中华人民共和国继承法》若干
问题的意见 ……………………………………………………………… 302
最高人民法院关于适用《中华人民共和国婚姻法》若干问题
的解释（一） ………………………………………………………… 310
最高人民法院关于适用《中华人民共和国婚姻法》若干问题
的解释（二） ………………………………………………………… 315
最高人民法院关于适用《中华人民共和国婚姻法》若干问题
的解释（三） ………………………………………………………… 320
中国老龄事业发展“十二五”规划 …………………………………………… 323
社会养老服务体系建设规划（2011—2015 年） …………………………… 335

第一部分

法律文本及条文释义

中华人民共和国老年人权益保障法

（1996年8月29日第八届全国人民代表大会常务委员会第二十一次会议通过　根据2009年8月27日第十一届全国人民代表大会常务委员会第十次会议《关于修改部分法律的决定》修正　2012年12月28日第十一届全国人民代表大会常务委员会第三十次会议修订　2012年12月28日中华人民共和国主席令第七十二号公布

第一章　总　　则
第二章　家庭赡养与扶养
第三章　社会保障
第四章　社会服务
第五章　社会优待
第六章　宜居环境
第七章　参与社会发展
第八章　法律责任
第九章　附　　则

第一章　总　　则

第一条　为了保障老年人合法权益，发展老龄事业，弘扬中华民族敬老、养老、助老的美德，根据宪法，制定本法。

第二条　本法所称老年人是指六十周岁以上的公民。

第三条　国家保障老年人依法享有的权益。

老年人有从国家和社会获得物质帮助的权利，有享受社会服务和社会优待的权利，有参与社会发展和共享发展成果的权利。

禁止歧视、侮辱、虐待或者遗弃老年人。

第四条 积极应对人口老龄化是国家的一项长期战略任务。

国家和社会应当采取措施，健全保障老年人权益的各项制度，逐步改善保障老年人生活、健康、安全以及参与社会发展的条件，实现老有所养、老有所医、老有所为、老有所学、老有所乐。

第五条 国家建立多层次的社会保障体系，逐步提高对老年人的保障水平。

国家建立和完善以居家为基础、社区为依托、机构为支撑的社会养老服务体系。

倡导全社会优待老年人。

第六条 各级人民政府应当将老龄事业纳入国民经济和社会发展规划，将老龄事业经费列入财政预算，建立稳定的经费保障机制，并鼓励社会各方面投入，使老龄事业与经济、社会协调发展。

国务院制定国家老龄事业发展规划。县级以上地方人民政府根据国家老龄事业发展规划，制定本行政区域的老龄事业发展规划和年度计划。

县级以上人民政府负责老龄工作的机构，负责组织、协调、指导、督促有关部门做好老年人权益保障工作。

第七条 保障老年人合法权益是全社会的共同责任。

国家机关、社会团体、企业事业单位和其他组织应当按照各自职责，做好老年人权益保障工作。

基层群众性自治组织和依法设立的老年人组织应当反映老年人的要求，维护老年人合法权益，为老年人服务。

提倡、鼓励义务为老年人服务。

第八条 国家进行人口老龄化国情教育，增强全社会积极应对人口老龄化意识。

全社会应当广泛开展敬老、养老、助老宣传教育活动，树立尊重、关心、帮助老年人的社会风尚。

青少年组织、学校和幼儿园应当对青少年和儿童进行敬老、养老、助老的道德教育和维护老年人合法权益的法制教育。

广播、电影、电视、报刊、网络等应当反映老年人的生活，开展维护老年人合法权益的宣传，为老年人服务。

第九条　国家支持老龄科学研究，建立老年人状况统计调查和发布制度。

第十条　各级人民政府和有关部门对维护老年人合法权益和敬老、养老、助老成绩显著的组织、家庭或者个人，对参与社会发展做出突出贡献的老年人，按照国家有关规定给予表彰或者奖励。

第十一条　老年人应当遵纪守法，履行法律规定的义务。

第十二条　每年农历九月初九为老年节。

第二章　家庭赡养与扶养

第十三条　老年人养老以居家为基础，家庭成员应当尊重、关心和照料老年人。

第十四条　赡养人应当履行对老年人经济上供养、生活上照料和精神上慰藉的义务，照顾老年人的特殊需要。

赡养人是指老年人的子女以及其他依法负有赡养义务的人。

赡养人的配偶应当协助赡养人履行赡养义务。

第十五条　赡养人应当使患病的老年人及时得到治疗和护理；对经济困难的老年人，应当提供医疗费用。

对生活不能自理的老年人，赡养人应当承担照料责任；不能亲自照料的，可以按照老年人的意愿委托他人或者养老机构等照料。

第十六条　赡养人应当妥善安排老年人的住房，不得强迫老年人居住或者迁居条件低劣的房屋。

老年人自有的或者承租的住房，子女或者其他亲属不得侵占，不得擅自改变产权关系或者租赁关系。

老年人自有的住房，赡养人有维修的义务。

第十七条 赡养人有义务耕种或者委托他人耕种老年人承包的田地，照管或者委托他人照管老年人的林木和牲畜等，收益归老年人所有。

第十八条 家庭成员应当关心老年人的精神需求，不得忽视、冷落老年人。

与老年人分开居住的家庭成员，应当经常看望或者问候老年人。

用人单位应当按照国家有关规定保障赡养人探亲休假的权利。

第十九条 赡养人不得以放弃继承权或者其他理由，拒绝履行赡养义务。

赡养人不履行赡养义务，老年人有要求赡养人付给赡养费等权利。

赡养人不得要求老年人承担力不能及的劳动。

第二十条 经老年人同意，赡养人之间可以就履行赡养义务签订协议。赡养协议的内容不得违反法律的规定和老年人的意愿。

基层群众性自治组织、老年人组织或者赡养人所在单位监督协议的履行。

第二十一条 老年人的婚姻自由受法律保护。子女或者其他亲属不得干涉老年人离婚、再婚及婚后的生活。

赡养人的赡养义务不因老年人的婚姻关系变化而消除。

第二十二条 老年人对个人的财产，依法享有占有、使用、收益和处分的权利，子女或者其他亲属不得干涉，不得以窃取、骗取、强行索取等方式侵犯老年人的财产权益。

老年人有依法继承父母、配偶、子女或者其他亲属遗产的权利，有接受赠与的权利。子女或者其他亲属不得侵占、抢夺、转移、隐匿或者损毁应当由老年人继承或者接受赠与的财产。

老年人以遗嘱处分财产，应当依法为老年配偶保留必要的份额。

第二十三条 老年人与配偶有相互扶养的义务。

由兄、姐扶养的弟、妹成年后，有负担能力的，对年老无赡养人的兄、姐有扶养的义务。

第二十四条 赡养人、扶养人不履行赡养、扶养义务的，基层群众性自治组织、老年人组织或者赡养人、扶养人所在单位应当督促其履行。

第二十五条　禁止对老年人实施家庭暴力。

第二十六条　具备完全民事行为能力的老年人，可以在近亲属或者其他与自己关系密切、愿意承担监护责任的个人、组织中协商确定自己的监护人。监护人在老年人丧失或者部分丧失民事行为能力时，依法承担监护责任。

老年人未事先确定监护人的，其丧失或者部分丧失民事行为能力时，依照有关法律的规定确定监护人。

第二十七条　国家建立健全家庭养老支持政策，鼓励家庭成员与老年人共同生活或者就近居住，为老年人随配偶或者赡养人迁徙提供条件，为家庭成员照料老年人提供帮助。

第三章　社会保障

第二十八条　国家通过基本养老保险制度，保障老年人的基本生活。

第二十九条　国家通过基本医疗保险制度，保障老年人的基本医疗需要。享受最低生活保障的老年人和符合条件的低收入家庭中的老年人参加新型农村合作医疗和城镇居民基本医疗保险所需个人缴费部分，由政府给予补贴。

有关部门制定医疗保险办法，应当对老年人给予照顾。

第三十条　国家逐步开展长期护理保障工作，保障老年人的护理需求。

对生活长期不能自理、经济困难的老年人，地方各级人民政府应当根据其失能程度等情况给予护理补贴。

第三十一条　国家对经济困难的老年人给予基本生活、医疗、居住或者其他救助。

老年人无劳动能力、无生活来源、无赡养人和扶养人，或者其赡养人和扶养人确无赡养能力或者扶养能力的，由地方各级人民政府依照有关规定给予供养或者救助。

对流浪乞讨、遭受遗弃等生活无着的老年人，由地方各级人民政府依照有关规定给予救助。

第三十二条 地方各级人民政府在实施廉租住房、公共租赁住房等住房保障制度或者进行危旧房屋改造时，应当优先照顾符合条件的老年人。

第三十三条 国家建立和完善老年人福利制度，根据经济社会发展水平和老年人的实际需要，增加老年人的社会福利。

国家鼓励地方建立八十周岁以上低收入老年人高龄津贴制度。

国家建立和完善计划生育家庭老年人扶助制度。

农村可以将未承包的集体所有的部分土地、山林、水面、滩涂等作为养老基地，收益供老年人养老。

第三十四条 老年人依法享有的养老金、医疗待遇和其他待遇应当得到保障，有关机构必须按时足额支付，不得克扣、拖欠或者挪用。

国家根据经济发展以及职工平均工资增长、物价上涨等情况，适时提高养老保障水平。

第三十五条 国家鼓励慈善组织以及其他组织和个人为老年人提供物质帮助。

第三十六条 老年人可以与集体经济组织、基层群众性自治组织、养老机构等组织或者个人签订遗赠扶养协议或者其他扶助协议。

负有扶养义务的组织或者个人按照遗赠扶养协议，承担该老年人生养死葬的义务，享有受遗赠的权利。

第四章 社会服务

第三十七条 地方各级人民政府和有关部门应当采取措施，发展城乡社区养老服务，鼓励、扶持专业服务机构及其他组织和个人，为居家的老年人提供生活照料、紧急救援、医疗护理、精神慰藉、心理咨询等多种形式的服务。

对经济困难的老年人，地方各级人民政府应当逐步给予养老服务补贴。

第三十八条　地方各级人民政府和有关部门、基层群众性自治组织，应当将养老服务设施纳入城乡社区配套设施建设规划，建立适应老年人需要的生活服务、文化体育活动、日间照料、疾病护理与康复等服务设施和网点，就近为老年人提供服务。

发扬邻里互助的传统，提倡邻里间关心、帮助有困难的老年人。

鼓励慈善组织、志愿者为老年人服务。倡导老年人互助服务。

第三十九条　各级人民政府应当根据经济发展水平和老年人服务需求，逐步增加对养老服务的投入。

各级人民政府和有关部门在财政、税费、土地、融资等方面采取措施，鼓励、扶持企业事业单位、社会组织或者个人兴办、运营养老、老年人日间照料、老年文化体育活动等设施。

第四十条　地方各级人民政府和有关部门应当按照老年人口比例及分布情况，将养老服务设施建设纳入城乡规划和土地利用总体规划，统筹安排养老服务设施建设用地及所需物资。

非营利性养老服务设施用地，可以依法使用国有划拨土地或者农民集体所有的土地。

养老服务设施用地，非经法定程序不得改变用途。

第四十一条　政府投资兴办的养老机构，应当优先保障经济困难的孤寡、失能、高龄等老年人的服务需求。

第四十二条　国务院有关部门制定养老服务设施建设、养老服务质量和养老服务职业等标准，建立健全养老机构分类管理和养老服务评估制度。

各级人民政府应当规范养老服务收费项目和标准，加强监督和管理。

第四十三条　设立养老机构，应当符合下列条件：

（一）有自己的名称、住所和章程；

（二）有与服务内容和规模相适应的资金；

（三）有符合相关资格条件的管理人员、专业技术人员和服务人员；

（四）有基本的生活用房、设施设备和活动场地；

（五）法律、法规规定的其他条件。

第四十四条 设立养老机构应当向县级以上人民政府民政部门申请行政许可；经许可的，依法办理相应的登记。

县级以上人民政府民政部门负责养老机构的指导、监督和管理，其他有关部门依照职责分工对养老机构实施监督。

第四十五条 养老机构变更或者终止的，应当妥善安置收住的老年人，并依照规定到有关部门办理手续。有关部门应当为养老机构妥善安置老年人提供帮助。

第四十六条 国家建立健全养老服务人才培养、使用、评价和激励制度，依法规范用工，促进从业人员劳动报酬合理增长，发展专职、兼职和志愿者相结合的养老服务队伍。

国家鼓励高等学校、中等职业学校和职业培训机构设置相关专业或者培训项目，培养养老服务专业人才。

第四十七条 养老机构应当与接受服务的老年人或者其代理人签订服务协议，明确双方的权利、义务。

养老机构及其工作人员不得以任何方式侵害老年人的权益。

第四十八条 国家鼓励养老机构投保责任保险，鼓励保险公司承保责任保险。

第四十九条 各级人民政府和有关部门应当将老年医疗卫生服务纳入城乡医疗卫生服务规划，将老年人健康管理和常见病预防等纳入国家基本公共卫生服务项目。鼓励为老年人提供保健、护理、临终关怀等服务。

国家鼓励医疗机构开设针对老年病的专科或者门诊。

医疗卫生机构应当开展老年人的健康服务和疾病防治工作。

第五十条 国家采取措施，加强老年医学的研究和人才培养，提高老年病的预防、治疗、科研水平，促进老年病的早期发现、诊断和治疗。

国家和社会采取措施，开展各种形式的健康教育，普及老年保健知识，增强老年人自我保健意识。

第五十一条 国家采取措施，发展老龄产业，将老龄产业列入国家扶持行业目录。扶持和引导企业开发、生产、经营适应老年人需要的用品和提供相关的服务。

第五章 社会优待

第五十二条 县级以上人民政府及其有关部门根据经济社会发展情况和老年人的特殊需要，制定优待老年人的办法，逐步提高优待水平。

对常住在本行政区域内的外埠老年人给予同等优待。

第五十三条 各级人民政府和有关部门应当为老年人及时、便利地领取养老金、结算医疗费和享受其他物质帮助提供条件。

第五十四条 各级人民政府和有关部门办理房屋权属关系变更、户口迁移等涉及老年人权益的重大事项时，应当就办理事项是否为老年人的真实意思表示进行询问，并依法优先办理。

第五十五条 老年人因其合法权益受侵害提起诉讼交纳诉讼费确有困难的，可以缓交、减交或者免交；需要获得律师帮助，但无力支付律师费用的，可以获得法律援助。

鼓励律师事务所、公证处、基层法律服务所和其他法律服务机构为经济困难的老年人提供免费或者优惠服务。

第五十六条 医疗机构应当为老年人就医提供方便，对老年人就医予以优先。有条件的地方，可以为老年人设立家庭病床，开展巡回医疗、护理、康复、免费体检等服务。

提倡为老年人义诊。

第五十七条 提倡与老年人日常生活密切相关的服务行业为老年人提供优先、优惠服务。

城市公共交通、公路、铁路、水路和航空客运，应当为老年人提供优待和照顾。

第五十八条 博物馆、美术馆、科技馆、纪念馆、公共图书馆、文化馆、影剧院、体育场馆、公园、旅游景点等场所，应当对老年人免费或者优惠开放。

第五十九条 农村老年人不承担兴办公益事业的筹劳义务。

第六章 宜居环境

第六十条 国家采取措施，推进宜居环境建设，为老年人提供安全、便利和舒适的环境。

第六十一条 各级人民政府在制定城乡规划时，应当根据人口老龄化发展趋势、老年人口分布和老年人的特点，统筹考虑适合老年人的公共基础设施、生活服务设施、医疗卫生设施和文化体育设施建设。

第六十二条 国家制定和完善涉及老年人的工程建设标准体系，在规划、设计、施工、监理、验收、运行、维护、管理等环节加强相关标准的实施与监督。

第六十三条 国家制定无障碍设施工程建设标准。新建、改建和扩建道路、公共交通设施、建筑物、居住区等，应当符合国家无障碍设施工程建设标准。

各级人民政府和有关部门应当按照国家无障碍设施工程建设标准，优先推进与老年人日常生活密切相关的公共服务设施的改造。

无障碍设施的所有人和管理人应当保障无障碍设施正常使用。

第六十四条 国家推动老年宜居社区建设，引导、支持老年宜居住宅的开发，推动和扶持老年人家庭无障碍设施的改造，为老年人创造无障碍居住环境。

第七章 参与社会发展

第六十五条 国家和社会应当重视、珍惜老年人的知识、技能、经验和优良品德，发挥老年人的专长和作用，保障老年人参与经济、政治、文化和社会生活。

第六十六条　老年人可以通过老年人组织，开展有益身心健康的活动。

第六十七条　制定法律、法规、规章和公共政策，涉及老年人权益重大问题的，应当听取老年人和老年人组织的意见。

老年人和老年人组织有权向国家机关提出老年人权益保障、老龄事业发展等方面的意见和建议。

第六十八条　国家为老年人参与社会发展创造条件。根据社会需要和可能，鼓励老年人在自愿和量力的情况下，从事下列活动：

（一）对青少年和儿童进行社会主义、爱国主义、集体主义和艰苦奋斗等优良传统教育；

（二）传授文化和科技知识；

（三）提供咨询服务；

（四）依法参与科技开发和应用；

（五）依法从事经营和生产活动；

（六）参加志愿服务、兴办社会公益事业；

（七）参与维护社会治安、协助调解民间纠纷；

（八）参加其他社会活动。

第六十九条　老年人参加劳动的合法收入受法律保护。

任何单位和个人不得安排老年人从事危害其身心健康的劳动或者危险作业。

第七十条　老年人有继续受教育的权利。

国家发展老年教育，把老年教育纳入终身教育体系，鼓励社会办好各类老年学校。

各级人民政府对老年教育应当加强领导，统一规划，加大投入。

第七十一条　国家和社会采取措施，开展适合老年人的群众性文化、体育、娱乐活动，丰富老年人的精神文化生活。

第八章　法律责任

第七十二条　老年人合法权益受到侵害的，被侵害人或者其代理人有权要求有关部门处理，或者依法向人民法院提起诉讼。

人民法院和有关部门，对侵犯老年人合法权益的申诉、控告和检举，应当依法及时受理，不得推诿、拖延。

第七十三条　不履行保护老年人合法权益职责的部门或者组织，其上级主管部门应当给予批评教育，责令改正。

国家工作人员违法失职，致使老年人合法权益受到损害的，由其所在单位或者上级机关责令改正，或者依法给予处分；构成犯罪的，依法追究刑事责任。

第七十四条　老年人与家庭成员因赡养、扶养或者住房、财产等发生纠纷，可以申请人民调解委员会或者其他有关组织进行调解，也可以直接向人民法院提起诉讼。

人民调解委员会或者其他有关组织调解前款纠纷时，应当通过说服、疏导等方式化解矛盾和纠纷；对有过错的家庭成员，应当给予批评教育。

人民法院对老年人追索赡养费或者扶养费的申请，可以依法裁定先予执行。

第七十五条　干涉老年人婚姻自由，对老年人负有赡养义务、扶养义务而拒绝赡养、扶养，虐待老年人或者对老年人实施家庭暴力的，由有关单位给予批评教育；构成违反治安管理行为的，依法给予治安管理处罚；构成犯罪的，依法追究刑事责任。

第七十六条　家庭成员盗窃、诈骗、抢夺、侵占、勒索、故意损毁老年人财物，构成违反治安管理行为的，依法给予治安管理处罚；构成犯罪的，依法追究刑事责任。

第七十七条　侮辱、诽谤老年人，构成违反治安管理行为的，依法给予治安管理处罚；构成犯罪的，依法追究刑事责任。

第七十八条　未经许可设立养老机构的，由县级以上人民政府民政部门责令改正；符合法律、法规规定的养老机构条件的，依法补办相关手续；逾期达不到法定条件的，责令停办并妥善安置收住的老年人；造成损害的，依法承担民事责任。

第七十九条　养老机构及其工作人员侵害老年人人身和财产权益，或者未按照约定提供服务的，依法承担民事责任；有关主管部门依法给予行政处罚；构成犯罪的，依法追究刑事责任。

第八十条　对养老机构负有管理和监督职责的部门及其工作人员滥用职权、玩忽职守、徇私舞弊的，对直接负责的主管人员和其他直接责任人员依法给予处分；构成犯罪的，依法追究刑事责任。

第八十一条　不按规定履行优待老年人义务的，由有关主管部门责令改正。

第八十二条　涉及老年人的工程不符合国家规定的标准或者无障碍设施所有人、管理人未尽到维护和管理职责的，由有关主管部门责令改正；造成损害的，依法承担民事责任；对有关单位、个人依法给予行政处罚；构成犯罪的，依法追究刑事责任。

第九章　附　　则

第八十三条　民族自治地方的人民代表大会，可以根据本法的原则，结合当地民族风俗习惯的具体情况，依照法定程序制定变通的或者补充的规定。

第八十四条　本法施行前设立的养老机构不符合本法规定条件的，应当限期整改。具体办法由国务院民政部门制定。

第八十五条　本法自 2013 年 7 月 1 日起施行。

第一章 总 则

总则是法律的总纲，又称为法律总的原则。我国法律一般都设有总则一章，主要对法律的立法宗旨、适用范围以及贯穿一部法律总的指导思想和基本原则等进行规定。本法第一章为总则，共12条，主要对老年人权益保障法的立法宗旨、老年人的界定、国家保障老年人依法享有的权益、积极应对人口老龄化战略、提高老年人社会保障水平、老龄事业发展规划、人口老龄化国情教育、支持老龄科学研究、老年节等作了原则规定。

第一条 为了保障老年人合法权益，发展老龄事业，弘扬中华民族敬老、养老、助老的美德，根据宪法，制定本法。

【本条主旨】

本条是关于立法宗旨的规定。

【本条释义】

立法宗旨，也即制定法律的目的。法的宗旨贯穿于整部法律，是法的精髓和核心，法的具体条文都是围绕立法宗旨而展开的。具体而言，老年人权益保障法的立法宗旨包括以下几方面的内容：

一、保障老年人合法权益

保障老年人合法权益是制定本法的首要目的。老年人是社会中的一个特殊群体，由于其生理、心理的特殊性，需要全社会的特别关爱。尤其是随着我国经济社会发展和老龄化时代的到来，如何更好地保护老年人的合法权益，是全社会都要认真思考的问题，也是需要从法律制度上进一步强化的问题。

1996 年 8 月 29 日，八届全国人大常委会第二十一次会议审议通过了《中华人民共和国老年人权益保障法》。老年人权益保障法的实施，对于保障老年人合法权益发挥了积极作用。法律实施十多年来，我国经济社会发展发生了深刻变化，人民生活水平大幅度提高，人均寿命不断提高，人口老龄化趋势日益明显，老年人权益保障面临新的形势和问题。为此，老年人权益保障法的修改工作逐步提上最高立法机关的议事日程。2007 年，民政部和全国老龄办启动了老年人权益保障法的修改工作。为加快立法进程，自 2011 年起，全国人大内司委牵头组织老年人权益保障法修订草案的起草工作。2011 年 5 月至 7 月，全国人大常委会老年人权益保障法执法检查组开展法律实施的检查工作，通过执法检查，法律实施中暴露出来的问题更加明显。法律修订草案经过反复研究、修改，不断完善。2012 年 6 月，十一届全国人大常委会第二十七次会议对老年人权益保障法（修订草案）进行了初次审议。常委会组成人员普遍认为，随着我国人口老龄化进程的不断加快，根据老年人权益保障实施中面临的新情况、新问题，对老年人权益保障法进行全面修订很有必要。2012 年 12 月 28 日，在全国人大常委会两次会议审议的基础上，十一届全国人大常委会第三十次会议高票表决通过了修订后的老年人权益保障法。

修订后的老年人权益保障法共 85 条，分总则、家庭赡养与扶养、社会保障、社会服务、社会优待、宜居环境、参与社会发展、法律责任和附则共 9 章。从内容上看，新增社会服务、社会优待和宜居环境等方面的内容，对原法作了较大幅度的全面修订。老年人权益保障法的全面修订，充分反映了经济社会发展形势对老年人权益保障提出的新的要求。它必将有力地促进和保障老年人的合法权益，促进老龄事业更好地发展，发扬中华民族敬老、养老、助老的传统美德。

二、发展老龄事业

党和人民政府历来十分关心老年人。新中国成立后特别是改革开放以来，国家颁布实施了一系列维护老年人权益的法律、法规和政策，加强了尊老爱幼思想教育，初步建立了养老、医疗等社会保障制度，老年福利、卫生、文化、教育、体育等事业有了一定发展，老年人的生活水平和生活质量不断提高。老龄工作取得的进展和成绩，对推动经济建设和社会发展起到了重要作用。但是，从当前我国的实际情况来看，我们应对人口老龄化的准备仍然不适应客观形势发展的需要。一是全社会对人口老龄化的严峻形势认识不足，尚未从根本上认识到人口老龄化将成为一项对我国国民经济和社会发展带来长期、深远影响的重要因素。人口问题与一般的社会问题不同，人是社会生产力中最活跃的因素，人口老龄化带来的影响，将比资本、科技进步等因素给经济、社会发展带来的影响更为持久和长远。二是老年社会保障体系建设有待完善，尽管经过二十年的发展，我国的社会保障事业取得了举世瞩目的伟大成就，但是社会保障总体水平较低，保障水平不平衡以及城乡差距大的局面尚未从根本上得到改观，这些都将影响老年人的保障水平和晚年生活质量。三是养老服务体系建设滞后，养老机构供需矛盾突出，国家对养老机构的发展政策扶持力度有限、资金投入不足。公立养老机构保障水平高、供不应求；部分民营养老机构服务不规范的问题较为突出，在国家政策扶持等方面与公立养老机构存在较大差距。此外，老龄事业投入机制不健全，老龄工作机构和队伍建设亟待加强等，也是老龄事业发展中面临的突出问题。我国作为世界上最大的发展中国家，当前老年人口基数大、增长快，且各地区经济社会发展不平衡，老龄事业发展面临的困难和问题是其他工业化国家所不曾经历过的。在这种情况下，如何进一步加快发展符合我国国情的老龄事业，是立法要重点解决的突出问题。

三、弘扬中华民族敬老、养老、助老的美德

法与道德相辅相成，敬老、养老、助老是中华民族的传统美德，是千

百年来传承下来的宝贵品质财富。在源远流长、博大精深的中华传统文化中，重视道德，讲究社会和谐是我们文化传统中的精髓，也是中华民族强大的爱与亲和力的主要体现。敬老、养老、助老的传统美德为老年人权益保障立法奠定了坚实的道德基础。反过来，老年人权益保障立法体现了敬老、养老、助老的传统美德，立法正是要从体制机制上保障老年人的合法权益，使得中华民族敬老、养老、助老的传统美德能够不断发扬光大。需要注意的是，与修订前的老年人权益保障法相比，修订后的老年人权益保障法增加了“助老”的内容，这进一步丰富了我们传统美德的内涵和外延，拓宽了原来“敬老、养老”的范畴，对弘扬中华民族传统文化、保障老年人合法权益有积极意义。

此外，根据本条规定，老年人权益保障法根据宪法制定。之所以这么规定，是因为宪法是我国的根本大法，是“母法”，也是一切法律制定的根据。我国宪法第三十三条第三款规定，国家尊重和保障人权；第四十五条第一款规定，中华人民共和国公民在年老、疾病或者丧失劳动能力的情况下，有从国家和社会获得物质帮助的权利。国家发展为公民享受这些权利所需要的社会保险、社会救济和医疗卫生事业。这一规定为老年人权益保障法的制定提供了根本法上的依据。反过来，老年人权益保障法的制定和完善，有利于更好地贯彻落实尊重和保障人权的原则，更好地保障老年人的合法权益。

第二条　本法所称老年人是指六十周岁以上的公民。

【本条主旨】

本条是关于老年人的界定的规定。

【本条释义】

一、科学合理界定“老年人”的概念

老年人权益保障法的调整对象是“老年人”。如何科学合理界定老年人的内涵和外延，是立法首先要回答的问题。“老年人”是一个常见又比较复杂的概念。从人的一生看，生命是一个渐变的过程，经历了从婴儿期、儿童期、青年、中年到老年的过程，然而从实质上而言，人的各个阶段的分界线比较模糊，每个人的生理状况也不同，难以适用同一标准，作出准确的划分。从这个意义上说，对“老年人”的定义和界定，从不同的角度出发，可以得出不同的结论。例如，以身体状况为界定标准和以实际年龄为标准界定老年人，得出来的结果可能截然不同。有些人实际年龄不大，但是身体状况较差、精神状态不佳，如果以后者为标准，则可能接近老年人，更需要法律上的特殊保护；有些人虽年过七旬，但身体健硕，在日常生活中自理能力很强，基本上不需要特殊照顾。因此，以身体状况、心理年龄、精神状态等标准界定老年人，都存在一定的不确定性。各国和国际组织一般以年代年龄来作为老年人的界定标准。所谓“年代年龄”，又称“出生年龄”，是指个体离开母体后在地球上生存的时间。

二、老年人是指60周岁以上的公民

我国老年人权益保障法以年代年龄作为界定老年人的标准。根据本条规定，本法所称老年人是指60周岁以上的公民。对于这一规定，立法过程中有一些不同的认识和争议。有的意见认为，随着我国经济社会发展和人民生活水平的提高，我国人均寿命已经从新中国成立初期的50多岁提高到了目前的70多岁，且还有不断增长的趋势，以60周岁作为界定老年人的标准，目前来看已经有些过时，建议提高至65周岁。还有的意见建议将老年人作为一个动态的概念来把握，即不以具体年龄而是考虑其各方面综合因素来确定，等等。从老年人权益保障的角度出发，年龄标准界定得过高，必然将一部分群体排除在本法的适用范围之外，不利于保护这部分群体的权利。因此，修订后的老年人权益保障法延续了原法律的规定，将老年人的年龄标准界定为“年满六十周岁”，这是在综合考虑我国政治、经济、文化、历史和国民的生理、心理、生活方式等各方面因素后所作出的选择。应当说明的是，法律的调整对象也不是一成不变的，而是需要根据经济社会客观形势的发展，不断加以调整。就本法调整的老年人而言，也不排除今后根据经济社会客观情况的发展以及人均寿命的提高，对老年人的界定标准逐步加以调整。例如，随着人均寿命的提高，可以将老年人的年龄标准由六十周岁提高至六十五周岁；当然，从扩大本法的调整范围，将更多人群纳入本法调整范围的角度出发，也不排除适当降低老年人的年龄标准。

第三条　国家保障老年人依法享有的权益。

老年人有从国家和社会获得物质帮助的权利，有享受社会服务和社会优待的权利，有参与社会发展和共享发展成果的权利。

禁止歧视、侮辱、虐待或者遗弃老年人。

【本条主旨】

本条是关于老年人依法享有的权益的一般规定。

【本条释义】

一、国家保障老年人依法享有的权益

老年人作为一个特殊的群体，由于其生理和心理的特点，其合法权益容易受到不法侵害。根据本法第一条的规定，保障老年人的合法权益是立法的首要目的。因此，国家保障老年人依法享有的权益，也是应有之义。因此，本条第一款开宗明义，强调国家保障老年人依法享有的权益。需要注意的是，法律上所称的权益，都是依据法律规定当事人享有的权益，也即合法权益。依法享有的权益方受法律和国家的保护，反之，没有法律依据，在法律上也不称其为权益，不受本法的保护。

二、老年人享有的权利的主要内容

1. 物质帮助权

我国宪法第四十五条规定，中华人民共和国公民在年老、疾病或者丧失劳动能力的情况下，有从国家和社会获得物质帮助的权利。国家发展为公民享受这些权利所需要的社会保险、社会救济和医疗卫生事业。根据这一规定，物质帮助权是公民因年老、疾病、丧失劳动能力时而向国家和社会主张物质性援助的权利，是基于生存权而享有的一项权利。老年人享有的这项权利，主要是为维持和保障其基本生活所需的经济权利。从具体法律制度看，根据宪法的规定，我国目前已经基本建立了覆盖全体人民的社会保险制度，以及覆盖困难人群的社会救助制度。从社会保险情况看，有城镇职工养老保险、医疗保险、工伤保险、失业保险以及生育保险；从社会救助情况看，有城乡最低生活保障、自然灾害救助、医疗救助和教育救助等，尤其是有主要针对农村“三无”人员实行的五保供养制度。老年、残疾或者未满16周岁的农村村民，无劳动能力、无生活来源又无法定赡养、抚养、扶养义务人，或者其法定赡养、抚养、扶养义务人无赡养、抚养、扶养能力的，享受农村五保供养待遇。对纳入五保供养的人群，在吃、穿、住、医、葬方面给予生活照顾和物质帮助。集中供养的农村五保供养对象，由农村五保供养服务机构提供供养服务；分散供养的农村五保供养对象，可以由村民委员会提供照料，也可以由农村五保供养服务机构提供有关的供养服务。

2. 享受社会服务的权利

享受社会服务的权利是修订后的老年人权益保障法新增的一项权利。所谓“享受社会服务的权利”，是指为满足老年人在基本生活、日常照顾服务、医疗保健等方面的基本需要，享受由政府或其他社会组织所提供的各种相关服务的权利。包括各类社会机构如养老机构等为老年人提供的各项服务，其目的是使老年人在全社会的共同帮助下，度过幸福愉快的晚年生活。发展社会服务，是让广大老年人享有幸福的晚年，过上高质量晚年生活的必然选择。养老社会服务的发展，与养老模式社会化有直接关系。在20世纪90年代以前，我国养老主要依赖家庭，由家庭成员直接为老年人提供生活照料等服务，家庭是养老的主体，政府和社会在其中发挥的作用不充分，因而也很少强调老年人享受社会服务的权利。当前，随着我国经济社会发展和计划生育政策的推行，人口老龄化进程不断加快，子女承担的赡养老人的责任不断加重。在一些大中城市，伴随着生活节奏的加快，人们奔波于家庭和工作之间，往往使年轻人或中年人力不从心，花费在老年人身上的时间和精力减少，导致大量“空巢”和“独居”老人出现，使老年人面临日常照顾和精神慰藉的缺乏，即使是经济来源有保障的老年人，晚年生活质量也可能并不高。将享受社会服务列为老年人的一项重要权利，意味着国家将采取一系列措施，为老年人提供生活照料、精神慰藉等服务。增加规定享受社会服务的权利，体现了动员社会力量帮助老年人的指导思想，有利于更加全面地保障老年人的合法权益。

3. 享受社会优待的权利

享受社会优待的权利也是修订后的老年人权益保障法新增的一项权利。尊老敬老是中华民族的传统美德，社会不仅要尊重老年人，更要给老年人提供优待。近年来，不少地方政府针对老年人出台了一系列的优待措施。例如，有的地方规定年满65周岁的老年人可以免费进入公园、动物园、植物园，免费进入公共体育场所进行健身或者其他体育锻炼活动，免费参观展览馆、纪念馆、文化馆、博物馆等，免费办理公共图书馆借阅证，免费观看电影，进入风景名胜区和旅游区享受优惠，免费乘坐市内公共汽车，等等。

4. 参与社会发展和共享发展成果的权利

“发展为了人民，发展依靠人民，发展成果由人民共享”，这是我国科学发展观的基本内涵之一，也是执政党的基本理念，这必然要让广大老年人共享改革发展成果。我们只有大力发展各项社会事业，积极推进基本公共服务均等化，加大收入分配调节力度，更好地兼顾速度和质量、效率和公平，把发展经济和改善民生紧密结合起来，才有可能使得发展成果惠及包括广大老年人在内的全体人民。参与社会发展，就是指老年人充分发挥自己的才智和特长，力所能及地为社会进步做出新的贡献。老年人积极参与社会发展是应对人口老龄化的重要举措。数亿老年人口中蕴藏着巨大的、宝贵的人力资源，包括参与经济社会发展的资源，自我管理、自我教育、自我服务的资源以及自立自强减轻家庭和社会负担的资源。许多老年人虽然已退出工作岗位，依然怀着对生活、对社会的一份热爱和一份责任，愿意力所能及地为国家和社会做些事情。扩大老年人的社会参与，可以改善老年人社会参与的环境和条件，增强应对人口老龄化的内在活力。本法将参与社会发展，享受社会发展成果作为老年人的一项重要权利，就是要引导各地研究制定相关政策，发挥老年人的特长和优势，在社会需要和老年人自愿的前提下，鼓励和支持老年人继续参与经济社会发展。比如，可以发挥老年人在关心下一代工作中的教育示范作用，支持老年人积极参与维护社会治安、社区建设等公益活动，鼓励老科技专家、老教育工作者、老医务工作者定期到贫困地区或经济欠发达地区为当地经济社会发展献计出力。

三、禁止歧视、侮辱、虐待或者遗弃老年人

保障老年人的合法权益是本法最根本的目的。老年人权益保障法自1996年颁布实施以来，我国的老年人权益保障工作取得很大成绩，歧视、侮辱、虐待或者遗弃老年人的现象总体上不断减少。但是，由于我国各地区经济社会发展不平衡，歧视、侮辱、虐待或者遗弃老年人的现象仍时有发生，难以从根本上杜绝。为此，本条第三款的规定是从另一个角度对老年人权益的保障，也是保障老年人合法权益的客观要求。歧视、侮辱、虐待或者遗弃老年人，构成违反治安管理行为的，依法给予治安管理处罚；构成犯罪的，依法追究刑事责任。

第四条　积极应对人口老龄化是国家的一项长期战略任务。

国家和社会应当采取措施，健全保障老年人权益的各项制度，逐步改善保障老年人生活、健康、安全以及参与社会发展的条件，实现老有所养、老有所医、老有所为、老有所学、老有所乐。

【本条主旨】

本条是关于积极应对人口老龄化的规定。

【本条释义】

一、我国人口老龄化进程不断加快

人口老龄化是指总人口中因年轻人口数量减少、年长人口数量增加而导致的老年人口比例相应增长的态势。国际上通常把60岁以上的人口占总人口比例达到10%，或65岁以上人口占总人口的比例达到7%作为一个国家或地区进入老龄化社会的标准。人口老龄化一是指老年人口相对增多，在总人口中所占比例不断上升的过程；二是指社会人口结构呈现老年状态，进入老龄化社会。改革开放以来，尤其是20世纪90年代以来，随着我国经济社会发展和人民生活水平的提高，人均寿命不断增长；而另一方面，随着我国计划生育基本国策的稳步推进，人口出生率大大降低。两方面共同作用的结果，导致我国人口老龄化进程不断加快。1999年，我国正式迈入老龄化社会。到2011年年底，全国60周岁以上老龄人口已达1.85亿。据测算，“十二五”时期，随着第一个老年人口增长高峰到来，我国人口老龄化进程将进一步加快。从2011年到2015年，全国60周岁以上老年人将由1.78亿增加到2.21亿，平均每年增加老年人口860万；老年人口比例将由13.3%增加到16%，平均每年递增0.54个百分点。老龄化进程与家庭小型化、空巢化相伴随，与经济社会转型期的矛盾相交织，社会养老保障和养老服务的需求将急剧增加。未来20年，我国人口老龄化将日益加快，到2030年全国老龄人口规模将会翻一番，2050年前后，我国老龄人口将达到4.8亿左右，超过总人口的1/3，占世界老龄人口的1/4，成为世界上人口老龄化程度最高的国家之一。而且，从21世纪中叶到21世纪末，我国人口老龄化水平可能将一直维持在30%以上的重度老龄化平台期。这意味着，整个21世纪，人口老龄化始终是我国的基本国情。

人口老龄化给我国经济社会发展必将带来深远影响：一是经济发展方面的。在经济领域，人口老龄化不仅改变了劳动力的结构、消费需求结构和国家税源的结构，降低了国民储蓄和资本积累，而且提高了养老的经济社会成本，影响金融系统的安全；加大转变经济发展方式的难度，逐步加剧实体经济与虚拟经济的结构性矛盾，增加我国宏观经济运行的系统性风险，这将成为影响我国宏观经济运行的重要因素。二是家庭保障功能弱化。因为老龄人口比重增加、家庭小型化，家庭在对老年家庭成员的经济保障、生活照料方面的作用弱化。三是社会保障压力剧增。社会扶养比逐渐加大，社保基金承受力受到严峻考验。四是社会氛围、消费结构乃至政治生态也在迅速发生变化。比如，老年人消费的医疗卫生资源一般是其他人群的3倍至5倍，老年人口增加必然对医疗消费带来深刻影响，更不必说广大老年人日益增长的社会化养老服务消费需求了。再比如，老年人疏离社会现象日益严重，老年群体社会诉求日益凸显，这对社会管理机制的创新提出了更高的新的要求。

二、积极采取应对老龄化措施

针对我国日益凸显的老龄化问题，党中央、国务院高度重视，制定了一系列积极应对人口老龄化的战略决策和部署，2011年，国务院颁布实施了《中国老龄事业发展“十二五”规划》和《社会养老服务体系建设“十二五”规划》，对采取措施应对老龄化作了明确规定：

1. 加强老年社会保障

内容包括：（1）加快推进养老保险制度建设。实现新型农村社会养老保险和城镇居民养老保险制度全覆盖。完善实施城镇职工基本养老保险制度，全面落实城镇职工基本养老保险省级统筹，实现基础养老金全国统筹，做好城镇职工基本养老保险关系转移接续工作。逐步推进城乡养老保障制度有效衔接，推动机关事业单位养老保险制度改革。建立随工资增长、物价上涨等因素调整退休人员基本养老金待遇的正常机制。发展企业年金和职业年金。发挥商业保险补充性作用。（2）完善基本医疗保险制度。进一步完善职工基本医疗保险、城镇居民基本医疗保险、新型农村合作医疗制度。逐步提高城镇居民医保和新农合人均筹资标准及保障水平，减轻老年人等参保人员的医疗费用负担。提高职工医保、城镇居民医保、新农合基金最高支付限额和政策范围内住院费用支付比例，全面推进门诊统筹。做好各项制度间的衔接，逐步提高统筹层次，加快实现医保关系转移接续和医疗费用异地就医结算。全面推进基本医疗费用即时结算，改革付费方式。积极发展商业健康保险，完善补充医疗保险制度。（3）加大老年社会救助力度。完善城乡最低生活保障制度，将符合条件的老年人全部纳入最低生活保障范围。根据经济社会发展水平，适时调整最低生活保障和农村五保供养标准。完善城乡医疗救助制度，着力解决贫困老年人的基本医疗保障问题。完善临时救助制度，保障因灾因病等支出性生活困难老年人的基本生活。（4）完善老年社会福利制度。积极探索中国特色社会福利的发展模式，发展适度普惠型的老年社会福利事业，研究制定政府为特殊困难老年人群购买服务的相关政策。进一步完善老年人优待办法，积极为老年人提供各种形式的照顾和优先、优待服务，逐步提高老年人的社会福利水平。有条件的地方可发放高龄老年人生活补贴和家庭经济困难的老年人养老服务补贴。

2. 推进老年医疗卫生保健

内容包括：（1）推进老年医疗卫生服务网点和队伍建设。将老年医疗卫生服务纳入各地卫生事业发展规划，加强老年病医院、护理院、老年康复医院和综合医院老年病科建设，有条件的三级综合医院应当设立老年病科。基层医疗卫生机构积极开展老年人医疗、护理、卫生保健、健康监测等服务，为老年人提供居家康复护理服务。基层医疗卫生机构应加强人员队伍建设，切实提高开展老年人卫生服务的能力。（2）开展老年疾病预防工作。基层医疗卫生机构要为辖区内65周岁及以上老年人开展健康管理服务，建立健康档案。组织老年人定期进行生活方式和健康状况评估，开展体格检查，及时发现健康风险因素，促进老年疾病早发现、早诊断和早治疗。开展老年疾病防控知识的宣传，做好老年人常见病、慢性病的健康指导和综合干预。（3）发展老年保健事业。广泛开展老年健康教育，普及保健知识，增强老年人运动健身和心理健康意识。注重老年人精神关怀和心理慰藉，提供疾病预防、心理健康、自我保健及伤害预防、自救等健康指导和心理健康指导服务，重点关注高龄、空巢、患病等老年人的心理健康状况。鼓励为老年人家庭成员提供专项培训和支持，充分发挥家庭成员的精神关爱和心理支持作用。老年性痴呆、抑郁等精神疾病的早期识别率要达到40%。

3. 开展老年家庭建设

内容包括：（1）改善老年人居住条件。引导开发老年宜居住宅和代际亲情住宅，鼓励家庭成员与老年人共同生活或就近居住。推动和扶持老年人家庭无障碍改造。（2）完善家庭养老支持政策。完善老年人口户籍迁移管理政策，为老年人随赡养人迁徙提供条件。健全家庭养老保障和照料服务扶持政策，完善农村计划生育家庭奖励扶助制度和计划生育家庭特别扶助制度，落实城镇独生子女父母年老奖励政策，建立奖励扶助金动态调整机制。（3）弘扬孝亲敬老传统美德。强化尊老敬老道德建设，提倡亲情互助，营造温馨和谐的家庭氛围，发挥家庭养老的基础作用。努力建设老年温馨家庭，提高老年人居家养老的幸福指数。

4. 强化老龄服务

内容包括：（1）重点发展居家养老服务。建立健全县（市、区）、乡镇（街道）和社区（村）三级服务网络，城市街道和社区基本实现居家养老服务网络全覆盖；80%以上的乡镇和50%以上的农村社区建立包括老龄服务在内的社区综合服务设施和站点。加快居家养老服务信息系统建设，做好居家养老服务信息平台试点工作，并逐步扩大试点范围。培育发展居家养老服务中介组织，引导和支持社会力量开展居家养老服务。鼓励社会服务企业发挥自身优势，开发居家养老服务项目，创新服务模式。大力发展家庭服务业，并将养老服务特别是居家老年护理服务作为重点发展任务。积极拓展居家养老服务领域，实现从基本生活照料向医疗健康、辅具配置、精神慰藉、法律服务、紧急救援等方面延伸。（2）大力发展社区照料服务。把日间照料中心、托老所、星光老年之家、互助式社区养老服务中心等社区养老设施，纳入小区配套建设规划。本着就近、就便和实用的原则，开展全托、日托、临托等多种形式的老年社区照料服务。（3）统筹发展机构养老服务。按照统筹规划、合理布局的原则，加大财政投入和社会筹资力度，推进供养型、养护型、医护型养老机构建设。积极推进养老机构运营机制改革与完善，探索多元化、社会化的投资建设和管理模式。进一步完善和落实优惠政策，鼓励社会力量参与公办养老机构建设和运行管理。“十二五”期间，新增各类养老床位342万张。（4）优先发展护理康复服务。在规划、完善医疗卫生服务体系和社会养老服务体系中，加强老年护理院和康复医疗机构建设。政府重点投资兴建和鼓励社会资本兴办具有长期医疗护理、康复促进、临终关怀等功能的养老机构。根据《护理院基本标准》加强规范管理。地（市）级以上城市至少要有一所专业性养老护理机构。研究探索老年人长期护理制度，鼓励、引导商业保险公司开展长期护理保险业务。（5）切实加强养老服务行业监管。进一步完善养老机构行政管理的法律、法规，建立养老机构准入、退出与监管制度，做好养老机构登记注册和日常检查、监督管理工作。寄宿制养老机构等是关系老年人安全和健康的重要场所，要列入消防安全和卫生许可制度重点监督管理范围。

5. 优化老年人生活环境

内容包括：（1）加快老年活动场所和便利化设施建设。在城乡规划建设中，充分考虑老年人需求，加强街道、社区“老年人生活圈”配套设施建设，着力改善老年人的生活环境。通过新建和资源整合，缓解老年人生活基础设施不足的矛盾。利用公园、绿地、广场等公共空间，开辟老年人运动健身场所。（2）完善涉老工程建设技术标准体系和实施监督制度。按照适应老龄化的要求，对现行老龄设施工程建设技术标准规范进行全面梳理、审定、修订和完善，在规划、设计、施工、监理、验收等各个环节加强技术标准的实施与监督，形成有效规范的约束机制。（3）加快推进无障碍设施建设。突出高龄和失能老年人居家养老服务设施、环境的无障碍改造，推行无障碍进社区、进家庭。加快对居住小区、园林绿地、道路、建筑物等与老年人日常生活密切相关的设施无障碍改造步伐，方便老年人出行和参与社会生活。研究制定《无障碍环境建设条例》，继续开展全国无障碍建设城市创建工作。（4）推动建设老年友好型城市和老年宜居社区。创新老年型社会新思维，树立老年友好环境建设和家庭发展的新理念。研究编制建设老年友好型城市、老年宜居社区指南，发挥典型示范作用。

6. 发展老龄产业

内容包括：（1）完善老龄产业政策。把老龄产业纳入经济社会发展总体规划，列入国家扶持行业目录。研究制定、落实引导和扶持老龄产业发展的信贷、投资等支持政策。鼓励社会资本投入老龄产业。引导老年人合理消费，培育壮大老年用品消费市场。（2）促进老年用品、用具和服务产品开发。重视康复辅具、电子呼救等老年特需产品的研究开发。拓展适合老年人多样化需求的特色护理、家庭服务、健身休养、文化娱乐、金融理财等服务项目。培育一批生产老年用品、用具和提供老年服务的龙头企业，打造一批老龄产业知名品牌。（3）加强老年旅游服务工作。积极开发符合老年需求、适合老年人年龄特点的旅游产品。完善旅游景区、宾馆饭店、旅游道路的老年服务设施建设。完善针对老年人旅游的导游讲解、线路安排等特色服务。规范老年人旅游服务市场秩序。（4）引导老龄产业健康发展。研究制定老年产品用品质量标准，加强老龄产业市场监督管理。发挥老龄产业行业协会和中介组织的积极作用，加强信息服务和行业自律。疏通老龄产业发展融资渠道。

7. 丰富老年人精神文化生活

内容包括：（1）加强老年人教育工作。创新老年教育体制机制，探索老年教育新模式，丰富教学内容。加大对老年大学（学校）建设的财政投入，积极支持社会力量参与发展老年教育，扩大各级各类老年大学办学规模。充分发挥党支部、基层自治组织和老年群众组织的作用，做好新形势下老年思想教育工作。（2）加强老年文化工作。加强农村文化设施建设，完善城市社区文化设施。鼓励创作老年题材的文艺作品，增加老年公共文化产品供给。鼓励和支持各级广播电台、电视台积极开设专栏，加大老年文化传播和老龄工作宣传力度。支持老年群众组织开展各种文化娱乐活动，丰富老年人的精神文化生活。（3）加强老年体育健身工作。在城乡建设、旧城改造和社区建设中，要安排老年体育健身活动场所。加强老年体育组织建设，积极组织老年人参加全民健身活动。经常参加体育健身的老年人达到50%以上。积极举办全国老年人体育健身大会。（4）扩大老年人社会参与。注重开发老年人力资源，支持老年人以适当方式参与经济发展和社会公益活动。贯彻落实《中共中央办公厅国务院办公厅转发〈中央组织部、中央宣传部、中央统战部、人事部、科技部、劳动保障部、解放军总政治部、中国科协关于进一步发挥离退休专业技术人员作用的意见〉的通知》（中办发〔2005〕9号），健全政策措施，搭建服务平台，支持广大离退休专业技术人员更好地发挥作用。重视发挥老年人在社区服务、关心教育下一代、调解邻里纠纷和家庭矛盾、维护社会治安等方面的积极作用。不断探索“老有所为”的新形式，积极做好“银龄行动”组织工作，广泛开展老年志愿服务活动，让老年志愿者数量达到老年人口的10%以上。

8. 加强老年社会管理

内容包括：（1）加强基层老龄工作机构和老年群众组织建设。各地要建立老龄工作委员会，城乡社区（村、居）要健全老龄工作机制。加强基层老年协会规范化建设，充分发挥老年人自我管理、自我教育、自我服务的积极作用。“十二五”期间，成立老年协会的城镇社区达到95%以上，农村社区（行政村）达到80%以上。（2）做好离退休人员管理服务工作。充分利用社区资源面向全体老年人开展服务，切实把为离退休老年人服务工作纳入社区服务范围。推进街道（乡镇）、社区劳动保障工作平台建设，为退休人员提供方便、快捷、高效、优质的服务。“十二五”期末，纳入社区管理服务的企业退休人员比例将达到80%以上。

9. 加强老年人权益保障

内容包括：（1）加强老龄法制建设，开展执法检查和普法教育，提高老年人权益保障法制化水平。（2）健全老年维权机制。弘扬孝亲敬老美德，促进家庭和睦、代际和顺。加强弱势老年人社会保护工作，把高龄、孤独、空巢、失能和行为能力不健全的老年人列为社会维权服务重点对象。加强对养老机构服务质量的检查、监督，维护老年人的生活质量与生命尊严，杜绝歧视、虐待老年人现象。（3）做好老年人法律服务工作。拓展老年人维权法律援助渠道，扩大法律援助覆盖面。重点在涉及老年人医疗、保险、救助、赡养、住房、婚姻等方面，为老年人提供及时、便利、高效、优质的法律服务。加大对侵害老年人权益案件的处理力度，切实保障老年人的合法权益。（4）加强青少年尊老敬老的传统美德教育。在义务教育中，增加孝亲敬老教育内容，开展形式多样的尊老敬老社会实践活动，营造良好的校园文化环境。

10. 加强老龄科研

内容包括：（1）抓好重点科研项目。开展应对人口老龄化战略研究，制定国家老龄事业中长期发展规划。做好老年人生活状况追踪调查，开展区域性应对人口老龄化战略研究工作，为制定老龄政策提供决策依据。（2）加强老龄学科教育和专业人才培养。按照老龄事业发展规划和重点发展领域，统筹部署职业教育、高等教育学科专业设置，培养技能型、应用型、复合型人才，做好人力资源支撑，服务老龄事业发展。（3）推进信息化建设。建立老龄事业信息化协同推进机制，建立老龄信息采集、分析数据平台，健全城乡老年人生活状况跟踪监测系统。

第五条　国家建立多层次的社会保障体系，逐步提高对老年人的保障水平。

国家建立和完善以居家为基础、社区为依托、机构为支撑的社会养老服务体系。

倡导全社会优待老年人。

【本条主旨】

本条是关于老年人社会保障的规定。

【本条释义】

一、国家建立多层次的社会保障体系，逐步提高对老年人的保障水平

社会保障是保障人民生活、调节社会分配的一项基本制度。国家通过社会保障为社会成员提供一系列基本生活保障，使其在年老、疾病、失业以及丧失劳动能力等情况下，从国家和社会获得物质帮助和服务。社会保障是广大人民群众共享经济社会发展成果的重要途径，也是构建社会主义和谐社会的基本要求。健全的社会保障体系，是人民生活的"安全网"、社会运行的"稳定器"和收入分配的"调节器"，是国家重要的安全保障制度。党的十七大报告提出，要以社会保险、社会救助、社会福利为基础，以基本养老、基本医疗、最低生活保障制度为重点，以慈善事业、商业保险为补充，加快完善社会保障体系。并且明确要求，到2020年要基本建立覆盖城乡居民的社会保障体系。党的十八大报告再次强调，要坚持全覆盖、保基本、多层次、可持续方针，以增强公平性、适应流动性、保证可持续性为重点，全面建成覆盖城乡居民的社会保障体系。具体来说，老年人社会保障制度包含以下三个方面：

1. 社会保险

社会保险是社会保障制度的一个最重要的组成部分，是一种为丧失劳动能力、暂时失去劳动岗位或因健康原因造成损失的人群提供收入或补偿的一种社会经济制度。社会保险一般由政府安排，强制某一群体将其收入的一部分作为社会保险税（费）形成社会保险基金，被保险人在满足一定条件的情况下，可从基金中获得固定的收入或损失的补偿，它是一种再分配制度，它的目标是保证物质及劳动力的再生产和社会的稳定。社会保险的主要项目包括养老社会保险、医疗社会保险、失业保险、工伤保险、生育保险等。目前，国家正在大力加快推进养老保险制度建设、完善基本医疗保险制度，实现新型农村社会养老保险和城镇居民养老保险制度的整合和全覆盖。完善实施城镇职工基本养老保险制度，全面落实城镇职工基本

养老保险省级统筹，实现基础养老金全国统筹，做好城镇职工基本养老保险关系转移接续工作。逐步推进城乡养老保障制度有效衔接，推动机关事业单位养老保险制度改革。建立随工资增长、物价上涨等因素调整退休人员基本养老金待遇的正常机制。发展企业年金和职业年金。发挥商业保险补充性作用。进一步完善职工基本医疗保险、城镇居民基本医疗保险、新型农村合作医疗制度。逐步提高城镇居民医保和新农合人均筹资标准及保障水平，减轻老年人等参保人员的医疗费用负担。提高职工医保、城镇居民医保、新农合基金最高支付限额和政策范围内住院费用支付比例，全面推进门诊统筹。做好各项制度间的衔接，逐步提高统筹层次，加快实现医保关系转移接续和医疗费用异地就医结算。全面推进基本医疗费用即时结算，改革付费方式。积极发展商业健康保险，完善补充医疗保险制度。

2. 社会救助

社会救助是指国家和其他社会主体对于遭受自然灾害、失去劳动能力或者其他低收入公民给予物质帮助，以维持其基本生活需求，保障其最低生活水平的各种措施。它对于调整资源配置、实现社会公平、维护社会稳定有非常重要的作用。目前，我国建立的城乡最低生活保障、城市“三无”人员和农村五保供养制度、流浪乞讨人员救助制度、自然灾害救助制度等都属于社会救助的范畴。目前，国家正在进一步加大老年社会救助力度。完善城乡最低生活保障制度，将符合条件的老年人全部纳入最低生活保障范围。根据经济社会发展水平，适时调整最低生活保障和农村五保供养标准。完善城乡医疗救助制度，着力解决贫困老年人的基本医疗保障问题。完善临时救助制度，保障因灾、因病等支出性生活困难老年人的基本生活。

3. 社会福利

社会福利的概念有广义和狭义之分。广义的社会福利，是指提高广大社会成员生活水平的各种政策和社会服务，旨在解决广大社会成员在各个方面的福利待遇问题。狭义的社会福利，是指对生活能力较弱的儿童、老人、母子家庭、残疾人、慢性精神病人等的社会照顾和社会服务。社会福利所包括的内容十分广泛，不仅包括生活、教育、医疗方面的福利待遇，而且包括交通、文娱、体育、欣赏等方面的待遇。社会福利是一种服务政策和服务措施，其目的在于提高广大社会成员的物质和精神生活水平，使之得到更多的享受。同时，社会福利也是一种职责，是在社会保障的基础上保护和延续有机体生命力的一种社会功能。目前，国家正在进一步完善老年社会福利制度。积极探索中国特色社会福利的发展模式，发展适度普惠型的老年社会福利事业，研究制定政府为特殊困难老年人群购买服务的相关政策。进一步完善老年人优待办法，积极为老年人提供各种形式的照顾和优先、优待服务，逐步提高老年人的社会福利水平。有条件的地方可发放高龄老年人生活补贴和家庭经济困难的老年人养老服务补贴。

二、建立和完善以居家为基础、社区为依托、机构为支撑的社会养老服务体系

社会养老服务体系是与经济社会发展水平相适应，以满足老年人养老服务需求、提升老年人生活质量为目标，面向所有老年人，提供生活照料、康复护理、精神慰藉、紧急救援和社会参与等设施、组织、人才和技术要素形成的网络，以及配套的服务标准、运行机制和监管制度。自1999年我国步入老龄化社会以来，人口老龄化加速发展，老年人口基数大、增长快并日益呈现高龄化、空巢化趋势，需要照料的失能、半失能老人数量剧增。第六次全国人口普查显示，我国60周岁及以上老年人口已达1.78亿，占总人口的13.26%，加强社会养老服务体系建设的任务十分繁重。近年来，在党和政府的高度重视下，各地出台政策措施，加大资金支持力度，使我国的社会养老服务体系建设取得了长足发展。养老机构数量不断增加，服务规模不断扩大，老年人的精神文化生活日益丰富。截至2010年年底，全国各类收养性养老机构已达4万个，养老床位达314.9万张。社区养老服务设施进一步改善，社区日间照料服务逐步拓展，已建成含日间照料功能的综合性社区服务中心1.2万个，留宿照料床位1.2万张，日间照料床位4.7万张。以保障三无、五保、高龄、独居、空巢、失能和低收入老人为重点，借助专业化养老服务组织，提供生活照料、家政服务、康复护理、医疗保健等服务的居家养老服务网络初步形成。养老服务的运作模式、服务内容、操作规范等也不断探索创新，积累了有益的经验。但是，我国社会养老服务体系建设仍然处于起步阶段，还存在着与新形势、新任务、新需求不相适应的问题，主要表现在：缺乏统筹规划，体系建设缺乏整体性和连续性；社区养老服务和养老机构床位严重不足，供需矛盾突出；设施简陋、功能单一，难以提供照料护理、医疗康复、精神慰藉等多方面服务；布局不合理，区域之间、城乡之间发展不平衡；政府投入不足，民间投资规模有限；服务队伍专业化程度不高，行业发展缺乏后劲；国家出台的优惠政策落实不到位；服务规范、行业自律和市场监管有待加强等。针对我国经济发展水平、养老传统以及固有文化传统等现实国情，法律在修改时明确了社会养老服务体系建设应以居家为基础、社区为依托、机构为支撑这一原则。

1. 居家为基础

强调社会养老服务以居家为基础，是指大多数老年人不离开家庭享受赡养照料、精神慰藉等养老服务，这是一项有中国特色的养老模式。在我国，随着老年人口的高龄化、高失能率和家庭小型化现象日益严重，家庭成员可能无力为居家老年人提供全面的照料服务，这就要大力发展居家养老服务，由社会为在家庭养老的老年人提供社会服务。居家养老服务涵盖生活照料、家政服务、康复护理、医疗保健、精神慰藉等，其主要特点是老年人不离开家庭，以上门服务为主要形式。为身体状况较好、生活基本能自理的老年人，提供家庭服务以及老年食堂、法律咨询等服务；为生活不能自理的高龄、独居、失能等老年人提供家务劳动、家庭保健、辅具配置、送饭上门、无障碍改造、紧急呼叫和安全援助等服务。有条件的地方可以探索对居家养老的失能老年人给予专项补贴，鼓励他们配置必要的康复辅具，提高生活自理能力和生活质量。以居家为基础的养老模式，也与我国文化传统相适应，易为广大老年人所接受。建立以居家为基础的社会养老服务体系需要完善家庭养老支持政策，内容包括完善老年人口户籍迁移管理政策，为老年人随赡养人迁徙提供条件，健全家庭养老保障和照料服务扶持政策，完善农村计划生育家庭奖励扶助制度和计划生育家庭特别扶助制度，落实城镇独生子女父母年老奖励政策，建立奖励扶助金动态调整机制。

2. 社区为依托

社区养老服务是居家养老服务的重要支撑，具有社区日间照料和居家养老支持两类功能，主要面向家庭日间暂时无人或者无力照护的社区老年人提供服务。在城市，结合社区服务设施建设，增加养老设施网点，增强社区养老服务能力，打造居家养老服务平台。倡议、引导多种形式的志愿活动及老年人互助服务，动员各类人群参与社区养老服务。在农村，结合城镇化发展和新农村建设，以乡镇敬老院为基础，建设日间照料和短期托养的养老床位，逐步向区域性养老服务中心转变，向留守老年人及其他有需要的老年人提供日间照料、短期托养、配餐等服务；以建制村和较大自然村为基点，依托村民自治和集体经济，积极探索农村互助养老新模式。

3. 机构为支撑

养老服务机构包括老年养护机构和其他类型的养老机构。要按照统筹规划、合理布局的原则，加大财政投入和社会筹资力度，推进供养型、养护型、医护型养老机构建设。积极推进养老机构运营机制改革与完善，探索多元化、社会化的投资建设和管理模式。进一步完善和落实优惠政策，鼓励社会力量参与公办养老机构建设和运行管理。老年养护机构主要为失能、半失能的老年人提供专门服务，其重点功能，一是生活照料。设施应符合无障碍建设要求，配置必要的附属功能用房，满足老年人的穿衣、吃饭、如厕、洗澡、室内外活动等日常生活需求。二是康复护理。具备开展康复、护理和应急处置工作的设施条件，并配备相应的康复器材，帮助老年人在一定程度上恢复生理功能或减缓部分生理功能的衰退。三是紧急救援。具备为老年人提供突发性疾病和其他紧急情况的应急处置救援服务能力，使老年人能够得到及时有效的救援。鼓励在老年养护机构中内设医疗机构。符合条件的老年养护机构还应利用自身的资源优势，培训和指导社区养老服务组织和人员，提供居家养老服务，实现示范、辐射、带动作用。其他类型的养老机构根据自身特点，为不同类型的老年人提供集中照料等服务。

三、倡导全社会优待老年人

优待老年人是国际通行做法。倡导全社会优待老年人，能够为老年人合法权益保障工作奠定坚实的群众基础。修订后的老年人权益保障法根据近年来实践的发展和各地方的成熟做法，在立法中明确了对老年人的优待措施。县级以上人民政府及有关部门根据经济社会发展情况和老年人的特殊需要，制定优待老年人的办法，逐步提高优待水平；并对常住在本行政区域内的外埠老年人给予同等优待。全社会真正重视老年人合法权益的保护，我国的老年人权益保障工作必将迈上一个新的台阶。

第六条　各级人民政府应当将老龄事业纳入国民经济和社会发展规划，将老龄事业经费列入财政预算，建立稳定的经费保障机制，并鼓励社会各方面投入，使老龄事业与经济、社会协调发展。

国务院制定国家老龄事业发展规划。县级以上地方人民政府根据国家老龄事业发展规划，制定本行政区域的老龄事业发展规划和年度计划。

县级以上人民政府负责老龄工作的机构，负责组织、协调、指导、督促有关部门做好老年人权益保障工作。

【本条主旨】

本条是关于各级人民政府在老年人权益保障工作中的职责的规定。

【本条释义】

一、将老龄事业纳入国民经济和社会发展规划

国民经济和社会发展规划是全国或者某一地区经济、社会发展的总体纲要，是具有战略意义的指导性文件。国民经济和社会发展规划统筹安排和指导全国或某一地区的社会、经济、文化建设工作。国民经济和社会发展规划按行政层级分为国家级规划、省（区、市）级规划、市县级规划；按对象和功能类别分为总体规划、专项规划、区域规划。国家总体规划和省（区、市）级、市县级总体规划分别由同级人民政府组织编制，并由同级人民政府发展改革部门会同有关部门负责起草；专项规划由各级人民政府有关部门组织编制；跨省（区、市）的区域规划，由国务院发展改革部门组织国务院有关部门和区域内省（区、市）人民政府有关部门编制。国家总体规划、省（区、市）级总体规划和区域规划的规划期一般为5年，可以展望到10年以上。市县级总体规划和各类专项规划的规划期可根据需要确定。国民经济和社会发展规划是国家加强和改善宏观调控的重要手段，也是政府履行经济调节、市场监管、社会管理和公共服务职责的重要依据。编制、实施国民经济和社会发展规划，是政府履行经济调节、市场监管、社会管理和公共服务职能的重要依据和手段，对实现政府制定的战略目标，弥补市场缺陷，有效配置资源，促进共同富裕和经济社会协调发展具有十分重要的意义。将老龄事业纳入国民经济和社会发展规划，有利于统筹协调老龄事业发展与整个国民经济和社会发展之间的衔接，在加快国民经济和社会发展的基础上，稳步推进老龄事业发展。

二、将老龄事业经费列入财政预算，建立稳定的经费保障机制

财政预算也称为公共财政预算，是指政府的基本财政收支计划，是按照一定的标准将财政收入和财政支出分门别类地列入特定的收支分类表格之中，以清楚反映政府的财政收支状况。透过公共财政预算，可以使人们了解政府活动的范围和方向，也可以体现政府政策意图和目标。财政预算一般由财政收入和财政预算支出组成。财政预算收入主要是指部门所属事业单位取得的财政拨款、行政单位预算外资金、事业收入、事业单位经营收入、其他收入等；财政预算支出是指部门及所属事业单位的行政经费、各项事业经费、社会保障支出、基本建设支出、挖潜改造支出、科技三项费用及其他支出。而基金预算收入是指部门按照政策规定取得的基金收入；基金预算支出是指部门按照政策规定从基金中开支的各项支出。从形式上看，它是按照一定标准将政府财政收支计划分门别类地反映在一个收支对照表中；从内容上看，它是对政府年度财政收支的规模和结构所作的安排，表明政府在财政年度内计划从事的主要工作及其成本，政府又如何为这些成本筹集资金。与一般预算不同的是，财政预算是具有法律效力的文件。作为财政预算基本内容的级次划分、收支内容、管理职权划分等，

都是以预算法的形式规定的；预算的编制、执行和决算的过程也是在预算法的规范下进行的。财政预算编制后要经国家立法机构审查批准后方能公布并组织实施；预算的执行过程受法律的严格制约，不经法定程序，任何人无权改变预算规定的各项收支指标，通过预算的法制化管理使政府的财政行为置于民众的监督之下。财政预算是政府调节经济和社会发展的重要工具。在市场经济条件下，当市场难以保持自身均衡发展时，政府可以根据市场经济运行状况，选择适当的预算总量或结构政策，用预算手段弥补市场缺陷，谋求经济的稳定增长。老年人权益保障法明确要求将老龄事业发展经费纳入财政预算，建立稳定的经费保障机制，可以较好地保障老龄事业发展经费，为国家保障老年人合法权益、应对人口老龄化提供财政基础，从而促进老龄事业与经济、社会协调发展。另外，因为老龄事业发展所需要的经费仅仅靠政府投入是不够的，所以，法律在强调国家财政投入的基础上，也明确提出，要“鼓励社会各方面投入”，这也是政府的一项责任。各级人民政府应当通过经济手段等各种措施，鼓励社会资本进入老年产业，动员社会力量参与老龄事业发展。

三、制定老龄事业发展规划

老龄事业发展规划是老龄事业发展的总体纲要，是对老龄事业发展具有战略意义的指导性文件。老龄事业发展规划是统筹安排和指导老龄工作的纲领。1994 年，我国制定了第一个老龄事业发展规划。1994 年 12 月，原国家计委、民政部等部门联合制定了《中国老龄工作七年发展纲要(1994—2000 年)》。从 2001 年开始，我国根据国民经济和社会发展规划，每 5 年编制一次老龄事业发展规划。每一个老龄事业发展规划都是引领未来 5 年老龄事业发展的根本性指导纲领，都是开展老龄工作、推进老龄事业发展的指导性、纲领性文件。通过规划，对五年的老龄事业发展作出部署。2011 年 9 月 17 日，国务院印发《中国老龄事业发展“十二五”规划》（国发〔2011〕28 号），这是目前最新一期的老年事业发展规划。该规划对我国“十二五”时期老龄事业发展的指导思想、发展目标和基本原则、主要任务、保障措施等作了纲领性的规定，是指导新时期老龄事业发展的纲领性文件。

目前，多数县级以上地方人民政府也根据国家老龄事业发展规划和本地实际，制定了本地区老龄事业发展规划，这已成为县级以上各级人民政府的一项重要职责。实践表明，每一个老龄事业发展规划提出的目标任务具有巨大的导向和激励作用，每一个老龄事业发展规划的颁布实施都是推动老龄事业发展，促进和谐社会建设的行动纲领。规划的颁布实施，有利于提高全社会的老龄化意识，协调各部门、各地区、各单位和各方面力量统一行动，增强应对人口老龄化挑战的责任感和使命感；有利于有计划、有步骤地统筹解决当前老年人最紧迫、最急需的实际养老问题，从而改善和提高老年人的生命、生活质量；有利于全面贯彻落实科学发展观，推动老龄事业与经济社会全面协调可持续发展，促进社会和谐稳定。基于此，老年人权益保障法明确要求国务院制定国家老龄事业发展规划，县级以上地方人民政府根据国家老龄事业发展规划，制定本行政区域的老龄事业发展规划和年度计划。

四、老龄工作机构负责组织、协调、指导、督促有关部门做好老年人权益保障工作

1999 年 10 月，全国老龄工作委员会正式成立，该委员会是国务院主管全国老龄工作的议事协调机构，成员单位有中组部、中宣部、中直机关工委、中央国家机关工委、外交部、国家发展改革委、教育部、国家民委、公安部、民政部、司法部、财政部、人力资源和社会保障部、住房和城乡建设部、文化部、卫生部、国家人口计生委、国家税务总局、国家广电总局、新闻出版总署、国家体育总局、国家统计局、国家旅游局、解放军总政治部、全国总工会、共青团中央、全国妇联、中国老龄协会等 28 个单位。根据国务院的决定，全国老龄工作委员会的主要职责，一是研究、制定老龄事业发展战略及重大政策，协调和推动有关部门实施老龄事业发展规划；二是协调和推动有关部门做好维护老年人权益的保障工作；三是协调和推动有关部门加强对老龄工作的宏观指导和综合管理，推动开展有利于老年人身心健康的各种活动；四是指导、督促和检查各省、自治区、

直辖市的老龄工作；五是组织、协调联合国及其他国际组织有关老龄事务在国内的重大活动。从各地方的情况看，近年来各地普遍成立了老龄工作委员会，其设置模式与全国老龄工作委员会相似，只是在具体成员单位上有所区别。地方老龄工作委员会成员单位的职责，与全国老龄工作委员相关成员单位的职责类似。负责组织、协调、指导、督促有关部门做好老年人权益保障工作，是全国老龄委以及地方各级老龄工作机构的主要职责。

第七条　保障老年人合法权益是全社会的共同责任。

国家机关、社会团体、企业事业单位和其他组织应当按照各自职责，做好老年人权益保障工作。

基层群众性自治组织和依法设立的老年人组织应当反映老年人的要求，维护老年人合法权益，为老年人服务。

提倡、鼓励义务为老年人服务。

【本条主旨】

本条是关于全社会共同保障老年人合法权益的规定。

【本条释义】

一、保障老年人合法权益是全社会的共同职责

老年人合法权益的维护是一项系统工程，需要全社会的广泛参与。保障老年人的合法权益，是全社会的共同责任。以往人们认为，老年人的问题主要是子女、家庭的问题，家庭成员依法履行赡养、扶养义务是保障老年人合法权益的主要方面。随着经济社会发展，人们逐渐意识到，老年人权益保障问题不仅是子女、家庭的问题，还是全社会的问题。尤其是随着国家人口结构的变化、老龄化进程的加快，老年人权益保障问题已经日益成为全社会共同关注的问题。只有全社会积极行动，老年人合法权益的保障工作才能真正推动起来。

二、国家机关、社会团体、企业事业组织和其他组织在老年人权益保障工作中的责任

1. 国家机关的责任

国家机关包括党的机关、权力机关、行政机关、司法机关等四大类。在老年人权益保障工作中，上述四类国家机关分别担负着十分重要的责任。中国共产党是中国工人阶级的先锋队，是中国特色社会主义事业的领导核心，各级党组织在老年人权益保障工作中发挥着政治领导、组织领导和思想领导的作用，各级党组织的有关部门则根据其职能承担相应的保障职责。比如，组织部门的责任是贯彻执行有关老干部的方针、政策，负责老干部工作的管理、党的基层建设、思想政治工作，督促检查老干部各项待遇的落实，引导老干部在“两个文明”建设中发挥积极作用等。宣传部门的职责是组织宣传党和政府有关老龄工作的方针、政策，掌握、引导各新闻单位宣传老龄工作舆论导向，加强对老年人的宣传教育工作，组织宣传老年人和老龄工作的先进典型等。各级人民代表大会及其常务委员会在老年人权益保障工作中承担的主要职责有三项，一是制定与老年人权益保障有关的法律、法规，比如，全国人大常委会制定了老年人权益保障法，各省、自治区、直辖市人大常委会都制定了本地老年人权益保障地方性法规，有些较大的市的人大常委会也制定了本地老年人权益保障法规；二是对老年人权益保障法律、法规实施情况的检查和听取有关专项报告，比如，全国人大常委会曾于2011年在全国范围内开展了老年人权益保障法执法检查等；三是就老年人权益保障工作重大问题作出相应决定。各级政府部门在保障老年人权益工作中承担着具体工作，比如，民政部在老年人权益保障工作中承担的职责有：负责老年人权益保护的行政管理工作，拟定有关方针、政策、法规，制定有关规章并组织实施；负责老年人社会福利服务工作，制定老年福利事业发展规划、老年福利设施标准和服务规范，对各类老年福利机构进行宏观管理、行业指导和监督检查；负责移交地方政府安置的军队离退休干部和军队无军籍退休退职职工的管理，拟定安置方针、政策、规章并监督实施，研究提出生活待遇标准，

监督政治、生活待遇的落实，制定老龄工作的政策、法规，制定老年人福利性事业组织等税收优惠政策；根据老龄工作发展的需要和国家财力的可能，为老龄工作提供必要的财力保障；加强对老龄工作各项经费使用的管理和监督。再比如，各级人民政府公安部门的职责是发挥公安机关的职能作用，依法打击、及时预防侵害老年人合法权益的违法犯罪活动；对老年人进行自防自护教育，提高老年人的安全防护意识和能力；热情为老年人提供治安、户籍、交通等服务，为老年人排忧解难；积极配合有关部门和组织调处涉老纠纷，维护老年人的权益，促进家庭和社会稳定。司法机关包括审判机关和检察机关。审判机关的责任是通过审理涉及老年人权益的案件，依法维护老年人的合法权益。检察机关的责任主要是通过检控犯罪，打击侵犯老年人权益的犯罪行为，借以达到保障老年人权益的目的。

2. 社会团体的责任

社会团体是当代中国政治生活的重要力量，社会团体的活动往往会涉及老年人权益保障工作，尤其是各级工会、共青团、妇联等。各类社会团体依据宪法、法律和其章程独立自主地开展活动，联合和团结全国的职工、青年、妇女以及各界人士，参与国家事务和地方事务，协调社会公共事务，维护群众合法权益。例如，工会组织在维护老年人权益方面的职责包括：积极参与有关老龄工作政策的制定；关心离退休职工的生活，积极向有关方面反映离退休职工的意见和要求，切实维护离退休职工的合法权益；指导各级工会组织开展各种形式的活动，努力促进离退休职工“五个老有”的实现；积极协助有关部门推动离退休职工的社区化管理工作。共青团组织的职责则主要包括在青少年中广泛开展尊老敬老教育活动，组织青年志愿者和少先队员开展多种形式的为老服务活动，促进青少年与老年人增加沟通，相互理解，共同参与社会发展等。各级妇联组织的职责有：依法维护老年妇女合法权益，参与和促进老年妇女权益的政策制定和落实，为老年妇女营造健康的社会环境，充分发挥老年妇女在社会中的作用。

3. 企业事业组织和其他组织的责任

企业是自主经营的经济实体，事业单位是以非营利为目的的实体，这里所说的“其他组织”是指合法成立、有一定的组织机构和财产，但又不具备法人资格的组织。我国民法通则并没有规定其他组织，但为了确保这些客观存在的但又不是法人的社会组织的合法利益，我国民事诉讼法规定了其他组织可以作为民事诉讼的当事人。大部分企业事业组织和其他组织的生产任务、工作任务并不像国家机关那样直接涉及老年人权益保障工作。但是，企业事业组织以及其他组织都有一定数量的员工，一些员工会在一定时间后成为老年人，而且不少员工家中有老年人，因而也要承担一定的老年人权益保障工作责任。

三、基层群众性自治组织和其他老年人组织的责任

基层群众性自治组织是指根据现行宪法和有关法律的规定，在城市和农村按居民居住地区设立居民群众自我教育、自我管理、自我服务的基层群众性自治组织，即城市居民委员会和农村村民委员会。村民委员会是指我国乡（镇）所辖的行政村的村民选举产生的群众性自治组织，村民委员会是农村地区村民自我管理、自我教育、自我服务的基层群众性自治组织。城市居民委员会简称“居委会”。根据城市居民委员会组织法的规定，社区居民委员会是居民自我管理、自我教育、自我服务的基层群众性自治组织。在维护老年人权益方面承担大量基础性工作，比如，组织开展有关老年人文化体育活动，组织开展形式多样的居家养老工作，对涉及老年人权益的纠纷进行调解，反映本辖区内老年人的意见和建议，组织开展老年志愿服务活动，等等。此外，居民委员会和村民委员会根据需要设立人民调解、治安保卫、公共卫生等委员会，主要任务是办理本居住地区的公共事务和公益事业，调解民间纠纷，协助有关部门维护社会治安，开展精神文明建设。

其他依法设立的老年人组织是与老年人本身和与老年人权益有关的各种社会组织的统称。主要包括以下三类：一是老龄问题及老年学研究学术团体，如老年学会，老年医学会等；二是老年人本身的组织，如老科技工作者协会，老教授协会等；三是与老年人权益有关的社会组织，如老年基金会等。根据本法规定，这些依法设立的老年人组织应当反映老年人的要求，维护老年人合法权益，为老年人服务。

四、提倡义务为老年人服务

所谓“义务为老年人服务”，就是指开展针对老年人的志愿服务活动。志愿服务是指任何人志愿贡献个人的时间及精力，不计报酬，为社会提供服务。提倡义务为老年人服务是每个文明社会不可缺少的一部分，它是指任何人自愿贡献个人的时间和精力，在不为物质报酬的前提下，为老年人提供生活照料、精神慰藉等各类服务的活动。在法律中明确“提倡义务为老年人服务”，既是尊老、敬老、助老的具体体现，也是弘扬“奉献、友爱、互助、进步”的志愿服务精神，还可以动员全社会力量开展为老年人服务志愿活动，为老年人办实事、解难事、送温暖，为老年弱势群体排忧解难，提高他们的生活质量。

第八条　国家进行人口老龄化国情教育，增强全社会积极应对人口老龄化意识。

全社会应当广泛开展敬老、养老、助老宣传教育活动，树立尊重、关心、帮助老年人的社会风尚。

青少年组织、学校和幼儿园应当对青少年和儿童进行敬老、养老、助老的道德教育和维护老年人合法权益的法制教育。

广播、电影、电视、报刊、网络等应当反映老年人的生活，开展维护老年人合法权益的宣传，为老年人服务。

【本条主旨】

本条是关于人口老龄化宣传教育的规定。

【本条释义】

一、进行人口老龄化国情教育

人口老龄化是我国的基本国情。国家进行人口老龄化国情教育，增强全社会积极应对人口老龄化意识的目的，在于通过广泛的宣传教育，让全社会把老龄社会作为21世纪我国的一项重要国情认真对待，树立老龄意识，增强应对人口老龄化和老龄社会挑战的紧迫性和自觉性。当前，开展人口老龄化国情教育主要有两个重点：一是要充分认识人口老龄化的紧迫性和严峻挑战，从而动员全社会力量，共同应对老龄社会带来的一系列问题；二是也要充分认识到，人口老龄化带来的不仅是挑战，而且还有机遇，因而要在全社会树立积极老龄化观念。积极老龄化是世界卫生组织在“健康老龄化”的基础上提出来的，其内涵是“健康、参与、保障”，强调引导全社会接纳老年人，鼓励老年人参与社会、经济、文化、精神和公民事务，为社会做贡献。在全社会倡导并践行积极老龄化观念，目的在于最大限度地提高广大老年人健康、参与和保障水平，争取全体老年人的生活质量能够在老龄化过程中得到不断提升。

二、全社会应当广泛开展敬老、养老、助老宣传教育活动

人的一生要经历少年、青年、中年和老年时期。尊重、关心、帮助老年人，就是尊重人生和社会发展的规律，就是尊重历史，符合每一个人的根本利益和发展要求。尊老、敬老、养老、助老是中华民族的传统美德，也是一个国家文明进步的标志。尊老、敬老、养老、助老既是集体主义的道德规范，也是人的全面发展的内在要求。我国自古以来传承着“百善孝为先”的理念，即一个人只有懂得尊老、敬老，才能具有更多的善心、公心、责任心和奉献精神，才有可能成为一个人格高尚的人。在新的历史条件下，尊老、敬老、养老、助老的传统美德被赋予了新的内涵，属于社会主义先进文化的重要组成部分，成为开展公民道德建设，特别是青少年道德教育的重要内容。在全社会广泛开展敬老、养老、助老宣传教育活动，树立尊重、关心、帮助老年人的社会风尚，是社会主义精神文明建设的重要方面，是公民道德建设的重要内容，是促进代际和谐、保障和改善老年民生的有效措施，也是应对人口老龄化的重要举措。

三、青少年和儿童是敬老、养老、助老宣传教育的重点对象

青少年和儿童是祖国的未来，只有在广大青少年和儿童中持续开展卓有成效的敬老、养老、助老宣传教育，让广大青少年和儿童从小树立尊老、敬老、养老、助老观念，牢固形成“老吾老以及人之老”的社会伦理，让他们从我做起、从点滴小事做起、从关爱自己父母和身边老年人做起，持续不断地为老年人办实事、做好事、解难事，做老年人的知心人、贴心人、称心人，才能促进代际和顺、家庭和睦、社会和谐，推动社会主义精神文明建设。对此，青少年组织、学校和幼儿园应当承担起应尽的责任。

四、广播、电影、电视、报刊、网络等是老龄宣传的主渠道和重要媒介

老年群体也需要教育和引导。要教育和引导老年人树立“健康老龄化”和“积极老龄化”的理念，要教育和引导老年人养成科学、健康、文明的生活方式，最大限度地实现健康老龄化，要教育和引导老年人树立正确的养老观，减少对政府、社会、家庭不必要的依赖，最大限度地发挥主观能动性，更加自信、自强、自立，独立自主地设计安排好自己的晚年生活，实现更高程度上的积极老龄化。要通过这些媒体的作用，充分宣传报道广大老年人的生活，可以让更多的人了解老年人、关心老年人、帮助老年人、尊重老年人。

第九条　国家支持老龄科学研究，建立老年人状况统计调查和发布制度。

【本条主旨】

本条是关于老龄科学研究和统计调查制度的规定。

【本条释义】

一、积极有效的老龄科学研究是做好老龄工作的基础

我国人口老龄化及其形势复杂而严峻，人口老龄化基数大、发展快，再加上未富先老、未备先老、城乡二元结构、经济社会转型等国情决定我们必须要用科学的理论和研究来分析与解决我国的人口老龄化问题。从总体上看，当前全社会对人口老龄化的严峻形势认识不足，尚未从根本上认识到人口老龄化将成为一项对我国国民经济和社会发展带来长期、深远影响的重要因素。我国老龄研究滞后于老龄事业发展和人口老龄化形势的矛盾还非常突出，我们对老龄问题的基本规律、本质特征、老龄化对经济社会发展的深远影响以及立足国情的应对人口老龄化战略的研究，关注不够，研究不深，认识不足，把握不准，以至于在工作中出现了许多难题与困境，包括在老龄政策制定中出现的“政策碎片化”现象，追根溯源是对老龄问题研究的不深入、不透彻。因此，只有立足中国国情，加强本土化的老龄科学研究，包括宏观战略的研究、微观问题的分析，才能制定出符合实际的老龄事业发展政策。

根据中国老龄事业发展“十二五”规划的要求，开展老龄科学研究应当围绕以下三点：

1. 抓好重点科研项目

开展应对人口老龄化战略研究，制定国家老龄事业中长期发展规划。做好老年人生活状况追踪调查，开展区域性应对人口老龄化战略研究工作，为制定老龄政策提供决策依据。

2. 加强老龄学科教育和专业人才培养

按照老龄事业发展规划和重点发展领域，统筹部署职业教育、高等教育学科专业设置，培养技能型、应用型、复合型人才，做好人力资源支撑，服务老龄事业发展。

3. 推进信息化建设

建立老龄事业信息化协同推进机制，建立老龄信息采集、分析数据平台，健全城乡老年人生活状况跟踪监测系统。

二、建立老年人状况统计调查和发布制度十分重要

科学决策已经成为政府决策的一个基本要求，制定老龄事业发展方案和涉老政策，越来越强调必须有充足的事实依据和相关信息资料，因此政府对于掌握老年人各方面信息以及基于信息调研的决策咨询的要求不断提高。为了准确、及时、全面了解老年人口和老龄事业发展情况，国家在20世纪80年代即初步建立了老龄事业统计指标体系和老龄统计工作制度，先后四次进行全国范围的老年人口状况调查，为老龄事业的科学决策提供了重要依据。各地也相继建立了老年人口与老龄事业发展统计监测制度，在此基础上，汇编出老年人口和老龄事业监测统计信息，为政府各部门制定涉老政策提供了决策依据，取得了良好的效果。

第十条　各级人民政府和有关部门对维护老年人合法权益和敬老、养老、助老成绩显著的组织、家庭或者个人，对参与社会发展做出突出贡献的老年人，按照国家有关规定给予表彰或者奖励。

【本条主旨】

本条是关于表彰和奖励先进的规定。

【本条释义】

表彰和奖励先进对于促进老年人权益保障工作具有十分重要的意义。其目的在于表彰先进，鞭策后进，充分调动和激发人们的创造性与积极性，最终实现国家和社会治理的目标。因此，表彰奖励手段的合理运用，无疑能够激励人们更多地做出有益于社会、有益于国家、有益于人民的事情。老龄工作表彰奖励，是指各级人民政府和有关部门为了表彰先进、激

励后进，充分调动和激发人们的积极性和创造性，依照法定条件和程序，对维护老年人合法权益和敬老、养老、助老成绩显著的组织、家庭或者个人，对参与社会发展做出突出贡献的老年人，按照国家有关规定给予表彰或者奖励的行为。目前，根据有关法律和法规的规定，老龄事业的表彰奖励内容和形式主要有授予荣誉称号，通报表扬，通令嘉奖，记功，发给奖状、荣誉证书、奖章，发给奖金或者奖品等，涉及老龄事业的表彰奖励形式有“全国老龄工作先进单位”“全国老龄工作先进个人”等。

第十一条　老年人应当遵纪守法，履行法律规定的义务。

【本条主旨】

本条是关于老年人应当遵纪守法的规定。

【本条释义】

遵纪守法是每个公民应尽的社会责任和义务，也是基本要求。对于老年人也不例外。随着我国经济社会发展的社会主义法治国家建设进程的不断推进，我国社会主义法律体系已经形成，国家政治、经济、社会、文化等方面已经基本上实现了有法可依的局面。法律对社会中所有人的行为规范都有明确的指引，人们应当严格依照法律规定，行使权利、履行义务。

对老年人而言，尽管其中的大多数已经退出了工作岗位，但是遵纪守法仍然是一项基本义务。广大老年人带头遵纪守法，不仅有利于维护自身的合法权益，也能够为全社会成员起到良好的模范带头作用。此外老年人还应当在法制宣传教育中起到积极的作用，引导全社会遵纪守法。

第十二条　每年农历九月初九为老年节。

【本条主旨】

本条是关于老年节的规定。

【本条释义】

1989年，我国将农历的九月初九正式定为“中国老人节”，使农历九月初九成为我国法定的老人节。本法首次从立法上明确农历九月初九为老年节。农历九月初九是传统的重阳节。重阳节又称“登高节”，民间在该日有登高的风俗，作为中国的传统节日，历史悠久。“九”在古数中既为“阳数”，又为“极数”，指天之高为“九重”，指地之极为“九泉”，九是信仰中最崇拜的神秘数字。九月初九，日与月皆逢九，是双九，故曰“重九”，同时又是两个阳数合在一起，故称“重阳”，所以这一天为重阳日。九九重阳，因为“九九”与“久久”同音，九在数字中又是最大数，有长久、长寿之意，而且秋季也是一年收获的黄金季节。重阳节寓意深远，自古以来，人们就对它怀有特殊的感情。重阳节的起源最早可以追溯春秋战国时期。屈原在《远游》诗中就有“集重阳入帝宫兮”的诗句。但这里的“重阳”是指天，还不是指重阳节；到了唐代，重阳节被定为正式节日。从此以后，全国上下一起庆祝重阳节，并且在节日期间进行各种各样的活动。到了明代，九月重阳，皇宫上下要一起吃花糕庆祝，皇帝要亲自到万岁山登高。到了清代，这种风俗依旧盛行。还有重九节、茱萸节、菊花节等叫法。由此可见，重阳节在我国具有悠久的历史，重阳节是尊老、敬老的节日。本法以每年农历九月初九为老年节，既充分尊重历史传统，又有很深的寓意，有利于更好地宣传敬老、养老、助老的传统，更好地促进老年人权益保障工作的开展。

第二章　家庭赡养与扶养

本章共15条，主要对以居家养老为基础、赡养人的赡养义务、签订赡养协议、不得干涉老年人的婚姻自由、不得侵犯老年人的财产权益、对老年人的扶养义务、禁止对老年人实施家庭暴力、丧失或者部分丧失民事行为能力的老年人的监护人的确定、国家建立健全家庭养老支持政策等作了规定。

第十三条　老年人养老以居家为基础，家庭成员应当尊重、关心和照料老年人。

【本条主旨】

本条是关于居家养老的规定。

【本条释义】

家庭养老和社会养老是最常见的两种养老模式。所谓家庭养老是指子女赡养为主体，子女在养老中承担主要责任，即老年人居住在家中，主要由家庭成员为老年人提供照料的养老模式，这是传统的养老模式，也是我国几千年来奉行的养老模式。中国一直以儒家思想为主导，长期以来形成了“家庭养老”的传统模式，赡养老年人已成为国人责无旁贷的责任，“养儿防老”“父母在，不远游”“百行孝为先”等都是孝道伦理在人们日常生活中的反映。父母养育了子女，子女就必须赡养老年的父母，否则，将受到道德舆论的谴责。这种以孝文化为传统的赡养方式，两千多年来一直由家庭单位直接承担，早已根深蒂固于国人的思维之中。所谓社会养老，又称机构养老，即将老年人集中在专门的养老机构中养老的模式。该模式的优点在于通过集中管理，能够使老年人得到专业化的照顾和医疗护理服务，无障碍的居住环境设计也使老年人的生活更加便利；缺点在于容易造成老年人与子女、亲朋好友间情感的缺失，且成本较高。

老年人权益保障法确立了以居家为基础的养老模式。居家养老，是指老年人居住在家中，由家庭成员和社会来提供相应照料和养老服务的养老方式，它是一种吸收了机构养老专业化服务和传统家庭养老优点的新型养老模式。居家养老，重点在于“居家”。家庭是老年人情感和精神的重要寄托，家庭成员给予老年人的全方位悉心照料更能满足老年人的个性化和心理需求，其他任何个人和机构都难以替代。居家养老使老年人在自己的家庭和熟悉的社区环境中就能安度晚年，既可享受子孙绕膝的天伦之乐和家庭温馨，又能得到社区和社会提供的优质、便捷的服务，对于提高老年人生命、生活质量具有非常重要的意义。因此，老年人养老以居家为基础，是立足于我国社会主义初级阶段基本国情和中华民族孝亲敬老优良传统，充分尊重广大老年人意愿和心理需求的最适用、最现实的选择。

“居家养老”相较过去传统的“家庭养老”而言，虽一字之差，但却有着全新的理念和内涵，它把社会化的养老服务引入家庭，是对传统的家庭养老模式的补充与创新。我国的社会养老服务体系主要由居家养老、社区养老和机构养老三个有机部分组成。居家养老服务，是指由政府和社会力量依托社区，帮助家庭成员为在家居住的老年人提供生活照料、家政服务、康复护理、医疗保健、精神慰藉等方面的服务，以上门服务为主要形式。它实际上是支持家庭养老的社会化服务体系，具有服务主体多元化、服务对象公众化、服务方式多样化、服务队伍专业化等特点。居家养老就提供服务的主体看，既有家庭成员的照顾，也有社会的帮助，尤其强调社区照顾在居家养老中的重要作用；就享受服务的对象看，主要是在家里居住的老年人；就服务的内容看，既有养和医等物质生活方面的服务，也有文化娱乐、情感慰藉、心理疏导等精神文化生活方面的服务；就服务的形式看，既有请老年人走出家门到社区服务机构中享受自己所需要的服务，也有派专业为老服务人员走进家庭为行动不便和生活不能自理的老年人提供多种服务。该种模式适合子女无暇照顾且不愿意离开原有熟悉环境的老年人。

第十四条　赡养人应当履行对老年人经济上供养、生活上照料和精神上慰藉的义务，照顾老年人的特殊需要。

赡养人是指老年人的子女以及其他依法负有赡养义务的人。

赡养人的配偶应当协助赡养人履行赡养义务。

【本条主旨】

本条是关于家庭赡养的规定。

【本条释义】

家庭赡养是居家养老的重要组成部分。养老服务的社会化不能取代家庭的地位与作用，尤其在我国社会养老保障体系还不完善、制度还不健全的情况下，强调家庭的赡养责任具有重大的现实意义和深远的历史意义。本条对赡养人的范围及其赡养义务作了具体规定。

一、赡养人的义务

根据本条第一款规定，赡养义务包括经济供养、生活照料和精神慰藉等三个方面。

1. 经济供养

经济供养，是指赡养人在经济上负担老年人的生活支出。维持生存所必需的主要以解决老年人吃、穿、住、医等生存需求为目标的经济供养，是所有老年人都不可或缺的，在赡养人的义务中处于基础和核心地位。需要说明的是，随着我国经济社会发展和保障老年人权益的客观需要，经济供养不仅应当确保老年人维持基本生存，而且应当使老年人逐步提升生活质量，过上幸福愉快的晚年。从长远来看，随着我国经济社会发展，社会养老保险制度不断健全，社会救助体系日益完善，经济供养正在逐渐由以家庭为主向以社会为主转变。但是无论如何，对于赡养人而言，经济供养仍然是一项首要的赡养义务。

2. 生活照料

生活照料，是指赡养人提供老年人需要的饮食、起居、清洁、卫生等方面的服务。随着老年人年龄的增长，生理机能逐渐退化，经常会伴有各种疾病，部分老年人甚至失去生活自理能力。生活照料不仅包括老年人的日常生活照料，还包括患病及失能老年人医疗护理、康复等方面的特殊照料。生活照料关乎老年人生活的质量，对有些老年人而言，如果生活照料缺失，再好的经济供养也无法享用，甚至无法生存。需要说明的是，生活照料最好由赡养人亲力亲为，但是在赡养人自身由于各方面的客观原因无法承担生活照料义务的情况下，也可以委托或者聘请他人，如老年人的近亲属等，代为承担生活照料义务。本法第十五条第二款对此也有明确规定，即对生活不能自理的老年人，赡养人应当承担照料责任；不能亲自照料的，可以按照老年人的意愿委托他人或者养老机构等照料。

3. 精神慰藉

随着物质生活水平的不断提高，老年人的赡养内容也在不断发生变化，一些老年人在追求物质生活需要的同时，也注重追求精神生活需要。精神慰藉同样是赡养人应当承担的法定义务。这项义务是经济社会发展对老年人权益保障提出的新的要求。所谓“精神慰藉”是指满足老年人精神、情感、心理方面的需求，这种需求可以独立存在，也可以渗透于经济供养和生活照料中。与经济供养和生活照料相比较，精神慰藉是社会经济发展以后对老年人权益保障而言更为重要的一项内容。随着社会经济发展水平的提高，国家和社会能够为老年人提供更多的物质保障，许多父母不需要依靠子女提供物质上的帮助，物质赡养会弱化。日常生活的料理扶助也可以依靠社会服务保障体系得到解决。唯有子女对父母的孝敬、关心、体贴、安慰是无法从其他途径获得的。父母进入老年后需要亲情的慰藉以克服孤独、失落和无助感，尤其对患病和丧偶等老年人，赡养人要给予更多的精神安慰，帮助其摆脱痛苦，安度晚年。此外，在老年人由于年老体衰出现行动、语言、听力、视力、智力、心理等方面的障碍时，会产生一些不同于常人的特殊需要，赡养人应当予以照顾和满足。

二、赡养人的范围

根据本条第二款规定，赡养人是指老年人的子女以及其他依法负有赡养义务的人。

1. 老年人的子女

子女是最主要的赡养人。需要说明的是，这里的子女，既包括婚生子女，也包括非婚生子女、养子女和受继父母抚养教育的继子女。我国宪法第四十九条中规定，成年子女有赡养扶助父母的义务。婚姻法第二十一条中也规定，子女对父母有赡养扶助的义务。其他依法负有赡养义务的人，一般指特定情况下老年人的孙子女、外孙子女。非婚生子女是指没有婚姻关系的男女所生的子女，主要包括以下几种情况：未婚男女或已婚男女与第三人所生的子女，无效婚姻当事人所生的子女等。根据婚姻法第二十五条规定，非婚生子女享有与婚生子女同等的权利，任何人不得加以危害和歧视。不直接抚养非婚生子女的生父或生母，应当负担子女的生活费和教育费，直至子女能独立生活为止。我国法律赋予非婚生子女与婚生子女相同的权利和义务，不仅在婚姻法中明确了非婚生子女的法律地位，而且在继承法中也对非婚生子女的继承问题作出了明确规定。

根据收养法第二十三条的规定，自收养关系成立之日起，养父母与养子女间的权利义务关系，适用法律关于父母子女关系的规定；养子女与养父母的近亲属间的权利义务关系，适用法律关于子女与父母的近亲属关系的规定。养子女与生父母及其他近亲属间的权利义务关系，因收养关系的成立而消除。收养人与被收养人之间形成法律拟制的直系血亲关系，养子女从此取得了与婚生子女完全相同的法律地位。根据我国婚姻法、收养法等相关法律的规定，养子女负有赡养养父母的义务。

继子女通常是指夫或妻一方与前配偶所生的子女；继父母是指子女母亲或者父亲再婚的配偶。继父母和继子女的关系是由于生父母一方死亡或者双方离婚，一方带子女再婚后形成的。通常情况下，继父母与继子女之间的关系属于姻亲范围，如果继父母与继子女形成抚养关系，或者继父母将继子女收为养子女，他们之间才形成法律拟制直系血亲关系。根据婚姻法第二十七条的规定，继父或继母和受其抚养教育的继子女间的权利和义务，适用婚姻法对父母子女关系的有关规定。继父母与受其抚养教育的继子女间事实上形成了抚养关系，即产生了类似于拟制血亲的关系，但这种拟制血亲关系又和继父母收养继子女有所不同，它不以解除继子女与其生父母间的权利和义务关系为前提。继父或继母和受其抚养教育的继子女间的权利和义务，适用婚姻法对父母子女关系的有关规定，即继子女对继父母有赡养和扶助的义务。

2. 其他依法负有赡养义务的人

根据婚姻法第二十八条的规定，有负担能力的孙子女、外孙子女，对于子女已经死亡或子女无力赡养的祖父母、外祖父母，有赡养的义务。孙子女、外孙子女与祖父母、外祖父母是隔代的直系血亲关系，他们之间在具备法定条件的情况下，形成赡养关系。祖孙之间赡养关系的形成应当具备以下条件：（1）被赡养人的子女死亡或者无赡养能力。（2）被赡养人确实有困难需要被赡养。祖孙之间赡养关系的形成必须建立在确实有困难的基础上，如果被赡养人有一定的经济收入或经济来源，完全能负担自身的生活所需，那么就不能要求孙子女、外孙子女来承担赡养义务。（3）承担赡养义务的人有一定的赡养能力。如果有赡养义务的人没有赡养能力，那么就不能要求其承担相应的义务。

三、赡养人的配偶应当协助赡养人履行赡养义务

配偶又称“夫妻”，合法婚姻中的男女双方互为配偶。它是其他亲属关系（血亲、姻亲）赖以发生的基础。配偶关系因婚姻的成立而发生。我国婚姻法确定的夫妻法定财产制是婚后所得共同制，即在婚姻关系存续期间，除个人特有财产和夫妻另有约定外，夫妻双方或一方所得的财产，均归夫妻共同所有，夫妻双方享有平等的财产所有权的制度。按照这种制度，夫妻财产共有关系存在于婚姻关系存续期间，即始于婚姻成立之时，止于配偶一方死亡或离婚。夫妻关系终止，共同财产依法

分割。夫妻财产共有的形式是共同共有而非按份共有，共有人对共有财产不区分份额大小平等地享有所有权，夫妻双方对共有财产的权利相同，而不考虑各方对共有财产积累的贡献大小。赡养人要想很好地履行对老年父母经济上供养、生活上照料、精神上慰藉的义务，需要配偶的同意、支持和协助。

第十五条　赡养人应当使患病的老年人及时得到治疗和护理；对经济困难的老年人，应当提供医疗费用。

对生活不能自理的老年人，赡养人应当承担照料责任；不能亲自照料的，可以按照老年人的意愿委托他人或者养老机构等照料。

【本条主旨】

本条是关于老年人医疗治疗和护理以及生活照料的规定。

【本条释义】

一、关于患病老年人的治疗和护理

老年人由于年龄等各方面的原因，身体状况一般难以与青壮年比较，罹患各种疾病，往往难以避免。对此，子女等赡养人应对老年人的身体健康情况尽到注意义务，老年人提出要求，或者发现老年人有身体不适情况时，应及时带老年人就医，给予合理治疗，避免病情加重。实践中，如果老年人本人拒绝就医，赡养人应采用劝说的方法做老年人的工作，不宜采取粗暴的强制手段。但是，如果老年人患有老年痴呆症，或者处于神志不清的状态，或者疾病症状较为严重，可能威胁老年人的健康和生命时，赡养人可以不经老年人同意，及时送其就医。

老年人患病无论是住院治疗还是居家治疗，赡养人都应当为老年人提供护理。护理的好坏，与治疗效果有着直接的关系。老年人所患疾病多为慢性病，科学合理的护理，不仅可以帮助老年人缓解疾病痛苦和精神负担，而且可以帮助老年人早日康复。目前我国多数医院由院方提供的护理，一般只局限于与医疗有关的内容，如注射、输液和服药等，而与病人日常生活有关的护理，如喂饭、大小便、翻身等，只能主要依靠家人。当老年人住院治疗时，一般都是由赡养人提供护理。对于居家治疗的老年人，赡养人同样应该精心护理。如果赡养人不能亲自护理，也必须进行妥善安排，由其配偶或其他家庭成员帮助护理，或者委托、雇请他人代为护理，以保证老年病人的正常治疗和康复。

老年人患病住院治疗或者居家治疗，需要支付各项医疗费用。虽然我国已经基本实现城乡居民基本医疗保险制度全覆盖，但保障力度仍有欠缺，报销范围和报销比例受到一定限制，特别是一些患有大病或者慢性病的老年人，个人负担的医疗费用占很大比例。对经济条件宽裕的老年人而言，尚有能力负担部分医疗费用，但是对于经济困难、无力负担医疗费用的老年人，赡养人应当提供医疗费用。

二、对生活不能自理的老年人的照料

生活不能自理的老年人，是指那些在日常生活中不能照顾自己，完全依赖他人或者在某些方面需要他人帮助的老年人。丧失生活自理能力的老年人称为“失能老人”。“失能”按照程度不同，又可以分为“轻度失能”“中度失能”“重度失能”。按照一些国际组织的标准，吃饭、穿衣、上下床、上厕所、室内走动、洗澡六项指标，一项到两项做不了的定义为“轻度失能”；三项到四项做不了的定义为“中度失能”；五项到六项做不了的定义为“重度失能”。目前，我国有失能、半失能老人约3300多万，占老年人口的19%，随着老年人口的增加，这个数字还会不断增长，失能、半失能老人对不同形式生活照料的需求日益增大。针对这一客观需要，本法在修订时增加规定了赡养人对生活不能自理老年人的照料义务。

1. 赡养人亲自照料

赡养人是承担老年人长期照料和护理工作的责任主体，一般来说，应当亲自照料生活不能自理的老年人。对于因年高行动不便、患病卧床、患老年痴呆症等原因生活不能自理的失能、半失能老人来说，从事买菜、做饭、洗衣、清扫等日常生活必需事务时已力不从心，有的甚至丧失了活动能力，翻身、进食、大小便等都不能自理，需要完全依赖他人。此时，赡养人有义务照顾其生活起居。家庭照料是中国的优良传统，最具亲情和温暖，适合老年人享受天伦之乐。目前，无论在城市还是农村，家庭照料仍然是老年人获得长期照料的最常见方式，老年人的子女和负有赡养义务的其他亲属都应当及时了解老年人的身心状况和特殊需求，为生活不能自理的老年人提供所需的照料和服务。

2. 委托他人照料

本条第二款规定，赡养人因各种原因不能亲自照料生活不能自理的老年人的，可以委托他人或者养老机构等照料。之所以作上述规定，主要是考虑到随着经济社会的发展和家庭结构的变迁，我国传统的家庭养老照料模式受到诸多挑战。传统的大家庭在逐渐解体，子女因工作等原因，与老年人不在同一个地方生活的很多，即使在同一个地方生活，老年人与子女分开居住的也越来越多。家庭小型化导致赡养人对老年人的日常照料能力不足，单纯依靠家庭照料存在很大困难。因此，对失能、半失能老年人的照料，应以家庭照料为主，同时结合社区照料和机构照料，以缓解家庭的压力。赡养人可根据自身条件和老年人的情况，选择照料方式和提供服务主体。比如，对于生活完全不能自理的老年人，可以雇请保姆或者由其他亲属居家照料，也可以送至社会化养老服务机构接受专业照料；对于生活能部分自理的老年人，可以雇请小时工等服务人员上门为老年人开展照料服务，也可以利用社区老年人日间服务中心等专业服务机构，为老年人提供日常配送餐、衣物清洗、房间卫生清洁等日常生活护理。准确理解本条第二款的规定应当注意以下两点：一是委托他人或者机构照料必须注意尊重老年人的意愿。在选择何种照料方式、委托何人承担照料责任方面，老年人具有决定权。每个老年人的身体状况不同，经济条件也不尽相同，因而服务需求和对服务质量的要求都有所不同，赡养人应当尊重老年人的意愿，在作决定之前与老年人充分沟通协商，以满足老年人的不同需求。二是赡养人对老年人经济供养、生活照料和精神慰藉的义务不因他人或者社会为老年人提供的生活照料与服务而免除。与老年人不在一起居住的赡养人，应当定期看望或者问候老年人，为老年人提供更多的精神关怀。

第十六条　赡养人应当妥善安排老年人的住房，不得强迫老年人居住或者迁居条件低劣的房屋。

老年人自有的或者承租的住房，子女或者其他亲属不得侵占，不得擅自改变产权关系或者租赁关系。

老年人自有的住房，赡养人有维修的义务。

【本条主旨】

本条是关于老年人住房的规定。

【本条释义】

一、妥善安排老年人的住房

根据本条第一款规定，赡养人应当妥善安排老年人的住房，不得强迫老年人居住或者迁居条件低劣的房屋。住房是老年人安度晚年的最基本需求之一，也是老年人最基本的合法权益之一。赡养人应照顾老年人的特殊需要，为其安排适宜居住的房屋，并保证老年人的基本居住水平不低于赡养人家庭成员的平均水平。所谓适宜居住的房屋是指该房屋应满足最基本的居住要求，具备基本卫生和安全条件。该房屋不能是危房，应符合居民住宅对采光、通风等的要求，具备防雨、防风、防雷击、御寒等功能，在冬季高寒地区应有人工采暖设施。老年人有权要求赡养人对不符合基本居住条件的住房进行改造、重建，或者将老年人迁居到条件较好的住房中。赡养人不得强迫老年人居住在不具备基本居住条件的房屋，如在农村将老人安排在仓库或者猪圈、鸡舍中，在城市将老人安排在厨房、储物间或阴暗潮湿的地下室中等。赡养人也不得强迫老年人从居住条件较好的房屋中迁居到居住条件低劣的房屋，对于有配偶的老年人，应尊重老年夫妇共同生活的意愿，不得强行将其分开居住。

二、不得侵占老年人的住房

根据本条第二款规定，老年人自有的或者承租的住房，子女或者其他亲属不得侵占，不得擅自改变产权关系或者租赁关系。老年人对自己所有的房屋，依法享有占有、使用、收益、处分的权利，可以自己居住使用，也可以依法赠与、出售给他人，老年人的子女或者其他亲属不得擅自出卖、出租或者拆除老年人所有的房屋。老年人对以自己名义承租的公房或者其他房屋，享有租赁权。子女未经老年人同意，不得擅自变更承租人，不得擅自交换或者退租，亦不得强行侵占。子女或者其他人有意出资翻修老年人居住的房屋的，要征得老年人同意，并事先签订有关协议，明确老年人享有的产权份额和使用权限。老年人与子女或者其他亲属共同出资购买、建造的住房，老年人按照出资比例或者约定，享有相应的房屋所有权和居住权。老年人与子女或者其他亲属共有的住房调换、拆迁、改建后，老年人依法享有相应的房屋所有权和居住权。子女利用老年人的宅基地建房的，应当征得老年人同意，并保证老年人在所建房屋居住的权利。子女或者其他亲属出资购买老年人原来承租或者居住的住房，应当签订书面协议，保证老年人继续居住的权利。子女所在单位分配住房或者动迁、改建住房含老年人份额的，老年人享有与子女同等的权利。子女或者其他亲属经老年人同意，借用老年人的房屋时，到约定期限应当及时归还，不得无故拖延。居住在老年人自有住房中的子女或者其他亲属获得单位分配住房或者自购住房时，如老年人不同意其继续居住，应当及时迁出。由于近年来发生的子女或者其他亲属侵犯老年人住房权益的事件比较多，为切实保障老年人的合法权益，上海、安徽、云南等省、市的相关地方性法规均规定，房屋土地管理部门或者公安部门的承办人员在办理老年人自有的或者承租的住房转移、过户、交换和户口迁入等手续时，应当当面征得老年人同意，并查验老年人签名的书面材料。

三、赡养人对老年人自有住房的维修义务

老年人自有的住房，赡养人有维修的义务。老年人拥有房屋权属的住

房，多数已经年久失修，有的墙皮脱落，有的屋顶漏雨，有的门窗不严，有的甚至成了危房，急需要维修和改建。很多老年人晚年并没有多少积蓄，难以支付修建房屋的费用。赡养人有义务筹集资金和组织力量为老年人自有的住房进行维修和养护，以保障老年人的安全。如果老年人因居住危房而发生不测，人身或者财产遭受损害，应依法追究赡养人的责任。

第十七条　赡养人有义务耕种或者委托他人耕种老年人承包的田地，照管或者委托他人照管老年人的林木和牲畜等，收益归老年人所有。

【本条主旨】

本条是关于老年人田地、林木、牲畜的规定。

【本条释义】

一、农村养老是老年人权益保障法中的一个重大问题

农村老年人口占全国的75%，是我国老年人的主体。有调查显示，当前农村老龄化程度比城镇高1.24个百分点，预计这种状况将持续到2040年。可见，与城市相比，农村的养老压力更大。与此同时，农村养老还面临着城市化、家庭结构小型化、计划生育和人口价值观念改变等带来的一系列挑战。农村人口的大量外出导致养儿难以防老，这是农村几千万留守空巢老年人面临的普遍难题。从今后发展看，随着农村人口生育率的下降，农村老年人老难所养问题将更加突出。有调查显示，全国城市地区有近一半的老年人没有子女相伴，而农村“空巢”老年人的比重也占到四成左右。如果考虑农村大量劳动力外出打工因素，农村“空巢”化更加严重。

二、有必要对农村养老涉及的田地耕种，林木、牲畜的照管等作出特别规定

在我国广大农村，因实行土地承包责任制，农村老年人一般都有自己承包的一份田地，有些老年人还有属于自己的林木和牲畜等生产、生活资料。这些土地、林木和牲畜等为农村老年人提供口粮和收益，为其养老提供了必要的物质保障。因此，农村老年人的晚年生活离不开土地和林木、牲畜等，这些是他们晚年衣食无忧的保证。但由于年老体弱，多数老年人自己已无力对田地、草场、林木和牲畜进行耕种和照管。针对这一现实情况，为保护农村老年人的合法权益，老年人权益保障法特别规定，赡养人有义务耕种或者委托他人耕种老年人承包的田地，照管或者委托他人照管老年人的林木和牲畜等，收益归老年人所有。理解本条规定应当注意以下三点：

1. 老年人依法有权要求赡养人代为耕种自己承包的田地和代为照管自己的林木、牲畜等

实践中，有些赡养人不履行法律赋予的这一义务，对老年人的承包地及林木、牲畜等，既不耕种也不照管；有的赡养人不仅不帮助老年人耕种，还要求老年人照管自己的田地，大大加重了老人的劳动负担，这些做法均违背了老年人权益保障法的规定，村民委员会应对赡养人进行批评教育，督促其改正。

2. 赡养人可以自己耕种老年人承包的田地、照管老年人的林木和牲畜等，也可以委托他人耕种或者照管

赡养人与老年人共同居住、同样从事农业生产的，可以自己耕种或者照管；赡养人居住地远离老年人的居住地、已经脱离农业生产的，可以委托老年人所在地村里的其他亲戚朋友代为耕种或者照管，农忙时雇请其他人耕种，将承包地转租给他人耕种；等等。

3. 田地、林木、牲畜等的收益归老年人所有

无论是赡养人亲自耕种或者照管，还是委托他人代为耕种或者照管，

所得收益均归老年人所有。实践中有的赡养人将老年人的田地、林木和牲畜等的收益据为己有；有的赡养人代耕代管后，只为老年人提供口粮；有的赡养人将老年人的承包地转租给他人后私分租金收入；极少数赡养人甚至破坏老年人的承包地，毁损、盗卖老年人的林木、牲畜，这些都是违反本法规定的行为。

第十八条　家庭成员应当关心老年人的精神需求，不得忽视、冷落老年人。

与老年人分开居住的家庭成员，应当经常看望或者问候老年人。

用人单位应当按照国家有关规定保障赡养人探亲休假的权利。

【本条主旨】

本条是关于关心老年人精神需求、看望或者问候老年人、探亲休假的规定。

【本条释义】

一、关心老年人的精神需求

老年人的精神需求，是指老年人获得人格尊重、情感支持和心理慰藉的需求，是养老需求的重要内容。随着经济社会发展和社会保障制度的完善，经济上具备自我养老能力的老年人逐渐增多，精神需求对老年人而言显得更为重要。尤其是随着年龄的增长，老年人的心理素质会逐渐弱化，有不同的精神生活需求。有统计数据显示，老年人患各类心理疾病的人数逐年增加，其中尤以患神经官能性恐惧症、忧郁症和综合焦虑症居多。不少老年人从工作岗位上退休回家后，无所事事，闲得无聊，特别缺少与人的交流，一旦遇到一些不如意的生活小事后，心理疾病便一触即发。在这样的状况下，有部分老年人喜欢没病找病，“对号入座”，结果使本已比较脆弱的心理更加脆弱，甚至导致忧郁症的出现。为此，应当高度关注老年人的精神需求，通过社会、家庭、子女和组织的关注和努力，在心理上、精神上与他们取得沟通。

关心老年人精神需求，一是应当对老年人予以充分尊重，尊重老年人自主决策和参与家庭决策、社会决策的权利，尊重老年人作为独立个体和社会成员的自主性和选择权。二是应当给予老年人情感支持和关怀，满足老年人对家庭亲情和天伦之乐的需求，重点体现在老年人与家庭成员之间保持应有的情感交流和互动。在为老年人提供基本生活保障的同时，更要重视对其精神需求的满足。物质需要的满足代替不了精神的充实和愉悦，相较物质需求，精神需求的满足更需要获得外部力量的参与和支持。老年人从子女那里最想得到的不是金钱、物质而是亲情，家庭的亲情和精神慰藉是老年人的强烈期盼和精神支柱。在满足老年人精神需求方面，子女的精神抚慰是最有效的，也是老年人最渴求的。三是对老年人予以心理疏导和安慰，及时化解老年人因个人、家庭和社会等因素产生的心理压力，满足老年人的心理期待。

二、家庭成员应当经常看望或者问候老年人

家庭成员的看望和问候是满足老年人精神需求的重要方面。目前，尽管老年人的物质生活有了更好的保障，但成年子女等与老年人分开居住情况更加普遍，一些子女由于各方面的原因，与老年人关系疏远，疏于看望、问候老年人，或者忽视、冷落老年人，这显然难以满足老年人的精神需求。本条第二款对此作了有针对性的规定。理解这一规定应当注意以下几点：一是有的意见提出这一规定的可操作性不强，实践中出现家庭成员不来看望或者问候的，也很少有老年人会诉诸司法。法律既有强制性规定，也有倡导性规定。本条规定的目的在于鼓励家庭成员更加重视老年人的精神需求。二是满足老年人精神需求的方式可以是经常看望，经常看望确有困难的，应当经常问候老年人，问候的方式多种多样，可以是一个电话，也可以是一封信件、一张贺卡等。三是本条规定中的家庭成员应当作相对广义的理解，既包括老年人的子女，也包括老年人的孙子女、外孙子女等。

三、用人单位应当保障职工的探亲休假权

根据1981年3月6日五届全国人民代表大会常务委员会第十七次会议批准、1981年3月14日国务院公布施行的《国务院关于职工探亲待遇的规定》，在国家机关、人民团体和全民所有制企业、事业单位工作满一年的固定职工，与配偶不住在一起，又不能在公休假日团聚的，可以享受探望配偶的待遇；与父亲、母亲都不住在一起，又不能在公休假日团聚的，可以享受探望父母的待遇，职工探望配偶的，每年给予一方探亲假一次，假期为30天；未婚职工探望父母，原则上每年给假一次，假期为20天，如果因为工作需要，本单位当年不能给予假期，或者职工自愿两年探亲一次的，可以两年给假一次，假期为45天；已婚职工探望父母的，每四年给假一次，假期为20天。上述假期包括公休假日和法定节日在内。

《国务院关于职工探亲待遇的规定》为保障职工探亲权提供了依据。从现阶段情况来看，制定于30多年前的这一规定已经有些滞后，有必要作适当的调整和完善。首先，在20世纪80年代初期制定探亲休假规定时，我国经济社会发展水平较低，当时还没有双休日，年休假、节假日也不多，考虑到有些职工的父母或配偶住在偏远的地方、交通不便利，无法经常团聚，有必要通过探亲休假制度来解决这一问题。目前，职工休息休假时间与20世纪80年代比较已经大幅增加，再加上交通出行更加便利，即使不通过休探亲假，职工在“春节”“十一”长假，以及部分小长假期间也完全有时间和条件回家探亲。此外，上述规定将享受探亲休假待遇的人群限定为“国家机关、人民团体和全民所有制企业、事业单位工作满一年的固定职工”，将民营、外资等非公有制单位职工排除在外，客观上造成不同性质、不同所有制类型的单位之间职工在休假上的不平等。为此，在新的历史时期，探亲休假制度应当与带薪年休假、国家法定节假日以及休息日等休息休假制度进行统筹协调，适用对象的范围也有必要进行调整，从而在制度层面完善和保障职工探亲休假的权利，为家庭成员回家看望老年父母提供条件。

2008年1月1日起施行的国务院公布的《职工带薪年休假条例》规定了职工带薪年休假。根据条例规定，机关、团体、企业、事业单位、民办非企业单位、有雇工的个体工商户等单位的职工连续工作1年以上的，享受带薪年休假。单位应当保证职工享受年休假。职工在年休假期间享受与正常工作期间相同的工资收入。职工累计工作已满1年不满10年的，年休假5天；已满10年不满20年的，年休假10天；已满20年的，年休假15天。国家法定休假日、休息日不计入年休假的假期。保障职工探亲休假的权利是用人单位的一项法定义务，用人单位应当严格依照上述法律法规的规定，切实保障职工的探亲休假权，为家庭成员有更多的时间看望、慰问老年人，切实保障老年人的精神需求创造条件。

第十九条　赡养人不得以放弃继承权或者其他理由，拒绝履行赡养义务。

赡养人不履行赡养义务，老年人有要求赡养人付给赡养费等权利。

赡养人不得要求老年人承担力不能及的劳动。

【本条主旨】

本条是关于赡养人义务的规定。

【本条释义】

一、不得以放弃继承权等理由拒绝履行赡养义务

赡养义务是赡养人应当履行的一项法定义务。我国宪法及有关法律对赡养人应当履行赡养义务作了明确规定。根据相关规定，子女对父母有赡养的义务；有负担能力的孙子女、外孙子女，对于子女已经死亡或子女无力赡养的祖父母、外祖父母，有赡养的义务。继承权是继承人享有的一项权利，被继承人死亡后，继承人依照法律规定或者被继承人订立的遗嘱，继承财产。在通常情况下，赡养人也是法定的继承人，如子女对父母有赡养的义务，按照我国继承法的规定，子女为法定的第一顺序遗产继承人。继承权是一项权利，继承人享有处分权，可以行使，也可以放弃。但是，行使或者放弃继承权不影响赡养义务的履行，也就是说，即使赡养人放弃继承权，其同样应当依法履行赡养义务。但是，反过来，按照我国继承法的有关规定，成年子女有赡养能力和赡养条件，但未尽赡养义务，在分配父母遗产时，应当不分或者少分。实践中赡养人拒绝履行赡养义务的理由或者借口可能多种多样，既包括放弃继承权，也可能强调其应当赡养的老年人没有可继承的财产等。无论是何种理由，都不得成为拒绝履行赡养义务的借口。

二、老年人有权要求赡养人给付赡养费

根据本条第二款规定，赡养人不履行赡养义务，老年人有要求赡养人付给赡养费等权利。赡养人不履行给付义务的，老年人可以要求主管部门处理，也可以依法申请调解或者向人民法院提起诉讼。人民法院在处理赡养纠纷时，应当坚持保护老年人的合法权益的原则，通过调解或者判决使子女依法履行赡养义务。对负有赡养义务而拒绝赡养，情节恶劣构成遗弃罪的，应当承担刑事责任。应当说明的是，根据本法第十四条的规定，赡养人对老年人应当履行的赡养义务包括经济上供养、生活上照料和精神上慰藉。因此，赡养人不履行赡养义务的，老年人有权要求给付赡养费，也可以要求赡养人履行生活照料、精神慰藉等其他法定义务。

三、不得要求老年人承担力不能及的劳动

根据本条第三款规定，赡养人不得要求老年人承担力不能及的劳动。这一规定是根据老年人的身心特点作出的一项有利于老年人劳动保护的规定。老年人由于其身心特点，不宜从事强度过大的劳动，尤其是不应承担劳动强度过大的体力劳动。此外，老年人劳动要有相应的劳动保护措施。

第二十条 经老年人同意，赡养人之间可以就履行赡养义务签订协议。赡养协议的内容不得违反法律的规定和老年人的意愿。

基层群众性自治组织、老年人组织或者赡养人所在单位监督协议的履行。

【本条主旨】

本条是关于赡养协议的规定。

【本条释义】

一、签订赡养协议

赡养协议是赡养人之间在平等协商、自愿合法的基础上，就赡养义务的履行订立的民事协议。其内容一般包括赡养义务的具体内容、赡养义务的履行及其监督机制等。根据本条第一款规定，经老年人同意，赡养人之间可以就履行赡养义务签订协议。赡养协议的内容不得违反法律的规定和老年人的意愿。理解这一规定应当注意以下几点：

1. 签订赡养协议首先必须取得老年人同意

老年人同意是签订赡养协议的必经程序，未经老年人同意的赡养协议不具有法律效力。之所以作这样的规定，主要是考虑到赡养协议的签订及其内容与老年人的合法权益密切相关，有必要规定须事先征得老年人同意。

2. 赡养协议的内容不得违反法律的规定和老年人的意愿

目前，有关法律对赡养义务的履行等都有具体的规定，赡养协议的内容不得违反上述法律的强制性规定。另外，赡养协议的内容也要尊重老年人的主观意愿。

二、赡养协议的监督机制

根据本条第二款的规定，基层群众性自治组织、老年人组织或者赡养人所在单位监督协议的履行。基层群众性自治组织是指在城市和农村按居民的居住地区建立起来的居民委员会和村民委员会。它是建立在我国社会的最基层、与群众直接联系的组织，是在自愿的基础上由群众按照居住地区自己组织起来管理自己事务的组织。基层群众性自治组织不同于国家政权组织和其他政治、经济等社会组织，是基于一定居住地范围内居民（村民）社会生活的共同需要而建立，目的是解决居住地范围内的公共事务和公益事业方面的社会问题。基层群众性自治组织是被赡养人居住和生活的地方，规定由其监督赡养义务的履行情况，实践中比较好操作，能够更好地发挥监督的实效性。老年人组织主要包括老年人协会等组织，也是与老年人居住和生活关系较为密切的组织，能够履行监督职能。赡养人所在单位是赡养人工作的单位，对赡养人的行为也有一定的约束性，也能够发挥一定的监督职能。

第二十一条　老年人的婚姻自由受法律保护。子女或者其他亲属不得干涉老年人离婚、再婚及婚后的生活。

赡养人的赡养义务不因老年人的婚姻关系变化而消除。

【本条主旨】

本条是关于老年人婚姻自由的规定。

【本条释义】

一、老年人享有婚姻自由权

婚姻自由又称婚姻自主，是指婚姻当事人享有自主地决定自己的婚姻的权利。婚姻当事人按照法律的规定，有权基于本人的意志，自主自愿地决定自己的婚姻问题，不受他人的干涉和强制。婚姻自由包括结婚自由和离婚自由。结婚自由，是指婚姻当事人有依法缔结婚姻关系的自由。当事人是否结婚，与谁结婚，是其本人的权利，任何人无权干涉。自愿是实现婚姻自由的前提，双方意思表示一致是婚姻以互爱为基础的必要条件。但自愿必须不违背法律规定的条件和程序，因为结婚自由并不意味着当事人可以在婚姻问题上为所欲为。在结婚自由问题上，包办强迫或干涉他人婚姻的行为是被反对的，各种轻率行为也是被反对的。结婚双方都必须要符合婚姻法里关于结婚的法定条件。离婚自由，是指夫妻有依法解除婚姻关系的自由。结婚自由和离婚自由是统一的，二者相互结合缺一不可。婚姻法明确规定结婚自由，任何人不得干涉他人的婚姻自由。婚姻自由不仅是法律赋予青年人的权利，也是赋予老年人的权利。在法律上，任何人的婚姻自由权利都是平等的。丧偶或离异的老年人再婚，只要是出于双方自愿，并且符合法律的规定，都应当受到法律的保护。子女或者其他亲属不得干涉老年人离婚、再婚及婚后的生活。

婚姻自由包括老年人的再婚自由，但是在现实生活中，丧偶或者离异的老年人不在少数，而老年人再婚更是障碍多、麻烦大、难上加难。现实生活中阻碍老年人再婚的因素既有世俗偏见的禁锢和老年人自身固有观念的束缚，也有子女干涉的原因。一些年轻人认为，父母再婚有辱门风，自己脸上无光，父母积攒的财产也会流落到外人手里。因此，为了自己的名声和财产利益，百般阻挠，想尽办法干涉父母的再婚自由，甚至用侮辱、威胁或者施以暴力来达到阻止父母再婚的目的。由此可见，从法律上有针对性地强调保护老年人的婚姻自由，特别是再婚自由就显得尤为重要。在老年人再婚的问题上，除了消除世俗偏见，打消老年人自身不正确的固有观念外，更重要的是防止子女对父母婚姻自由的阻挠和干涉，还老年人再婚自由的空间。对于老年人来说，仅有“老有所养”是不够的，还应该“老有所伴”“老有所慰”。老年人的再婚，是生活上的需求，更是心理上的需求，子女对老年人的关心照顾及情感、行为不能代替老夫老妻之间那种情感的交流和行为。婚姻专家认为，老年人再婚，一方面可以减轻双方子女的负担，两个人互相扶持，互相照顾，子女不用过于分心、惦记；另一方面，老年人再婚，老有依靠，在经济上互相扶持，在生活上互相照料，说话有人呼应、理解，在精神上互相慰藉，有利于老年人的身心健康。让再婚老人相互关怀照顾，共度幸福晚年，对国家、社会和家庭都有利。老年人再婚，应得到社会的认可和关注，得到子女的理解和支持。给老年人一个金色的晚年，这也是社会文明进步的需要和体现。

近年来，老年人再婚的现象逐渐增加。大多数年轻人对父母再婚表示赞成，甚至为父母的再婚积极做红娘、牵线搭桥，这是社会文明的表现。但是，也有一部分年轻人对老年人的再婚表示反对，千方百计予以阻挠，还有的子女顾虑父母百年后的财产继承问题产生纠纷而反对父母再婚，这些都是违法的行为。实践中有关部门应当对干涉老年人婚姻自由和婚后生活的行为进行严肃的批评教育，帮助他们正确对待老年人婚姻的问题。同时，应鼓励和支持老年人大胆地追求幸福，运用法律武器来维护自己的正当权利。

二、赡养人的赡养义务不因老年人的婚姻关系变化而消除

根据本条第二款的规定，赡养人的赡养义务不因老年人的婚姻关系变化而消除。也就是说，子女对父母的赡养义务是无期限的，只要父母需要赡养，子女就应当履行这一义务。父母婚姻关系的变化不导致子女赡养义务的解除，子女不能因父母再婚而对父母不闻不问，相互推诿，不尽赡养义务。老年人再婚或者离婚的，赡养人仍然负有赡养义务，并应当依法履行对老年人的赡养义务。

第二十二条　老年人对个人的财产，依法享有占有、使用、收益和处分的权利，子女或者其他亲属不得干涉，不得以窃取、骗取、强行索取等方式侵犯老年人的财产权益。

老年人有依法继承父母、配偶、子女或者其他亲属遗产的权利，有接受赠与的权利。子女或者其他亲属不得侵占、抢夺、转移、隐匿或者损毁应当由老年人继承或者接受赠与的财产。

老年人以遗嘱处分财产，应当依法为老年配偶保留必要的份额。

【本条主旨】

本条是关于老年人财产权益保护的规定。

【本条释义】

一、对老年人个人财产权益的保护

《中华人民共和国民法通则》第七十一条规定，财产所有权是指所有人依法对自己的财产享有占有、使用、收益和处分的权利；《中华人民共和国物权法》第三十九条也规定，所有权人对自己的不动产或者动产，依法享有占有、使用、收益和处分的权利。老年人的个人财产权利受上述法律的保护，本法明确禁止老年人的子女和其他亲属通过窃取、骗取、强行索取等方式侵犯老年人财产权益的行为，如果这些行为触犯了《中华人民共和国治安管理处罚法》的有关规定，行为人要受到相应的治安处罚；如果窃取、骗取、强行索取老年人个人所有的财产数额较大或者有其他严重情节，违反《中华人民共和国刑法》有关规定的，构成盗窃罪、诈骗罪、抢夺罪或抢劫罪的，要承担相应的刑事责任。

依据这些规定，老年人对个人的财产依法享有的权利包括如下四个方面：一是占有权。占有是对财产的实际管领或控制。通常情况下，占有是拥有财产的一般前提，是财产所有者直接行使所有权的表现。二是使用权。使用是为发挥财产的价值而对财产进行的运用。如使用机器生产产品，在房屋中居住等。财产所有权人可以自己使用财产，也可以通过出借、出租等方式让他人对自己所有的财产进行使用。三是收益权。收益是通过对财产的占有、使用等方式取得的经济效益。使用财产并获取收益是拥有财产的目的之一。收益也包括孳息，既包括家畜生出的幼仔、果树结出的果实等天然孳息，也包括存款所得的利息、出租所得的租金等法定孳息。四是处分权。处分是指财产所有人对其财产在事实上和法律上的处置。处分权一般由所有权人行使，但是在某些特定情况下，非所有人也可以对财产有处分权，比如，获得财产所有权人授权的其他人也可以对财产进行处分。

老年人对其个人所有的财产依法行使上述权利时，其子女或者其他亲属不得干涉。干涉主要是指对老年人行使财产权利进行阻挠、设置障碍等行为，这些行为都是法律明令禁止的。当然，除子女和其他亲属外的人也都不得干涉老年人行使个人财产权益。

二、老年人的继承权和接受赠与的权利

1. 继承权

《中华人民共和国继承法》第五条规定，继承开始后，按照法定继承办理；有遗嘱的，按照遗嘱继承或者遗赠办理。根据该规定，继承包括法定继承和遗嘱继承：（1）法定继承。法定继承是指在被继承人没有对其遗产的处理立有遗嘱的情况下，由法律直接规定继承人的范围、继承顺序、遗产分配原则的一种继承形式。老年人在法定继承中，需要根据其与被继承人的关系，遵循一定的继承顺序。（2）遗嘱继承。遗嘱继承是指按照立遗嘱人生前所留下的符合法律规定的合法遗嘱的内容要求，确定继承人及各继承人应继承遗产的份额。老年人可以作为他人遗嘱中确定的继承人。

通常情况下，遗嘱继承优先于法定继承，但如果出现以下情形，遗产中的有关部分按照法定继承办理：（1）被继承人生前未与他人订立遗赠扶养协议，或虽订立遗赠扶养协议，但只处分了部分遗产，或协议已失去法律效力的；（2）被继承人生前未立遗嘱、遗赠，或虽立遗嘱、遗赠，但只处分了部分遗产，或所立遗嘱、遗赠无效或部分无效的；（3）遗嘱继承人或受遗赠人先于被继承人死亡的；（4）遗嘱继承人放弃遗嘱继承或受遗赠人放弃受领遗赠的；（5）遗嘱继承人丧失继承权或受遗赠人丧失遗赠受领权的。

2. 接受赠与的权利

赠与是赠与人将自己的财产无偿给予受赠人的一种行为。这种行为的实质是财产所有权的转移。赠与行为一般要求与受赠人签订赠与合同，特殊情况也可以通过口头合同和其他形式来完成。根据《中华人民共和国合同法》的规定，赠与既要求赠与人有赠与的意思表示，也需要受赠人有接受赠与的意思表示。赠与可以附加义务，赠与附义务的，受赠人应当按照约定履行义务。受赠人有下列情形之一的，赠与人可以撤销赠与：（1）严重侵害赠与人或者赠与人的近亲属；（2）对赠与人有扶养义务而不履行；（3）不履行赠与合同约定的义务。赠与人撤销赠与的，可以向受赠人要求返还赠与的财产。此外，赠与人的经济状况显著恶化，严重影响其生产经营或者家庭生活的，可以不再履行赠与义务。

3. 侵犯老年人继承权和接受赠与的权利的具体情形

在继承和接受赠与的过程中，由于有关的财产权益尚不确定，法律关系比较复杂，老年人很容易受到来自子女和其他亲属的侵害。本法对常见的几种侵犯老年人继承权和接受遗赠权利的行为进行列举，并作出禁止性规定，旨在强调对老年人继承权和接受赠与权的保护。这些侵权行为主要包括以下几种形式：（1）侵占。侵占，是指以非法占有为目的，将他人交给自己保管的财物、遗忘物或者埋藏物非法占为己有的行为。侵占老年人继承和接受赠与的财物数额较大且拒不退还的，可以构成侵占罪，依据《中华人民共和国刑法》的有关规定进行制裁。（2）抢夺。抢夺，是指以非法占有为目的，乘人不备，出其不意，公然对他人财物行使有形力，使之不及抗拒，而取得他人财物的行为。抢夺老年人继承和接受赠与的财产，依据数额大小和情节严重程度，可能构成相应的治安违法行为或抢夺罪，有关部门可依据《中华人民共和国治安管理处罚法》和《中华人民共和国刑法》的有关规定对其进行处罚。（3）转移、隐匿。转移、隐匿，是指将本该由老年人继承或接受赠与的财产进行转移和隐匿，使老年人对财产失去占有权，无法行使相应的民事权利。转移、隐匿应当由老年人继承或接受赠与的财产，触犯有关法律规定的，要承担相应的法律责任。（4）损毁。损毁，是指通过一定的方式，对应由老年人继承或接受赠与的财产进行破坏性处理，包括拆解、销毁等情形。故意毁坏公私财物，数额较大的，可能触犯《中华人民共和国治安管理处罚法》和《中华人民共和国刑法》的有关规定，构成治安违法行为或犯罪。

三、老年人以遗嘱处分财产，应当依法为老年配偶保留必要的份额

《中华人民共和国继承法》第十九条规定，遗嘱应当对缺乏劳动能力又没有生活来源的继承人保留必要的遗产份额，据此规定，对尚无劳动能力的未成年人和因年迈、疾病、伤残而丧失劳动能力的其他法定继承人，在其缺乏劳动能力又无生活来源的情况下，遗嘱人设立遗嘱时应当保留他们的必要的继承份额。这种必要的继承份额称为“必留份”。遗嘱如果违反必留份的规定，没有保留缺乏劳动能力又没有生活来源的继承人必要的遗产份额，那么这部分遗嘱内容是无效的。根据最高人民法院有关司法解释的规定，继承人是否缺乏劳动能力又没有生活来源，应按遗嘱生效时该继承人的具体情况确定，遗嘱人未保留缺乏劳动能力又没有生活来源的继承人的遗产份额，遗产处理时，应当为该继承人留下必要的遗产，所剩余的部分，才可参照遗嘱确定的分配原则处理。本条第三款规定对老年人通过遗嘱处分财产的行为进行了限定，但与继承法的规定有所区别，主要就是不强调老年配偶必须具备“缺乏劳动能力又没有生活来源”，之所以这样规定，主要是考虑到老年配偶作为老年人的法定继承人之一，其在年龄方面具有特殊性，通常在劳动能力和生活来源方面都存在困难，规定老年人在以遗嘱方式处分财产时，应当为他们的老年配偶保留必要的份额，有利于对这部分老年人权益的保护。

第二十三条　老年人与配偶有相互扶养的义务。

由兄、姐扶养的弟、妹成年后，有负担能力的，对年老无赡养人的兄、姐有扶养的义务。

【本条主旨】

本条是关于老年人扶养的规定。

【本条释义】

一、扶养义务

扶养，有广义、狭义之分，广义上的扶养泛指特定亲属之间根据法律的明确规定而存在的经济上相互供养、生活上相互扶助照顾的权利义务关系，包括长辈亲属对晚辈亲属的“抚养”，平辈亲属之间的“扶养”和晚辈亲属对长辈亲属的“赡养”三种具体形态。狭义的扶养则专指平辈亲属之间尤其是夫妻之间依法发生的经济供养和生活扶助的权利义务关系。本条规定的扶养属于狭义上的扶养，主要是指平辈的配偶之间以及兄弟姐妹之间的扶养。我国婚姻法等有关法律对配偶之间，以及兄弟姐妹之间的扶养有相应的规定。例如，婚姻法第二十条规定，夫妻有互相扶养的义务。第二十九条规定，有负担能力的兄、姐，对于父母已经死亡或父母无力抚养的未成年的弟、妹有扶养的义务。由兄、姐扶养长大的有负担能力的弟、妹，对于缺乏劳动能力又缺乏生活来源的兄、姐有扶养的义务。考虑到老年人的扶养问题与一般人群比较更为突出，本法在婚姻法上述规定的基础上，对涉及老年人的有关扶养问题作了具体规定。

二、老年人与配偶之间有相互扶养的义务

老年人与配偶之间的相互扶养义务对老年人而言是十分重要的义务。俗话说，“少年夫妻老来伴”。对于一般的家庭而言，进入老年后，子女成家立业，有各自的独立生活，老年人夫妻双方对各自而言都是最重要的人，在生活中需要相互扶持、相互扶养、相濡以沫，共同度过安详、幸福、愉快的老年生活，这是所有老年人的共同追求。根据本条规定，无论是老年人还是其配偶，有扶养能力的一方，对于有残疾、患有重病、经济困难的配偶，必须主动承担扶助供养责任。

三、成年弟、妹对年老无赡养人的兄、姐的扶养义务

兄弟姐妹之间应当互相照顾，这是传统家庭美德的体现。在传统社会，包括现如今的一些家庭，尤其是一些农村落后地区，兄、姐扶养、教育弟、妹的情况比较常见，许多兄、姐在扶养弟、妹过程中，节衣缩食、全力以赴，有的甚至牺牲了个人婚姻和就学的机会。按照权利义务对等的原则，成年弟、妹理应回报已经履行了扶养义务的兄、姐。为此，老年人权益保障法特别规定由兄、姐扶养的弟、妹成年后，有负担能力的，对年老无赡养人的兄、姐有扶养的义务。这一规定符合我国近亲属间关系密切、相互扶助的传统道德，体现了权利义务相一致的法律精神，使得未成年人能够健康成长，也使得老年人生活有所保障。需要说明的是，与本条第一款规定的老年人及其配偶之间的相互扶养不附带条件相区别，成年弟、妹对兄、姐承担法律上的扶养义务有三项条件：一是弟、妹由兄、姐扶养长大；二是弟、妹有负担能力；三是兄、姐年老无赡养人。符合上述三项条件的弟、妹，应当履行本法第二款规定的义务。当然，作为一项道德上的义务，符合上述其中一项或者两项条件的弟、妹，也应当回报其兄、姐。

第二十四条　赡养人、扶养人不履行赡养、扶养义务的，基层群众性自治组织、老年人组织或者赡养人、扶养人所在单位应当督促其履行。

【本条主旨】

本条是关于督促履行赡养、扶养义务的规定。

【本条释义】

赡养和扶养是法定义务。本法第十四条至第二十条对赡养人应当履行的赡养义务作了规定；第二十三条对扶养人的扶养义务作了规定。上述规定是法律的强制性要求，赡养人、扶养人应当按照法律规定的要求，自觉履行赡养、扶养义务。赡养人、扶养人不履行赡养、扶养义务的，基层群众性自治组织、老年人组织或者赡养人、扶养人所在单位应当督促其履行。

根据本条规定，督促赡养人、扶养人履行法定义务的主体主要包括以下三种：

1. 基层群众性自治组织

基层群众性自治组织是指在城市和农村按居民的居住地区建立起来的居民委员会和村民委员会。它是建立在我国社会的最基层、与群众直接联系的组织，是在自愿的基础上由群众按照居住地区自己组织起来管理自己事务的组织。基层群众性自治组织不同于国家政权组织和其他政治、经济等社会组织，是基于一定居住地范围内居民（村民）社会生活的共同需要而建立，目的是解决居住地范围内的公共事务和公益事业方面的社会问题，如社会治安、公共卫生等。老年人权益保护同样是居民委员会和村民委员会承担的一项公共事务。根据本法第七条的规定，保障老年人合法权益是全社会的共同责任，基层群众性自治组织应当维护老年人合法权益。因此，居民委员会或者村民委员会辖区范围内出现赡养人、扶养人不履行法定的赡养、扶养义务的，应当督促当事人依法履行法定义务。

2. 老年人组织

老年人组织是指依法设立的以老年工作为主要内容，以老年人需求为主要活动目的，或以老年人为参与主体的非政府性的社会组织，如老年人协会、老科技工作者协会、老教授协会、中国老龄事业发展基金会、中国老年协会等。根据本法第七条第三款的规定，依法设立的老年人组织应当反映老年人的要求、维护老年人合法权益，为老年人服务。因此，赡养人、扶养人不履行法定的赡养、扶养义务的，老年人组织也应当督促当事人依法履行法定义务。

3. 赡养人、扶养人所在单位

赡养人、扶养人所在单位是赡养人、扶养人的工作场所，所在单位既可能是机关事业单位，也可能是企业和其他社会组织。扶养人所在单位与扶养人联系密切，对扶养人也有一定的约束管理职能。通过扶养人所在单位督促扶养人依法履行赡养、扶养义务，往往也能取得比较好的效果。

第二十五条　禁止对老年人实施家庭暴力。

【本条主旨】

本条是关于禁止对老年人实施家庭暴力的规定。

【本条释义】

第一，家庭暴力简称“家暴”，是指发生在家庭成员之间的，以殴打、捆绑、禁闭、残害或者其他手段对家庭成员从身体、精神、性等方面进行伤害和摧残的行为。家庭暴力直接作用于受害者身体，使受害者身体上或精神上感到痛苦，损害其身体健康和人格尊严。家庭暴力发生于有血缘、婚姻、收养关系生活在一起的家庭成员之间，如丈夫对妻子、父母对子女、成年子女对父母等，妇女和儿童是家庭暴力的主要受害者，有些中老年人、男性和残疾人也会成为家庭暴力的受害者。近些年来，对老年人实施家庭暴力的情况也不断出现，因此，老年人已成为家庭暴力受害人中不容忽视的一个群体。家庭暴力会造成死亡、重伤、轻伤、身体疼痛或精神痛苦。家庭暴力是严重侵害家庭成员合法权益的违法行为。禁止对家庭成员包括老年人实施家庭暴力，是保障老年人合法权益的必然要求。

第二，我国目前已有多部法律对禁止实施家庭暴力作了明确规定。例如，2001 年修订的婚姻法在法律层面明确禁止对妇女实施家庭暴力，同时，规定了对家庭暴力的救助措施和对施暴者行为的处罚。2005 年修订的妇女权益保障法增加了“禁止对妇女实施家庭暴力”的内容。2006 年修订的未成年人保护法也对“禁止对未成年人实施家庭暴力”作出了规定。因此，从我国的立法看，禁止实施家庭暴力已成为对涉及婚姻家庭、特殊群体权益保护方面法律的重要内容。为此，修订后的老年人权益保障法对此也作了相应规定，禁止对老年人实施家庭暴力。对老年人实施家庭暴力的，受害人有权要求有关方面介入，居民委员会、村民委员会以及受害人所在单位应当予以劝阻、调解。对情节轻微的家庭暴力案件，对施暴者予以批评、训诫、告知其应承担的法律责任及相应的后果，防范和制止事态扩大；对违反治安管理规定的，依照治安管理处罚法予以处罚；对构成犯罪的，依法追究其刑事责任。

第二十六条　具备完全民事行为能力的老年人，可以在近亲属或者其他与自己关系密切、愿意承担监护责任的个人、组织中协商确定自己的监护人。监护人在老年人丧失或者部分丧失民事行为能力时，依法承担监护责任。

老年人未事先确定监护人的，其丧失或者部分丧失民事行为能力时，依照有关法律的规定确定监护人。

【本条主旨】

本条是关于对老年人的监护的规定。

【本条释义】

一、老年人的监护

监护是民法理论和实务中的一项重要的法律制度。各国在理论上对监护的界定不一致，同时，各国民法典中对监护的规定也不尽相同。通常认为，监护就是指民法上所规定的对于无民事行为能力人和限制民事行为能力人的人身、财产及其他合法权益进行监督、保护的一项制度。监护从其本质上讲就是对缺乏行为能力的人的监督和照顾制度。监护设立的目的主要是为了保护无民事行为能力人和限制民事行为能力人的合法权益，从而维护社会秩序的稳定。

无民事行为能力或者限制民事行为能力的老年人同样适用于监护制度。随着人口的老龄化，老年期痴呆发病率逐年上升，严重危害老年人的身心健康和生活质量，不仅给病人造成很大的痛苦，也给家庭和社会带来沉重的负担，目前已成为严重的社会问题。老年期痴呆是老年人常见的精神衰退性疾病，是老年人在意识清醒的状态下出现的持久的全面的智能减退，表现为记忆力、计算力、判断力、注意力、抽象思维能力、语言功能减退，情感和行为障碍，独立生活和工作能力丧失。确定老年人为无民事行为能力或者限制民事行为能力要通过法定程序进行。根据我国民事诉讼法的规定，申请认定公民无民事行为能力或者限制民事行为能力，由其近亲属或者其他利害关系人向该公民住所地基层人民法院提出。人民法院依照特别程序对该案件进行审理。人民法院受理申请后，必要时应当对被请求认定为无民事行为能力或者限制民事行为能力的老年人进行鉴定。申请人已提供鉴定意见的，应当对鉴定意见进行审查。人民法院经审理认定申请有事实根据的，判决该老年人为无民事行为能力人或者限制民事行为能力人；认定申请没有事实根据的，应当判决予以驳回。

二、允许具备完全民事行为能力的老年人确定自己的监护人

老年人的智力有逐渐衰减的过程，在老年人神志清醒的时候，应当尊重老年人的意愿，允许其为自己选择监护人。所以，本次老年人权益保障法修订时增加了相关的制度，规定老年人可以在近亲属或者其他与自己关系密切的个人或者组织中事先为自己选定监护人。但是，老年人选择监护人，必须得到被选择方的认可，即需双方协商一致，同时，为了避免发生不必要的争议，以书面协议方式为宜。被选择的监护人在老年人丧失或者部分丧失民事行为能力时，依法承担监护责任。老年人事先选择监护人的制度也被称作“意定监护”，该项制度进一步完善了我国现行的监护制度。如果老年人未事先确定监护人的，其丧失或者部分丧失民事行为能力时，依照有关法律的规定确定监护人。

三、老年人未事先确定监护人时监护人的确定

老年人未事先确定监护人的，其丧失或者部分丧失民事行为能力时，依照有关民事法律的规定，按照下列原则确定监护人：

1. 按照法定顺位确定

法定的顺位主要包括：（1）配偶；（2）父母；（3）成年子女；（4）其

他近亲属；（5）关系密切的其他亲属、朋友愿意承担监护责任，经其所在单位或者住所地的居民委员会、村民委员会同意的。监护人的监护能力，根据监护人的身体健康状况、经济条件以及与被监护人在生活上的联系状况等因素确定。

2. 通过指定确定

如果成年子女或者其他近亲属对担任监护人有争议的，由其所在单位或者住所地的居民委员会、村民委员会在近亲属中指定。监护人被指定后，不得自行变更。擅自变更的，由原被指定的监护人和变更后的监护人承担监护责任。有关组织指定监护人时，以书面或者口头通知了被指定人的，应当认定指定成立。被指定人不服的，应当在接到通知的次日起30日内向人民法院起诉。逾期起诉的，就不能再要求人民法院撤销指定监护，如果对被指定仍有异议的，可以向人民法院起诉要求变更监护关系。未经指定而向人民法院起诉的，人民法院不予受理。

3. 由人民法院裁定

对于被指定为监护人不服的，可以向人民法院起诉，由人民法院裁决。人民法院按照配偶、父母、成年子女、其他近亲属、关系密切的其他亲属及朋友的先后顺序来确定监护人。前一顺序有监护资格的人无监护能力或者对被监护人明显不利的，人民法院可以根据对被监护人有利的原则从后一顺序有监护资格的人中择优确定。被监护人有识别能力的，应视情况征求被监护人的意见。被指定人对指定不服提起诉讼的，人民法院应当作出维持或者撤销指定监护人的判决。如果判决是撤销原指定的，可以同时另行指定监护人。在人民法院作出判决前的监护责任，一般应当按照指定监护人的顺序由有监护资格的人承担。

四、监护人的职责

监护人应当履行监护职责。根据民法通则第十三条的规定，不能辨认自己行为的精神病人是无民事行为能力人，由他的法定代理人代理民事活动。不能完全辨认自己行为的精神病人是限制民事行为能力人，可以进行与他的精神健康状况相适应的民事活动；其他民事活动由他的法定代理人代理，或者征得他的法定代理人的同意。监护人的具体监护职责主要包括：保护被监护人的身体健康，照顾被监护人的生活，管理和保护被监护人的财产，代理被监护人进行民事活动，对被监护人进行管理和教育，在被监护人合法权益受到侵害或者与人发生争议时，代理其进行诉讼。监护人依法履行监护的权利，受法律保护。监护人不履行监护职责，或者侵害了被监护人的合法权益，其他有监护资格的人或者单位有权向人民法院起诉要求监护人承担民事责任；给被监护人造成财产损失的，应当赔偿损失。人民法院可以根据有关人员或者有关单位的申请，撤销监护人的资格。

第二十七条　国家建立健全家庭养老支持政策，鼓励家庭成员与老年人共同生活或者就近居住，为老年人随配偶或者赡养人迁徙提供条件，为家庭成员照料老年人提供帮助。

【本条主旨】

本条是关于家庭养老支持政策等的规定。

【本条释义】

根据本法第十三条的规定，老年人养老以居家为基础。在居家养老中，家庭养老在现阶段仍然是其中的一项重要内容。国家加强对家庭养老的支持力度，有利于减轻家庭养老的负担，不仅可以有效缓解社会养老服务体系的压力，而且能够更好地发挥家庭养老的传统，提高老年人的生活质量。随着我国人口老龄化程度的加深，以及构建居家为基础、社区为依托、机构为支撑的社会养老服务体系思路的明确与清晰，对家庭养老的支持变得日益迫切和必要。

家庭养老支持政策，是指对照料老年人的家庭给予扶助和支持的法律、法规和政策措施的总和，包括支持家庭养老的免税政策、津贴政策、弹性就业政策，等等。家庭养老支持政策是家庭发展政策的重要组成部分。我国《社会保障“十二五”规划纲要》中提出，建立健全家庭养老支持政策，完善农村计划生育家庭奖励扶助制度和计划生育家庭特别扶助制度，完善和落实城镇独生子女父母老年奖励政策，建立奖励扶助金动态调整机制，鼓励有条件的地区在基本养老保险的基础上，积极探索为独生子女父母、无子女和失能老人提供必要的养老服务补贴和老年护理补贴。《中国老龄事业发展“十二五”规划》也明确提出，“家庭养老与社会养老相结合。充分发挥家庭和社区功能，着力巩固家庭养老地位”，并首次将完善家庭养老支持政策作为老年家庭建设的重点内容之一。该规划在“老年家庭建设”任务中提出的主要内容是：（1）改善老年人居住条件。引导开发老年宜居住宅和代际亲情住宅，鼓励家庭成员与老年人共同生活或就近居住。推动和扶持老年人家庭无障碍改造。（2）完善家庭养老支持政策。完善老年人口户籍迁移管理政策，为老年人随赡养人迁徙提供条件。健全家庭养老保障和照料服务扶持政策，完善农村计划生育家庭奖励扶助制度和计划生育家庭特别扶助制度，落实城镇独生子女父母年老奖励政策，建立奖励扶助金动态调整机制。（3）弘扬孝亲敬老传统美德。强化尊老敬老道德建设，提倡亲情互助，营造温馨和谐的家庭氛围，发挥家庭养老的基础作用。努力建设老年温馨家庭，提高老年人居家养老的幸福指数。

第三章　社会保障

本章共9条，主要对老年人基本养老保险制度、基本医疗保险制度、长期护理补贴、老年人社会救助、住房保障、80周岁以上低收入老年人高龄津贴制度、计划生育家庭老年人扶助制度以及老年人社保待遇保障等作了规定。

第二十八条　国家通过基本养老保险制度，保障老年人的基本生活。

【本条主旨】

本条是关于通过基本养老保险制度保障老年人基本生活的规定。

【本条释义】

基本养老保险是按国家统一政策规定强制实施的为保障广大离退休人员基本生活需要的一种养老保险制度。用人单位和劳动者必须依法缴纳养老保险费，在劳动者达到国家规定的退休年龄或因其他原因退出劳动岗位后，社会保险经办机构依法向其支付养老金等待遇，从而保障其基本生活。基本养老保险与失业保险、基本医疗保险、工伤保险、生育保险等共同构成现代社会保险制度，并且是社会保险制度中最重要的险种之一。基本养老保险制度的建立和实施为老年人的晚年生活提供了基本保障。目前，我国2.05亿人享有基本养老保险待遇，企业退休人员基本养老金标准月人均达1721元。为了扩大覆盖面，国家出台了《国务院关于开展新型农村社会养老保险试点的指导意见》（国发〔2009〕32号）确立了农村社会养老保险制度，规定年满16周岁（不含在校学生）、未参加城镇职工基本养老保险的农村居民，可以在户籍地自愿参加新农保。根据《2012年度人力资源和社会保障事业发展统计公报》，截至2012年年底，全国参加城镇基本养老保险人数为30427万人，比上一年年末增加2036万人。其中，参保职工22981万人，参保离退休人员7446万人，分别比上一年年末增加1416万人和619万人。本年年末参加基本养老保险的农民工人数为4543万人，比上一年年末增加403万人。本年年末参加企业基本养老保险人数为28272万人，比上一年年末增加1988万人。企业退休人员基本养老金待遇提高，且全部按时足额发放。本年年末纳入社区管理的企业退休人员共5328万人，占企业退休人员总数的78.3%，比上一年年末提高1个百分点。全年城镇基本养老保险基金总收入20001亿元，比上一年增长18.4%，其中，征缴收入16467亿元，比上一年增长18.0%。各级财政补贴基本养老保险基金2648亿元。全年基金总支出15562亿元，比上一年年末增长21.9%。本年年末基本养老保险基金累计结存23941亿元。

第二十九条　国家通过基本医疗保险制度，保障老年人的基本医疗需要。享受最低生活保障的老年人和符合条件的低收入家庭中的老年人参加新型农村合作医疗和城镇居民基本医疗保险所需个人缴费部分，由政府给予补贴。

有关部门制定医疗保险办法，应当对老年人给予照顾。

【本条主旨】

本条是关于老年人医疗保险制度的规定。

【本条释义】

一、国家实行基本医疗保险制度

基本医疗保险是为补偿劳动者因疾病风险造成的经济损失而建立的

一项社会保险制度。通过用人单位和个人缴费，建立医疗保险基金，参保人员患病就诊发生医疗费用后，由医疗保险经办机构给予一定的经济补偿，以避免或减轻劳动者因患病、治疗等所带来的经济风险。基本医疗保险是社会保险制度中最重要的险种之一，它与基本养老保险、工伤保险、失业保险、生育保险等共同构成现代社会保险制度。基本医疗保险体系由城镇职工基本医疗保险、城镇居民基本医疗保险、新型农村合作医疗和城乡医疗救助共同组成，分别覆盖城镇就业人口、城镇非就业人口、农村人口和城乡困难人群。根据《2012 年度人力资源和社会保障事业发展统计公报》，截至 2012 年年底，全国参加城镇基本医疗保险人数为 53641 万人，比上一年年末增加 6298 万人。其中，参加城镇职工基本医疗保险人数 26486 万人，比上一年年末增加 1258 万人；参加城镇居民基本医疗保险人数为 27156 万人，比上一年年末增加 5040 万人。在职工基本医疗保险参保人数中，参保职工 19861 万人，参保退休人员 6624 万人，分别比上一年年末增加 913 万人和 346 万人。本年年末参加医疗保险的农民工人数为 4996 万人，比上一年年末增加 355 万人。全年城镇基本医疗保险基金总收入 6939 亿元，支出 5544 亿元，分别比上一年年末增长 25.3% 和 25.1%。本年年末城镇基本医疗统筹基金累计结存 4947 亿元（含城镇居民基本医疗保险基金累计结存 760 亿元），个人账户积累 2697 亿元。

医疗需要是老年人的一项重要需求，基本医疗保险制度为保障老年人的基本医疗需要发挥了重要作用。通过参加基本医疗保险，参保人患病特别是患大病时，能够在很大程度上减轻医疗费负担，解除参保人的后顾之忧。以城镇居民基本医疗保险制度为例，城镇居民基本医疗保险基金主要用于支付参保居民的住院和门诊大病、门诊抢救医疗费，支付范围和标准按照城镇居民基本医疗保险药品目录、诊疗项目和医疗服务设施范围和标准执行。起付标准（也就是通常说的门槛费）与城镇职工基本医疗保险一样，即三级 980 元、二级 720 元、一级 540 元。城镇居民基本医疗保险参保居民就医实行定点首诊和双向转诊制度，将社区卫生服务中心、专科医院、院店合作和二级及其以下医疗机构确定为首诊医疗机构，将部分三级综合和专科医疗机构确定为定点转诊医疗机构。参保居民就医时应首先在定点首诊医疗机构就诊，因病情确需转诊转院治疗的，由定点首诊医疗机构出具转院证明，方可转入定点转诊医院接受住院治疗，等病情相对稳定后，应转回定点首诊医院。基金支付比例按不同级别医疗机构确定，一级（含社区卫生服务中心）、二级、三级医疗机构基金支付比例分别为75%、60%、50%。城镇居民连续参保缴费满2年后，可分别提高到80%、65%、55%（换句话说就是住越小的医院，医药费报销的比例越多些）。

二、对经济困难老年人给予医疗救助

医疗救助是我国社会救助体系的一项重要内容。《社会保险法》第二十五条第三款规定："享受最低生活保障的人、丧失劳动能力的残疾人、低收入家庭六十周岁以上的老年人和未成年人等所需个人缴费部分，由政府给予补贴。"2009年民政部等部门发布了《关于进一步完善城乡医疗救助制度的意见》（民发〔2009〕81号）对进一步完善医疗救助制度作了具体规定。目前，我国已经初步建立了覆盖城乡困难人群（包括经济困难老年人）的医疗救助制度。城乡医疗救助制度，是指通过政府拨款和社会捐助等多渠道筹资建立基金，对患大病的农村五保户和贫困农民家庭、城市居民最低生活保障对象中未参加城镇职工基本医疗保险人员、已参加城镇职工基本医疗保险，但个人负担仍然较重的人员以及其他特殊困难群众给予医疗费用补助的救助制度。在切实将城乡低保家庭成员和五保户纳入医疗救助范围的基础上，逐步将其他经济困难家庭人员纳入医疗救助范围。其他经济困难家庭人员主要包括低收入家庭重病患者以及当地政府规定的其他特殊困难人员。具体救助对象界定标准，由地方民政部门会同财政等有关部门，根据本地经济条件和医疗救助基金筹集情况、困难群众的支付能力以及基本医疗需求等因素制定，并报同级人民政府批准。对城乡低保家庭成员、五保户和其他经济困难家庭人员，要按照有关规定，资助其参加城镇居民基本医疗保险或新型农村合作医疗，并对其难以负担的基本医疗自付费用给予补助。根据救助对象的不同医疗需求，开展医疗救助服务。坚持以住院救助为主，同时兼顾门诊救助。住院救助主要用于帮助解决因病住院救助对象个人负担的医疗费用；门诊救助主要帮助解决符合条件的救助对象患有常见病、慢性病、需要长期用药物维持治疗以及急诊、急救的个人负担的医疗费用。

根据本条规定，纳入城乡医疗救助的对象为享受最低生活保障的老年人和符合条件的低收入家庭中的老年人。救助（补贴）范围为农村居民参加新型农村合作医疗和城镇居民参加城镇居民基本医疗保险所需个人缴费部分。对于这一条中规定的“符合条件的低收入家庭”等具体救助对象的界定标准，由地方民政部门会同财政等有关部门，根据本地经济条件和医疗救助基金筹集情况、困难群众的支付能力以及基本医疗需求等因素制定，并报同级人民政府批准。

三、制定医疗保险办法，对老年人给予照顾

老年人与其他社会群体相比较，年老体弱多病，更需要特殊的医疗服务保障，需要在就诊、吃药、护理、预防、卫生、保健等方面得到照顾。有关部门在制定医疗保险办法时，应当充分考虑老年人的特殊情况、身心特点，对老年人给予特殊照顾。主要是在规定个人缴纳医疗保险费比例时，老年人少缴或者不缴，体现出照顾和优待，维护老年人的生存权和健康权，切实保障老年人合法权益，体现国家对老年人群体的关心和照顾。

第三十条　国家逐步开展长期护理保障工作，保障老年人的护理需求。

对生活长期不能自理、经济困难的老年人，地方各级人民政府应当根据其失能程度等情况给予护理补贴。

【本条主旨】

本条是关于建立长期护理保障制度的规定。

【本条释义】

一、国家逐步开展长期护理保障制度

随着我国人口老龄化进程的不断加快，家庭结构小型化、女性普遍走出家门就业的现象与老年人口高龄化、老年慢性病盛行以及重残老年人剧增的状况构成了难以调解的矛盾，老年人的长期护理已经由过去的家庭责任逐步演变为现实的社会问题。失能老年人剧增、长期护理成本居高不下、长期护理服务供需严重失衡等问题，引发的老年人因缺少照料而自杀的情形时有发生。到了政府该认真对待、加以解决的时候了。近年来，一些地方在开展长期护理制度方面进行了积极探索，2012 年 7 月，青岛市发布了《关于建立长期医疗护理保险制度的意见（试行）》，率先在国内实施长期医疗护理保险制度。此外，北京、上海等地一些商业保险公司开始探索建立长期护理保险制度，开发长期护理保险产品，以解决失能老年人的长期护理费用问题。本条规定在总结地方实践经验的基础上，对开展长期护理保障工作作了原则规定。

二、根据其失能程度等情况给予护理补贴

本条第二款针对生活长期不能自理且经济困难的老年人，地方政府应提高社会保障水平，根据其失能程度给予护理补贴，以解决其长期护理的基本费用问题，提高其生活质量，减轻其家人的经济负担，健全特殊老年人群体的社会保障体系，创新老年福利制度模式。目前，已有多个省份建立了困难老年人护理补贴，根据其失能程度给予护理补贴，对享受养老服务补贴的低保、低收入的老年人，经评估，照料等级为中度或重度者，给予一定的护理补贴。

第三十一条　国家对经济困难的老年人给予基本生活、医疗、居住或者其他救助。

老年人无劳动能力、无生活来源、无赡养人和扶养人，或者其赡养人和扶养人确无赡养能力或者扶养能力的，由地方各级人民政府依照有关规定给予供养或者救助。

对流浪乞讨、遭受遗弃等生活无着的老年人，由地方各级人民政府依照有关规定给予救助。

【本条主旨】

本条是政府对老年人社会救助的规定。

【本条释义】

一、国家对经济困难的老年人给予基本生活、医疗、居住或者其他救助

社会救助，是指国家和其他社会主体对于遭受自然灾害、失去劳动能力或者其他低收入公民给予物质帮助或精神救助，以维持其基本生活需求，保障其最低生活水平的各种措施。它对于调整资源配置，实现社会公平，维护社会稳定有非常重要的作用。社会救助是居民生存权的基本保障，体现了国家职责。生存权和发展权是现代社会公民的基本权利，获取社会救助是公民的一项基本权利。对于国家和社会来说，社会救助是其不容推卸的责任，每个人在社会上都应得到最基本的生活保障。在世界各国，社会救助制度通常被视为纯粹的政府行为，是一种完全由政府运作的最基本的再分配或转移支付制度，其责任或义务通常以立法方式加以确认。对于每一位公民来说，社会救助是他们应当享有的受法律保护的基本权利。因此，社会救助也是老年人应当享有的权利。

目前，我国的社会救助体系主要包括以下内容：一是经常性社会救助。包括城乡最低生活保障、农村五保供养、农村特困户生活救助以及城乡医疗救助等专项制度。二是紧急性救助。主要是在发生自然灾害的情况下，对灾民的紧急救助和应急救助，还有对灾民延续一段困难生活的救助和民房倒塌重建与修复工作的救助。三是临时性救助。主要是对低收入人群的救助工作和对城市生活无着落的流浪乞讨人员，包括流浪儿童的救助。四是支持倡导开展社会互助活动。通过支持慈善事业的发展、培育和发展公益性的民间组织，以及倡导开展群众之间经常性的互助互济活动，来达到社会救助目的，对困难群众起到帮扶作用。

近年来，国家颁布了一系列法律、法规、政策保障经济困难群众包括困难老年人的基本生活，给予他们生活、医疗、居住或者救助。1999 年国务院发布实施《城市居民最低生活保障条例》，全面推行了城乡居民最低生活保障制度。按照其规定，城乡居民和共同生活的家庭成员人均收入低于当地居民最低生活保障标准的，均可以从当地人民政府获得基本物质帮助。《关于进一步完善城乡医疗救助制度的意见》（民发〔2009〕81 号）规定，对城乡低保家庭成员、五保户和其他经济困难家庭人员，要按照有关规定，资助其参加城镇居民基本医疗保险或新型农村合作医疗并对其难以负担的基本医疗自付费用给予补助。2007 年公布实施的《廉租住房保障办法》规定，对城市低收入住房困难家庭通过发放租赁补贴和实物配租，增强其承租住房的能力，实现住房救助。

二、对老年人实施救助的具体类型

1. 对农村“三无”老年人实行五保供养制度

对农村“三无”老年人，按照国务院《农村五保供养工作条例》的规定实行五保供养制度，即依照条例规定，在吃、穿、住、医、葬方面给予村民中的“三无”老年人生活照顾和物质帮助。无劳动能力、无生活来源又无法定赡养、抚养、扶养义务人，或者其法定赡养、抚养、扶养义务人无赡养、抚养、扶养能力的老年人，享受农村五保供养待遇。农村五保供养包括供给粮油、副食品和生活用燃料，供给服装、被褥等生活用品和零用钱，提供符合基本居住条件的住房，提供疾病治疗，对生活不能自理的给予照料，以及办理丧葬事宜。农村五保供养标准不得低于当地村民的平均生活水平，并根据当地村民平均生活水平的提高适时调整。农村五保供养标准，可以由省、自治区、直辖市人民政府制定，在本行政区域内公布执行，也可以由设区的市级或者县级人民政府制定，报所在地的省、自治区、直辖市人民政府备案后公布执行。

2. 对城市“三无”老年人实行最低生活保障制度

对城市“三无”老年人，按照国务院《城市居民最低生活保障条例》的规定实行最低生活保障制度，即老年人所在家庭成员人均收入低于当地城市居民最低生活保障标准的，均有从当地人民政府获得基本生活物质帮助的权利。城市居民最低生活保障标准，按照当地维持城市居民基本生活所必需的衣、食、住费用，并适当考虑水电燃煤（燃气）费用以及未成年人的义务教育费用确定。直辖市、设区的市的城市居民最低生活保障标准，由市人民政府民政部门会同财政、统计、物价等部门制定，报本级人民政府批准并公布执行；县（县级市）的城市居民最低生活保障标准，由县（县级市）人民政府民政部门会同财政、统计、物价等部门制定，报本级人民政府批准并报上一级人民政府备案后公布执行。对无生活来源、无劳动能力又无法定赡养人、扶养人或者抚养人的城市居民（包括老年人），按照当地城市居民最低生活保障标准全额享受。

3. 对流浪乞讨和遭受遗弃等生活无着的老年人依法给予救助

2003 年国务院公布的《城市生活无着的流浪乞讨人员救助管理办法》对流浪乞讨人员（包括流浪乞讨的老年人）的救助作了专门规定。按照其规定，县级以上城市人民政府应当根据需要设立流浪乞讨人员救助站。救助站对流浪乞讨人员的救助是一项临时性社会救助措施。县级以上城市人民政府应当采取积极措施及时救助流浪乞讨人员，并应当将救助工作所需经费列入财政预算予以保障。国家鼓励、支持社会组织和个人救助流浪乞讨人员。县级以上人民政府民政部门负责流浪乞讨人员的救助工作，并对救助站进行指导、监督。公安、卫生、交通、铁道、城管等部门应当在各自的职责范围内做好相关工作。公安机关和其他有关行政机关的工作人员在执行职务时发现流浪乞讨人员的，应当告知其向救助站求助；对其中的残疾人、未成年人、老年人和行动不便的其他人员，还应当引导、护送到救助站。救助站应当根据受助人员的需要提供符合食品卫生要求的食物，提供符合基本条件的住处，对在站内突发急病的，及时送医院救治，帮助与其亲属或者所在单位联系，对没有交通费返回其住所地或者所在单位的，提供乘车凭证。救助站不得向受助人员、其亲属或者所在单位收取费用，不得以任何借口组织受助人员从事生产劳动。救助站应当劝导受助人员返回其住所地或者所在单位，不得限制受助人员离开救助站。救助站对受助的残疾人、未成年人、老年人应当给予照顾；对查明住址的，及时通知其亲属或者所在单位领回；对无家可归的，由其户籍所在地人民政府妥善安置。救助站工作人员应当自觉遵守国家的法律、法规、政策和有关规章制度，不准拘禁或者变相拘禁受助人员；不准打骂、体罚、虐待受助人员或者唆使他人打骂、体罚、虐待受助人员；不准敲诈、勒索、侵吞受助人员的财物；不准克扣受助人员的生活供应品；不准扣压受助人员的证件、申诉控告材料；不准任用受助人员担任管理工作；不准使用受助人员为工作人员干私活；不准调戏妇女。结合《城市生活无着的流浪乞讨人员救助管理办法》的规定，对遭受遗弃的老年人流浪乞讨的按照《城市生活无着的流浪乞讨人员救助管理办法》的规定给予救助；符合农村五保供养条件或者符合领取城乡最低生活保障条件的，依法给予相应的供养或者救助。

第三十二条　地方各级人民政府在实施廉租住房、公共租赁住房等住房保障制度或者进行危旧房屋改造时，应当优先照顾符合条件的老年人。

【本条主旨】

本条是关于老年人住房保障的规定。

【本条释义】

一、我国的住房保障制度

目前，我国住房体系从性质上分，大概可以分为商品房和保障性住房两大类。商品房依据市场规则进行交易，面向不特定对象公开销售。保障性住房体现政府对低收入群体的特殊保障，面向特定的对象出租或者销售。住房保障制度是一个包含范围很广的概念。廉租房、公共租赁住房、经济适用房等都是住房保障制度的具体形式。廉租房，是指政府以租金补贴或实物配租的方式，向符合城镇居民最低生活保障标准且住房困难的家庭提供社会保障性质的住房。廉租房的分配形式以租金补贴为主，实物配租和租金减免为辅。公共租赁房，是解决新就业职工等“夹心层”群体住房困难的一个产品。公共租赁住房不归个人所有，而是由政府或公共机构所有，用低于市场价或者承租者承受得起的价格，向新就业职工出租，包括一些新的大学毕业生，还有一些从外地迁移到城市工作的群体。公共租赁住房主要针对既买不起经济适用房又不够廉租房条件的“夹心层”。依靠市场配置住房资源，并不等于说人人都只能依靠自己的收入买房子住，也不等于说人人都只能靠市场化竞争、自主分散决策来获取住房。在市场经济条件下，为了保障每个人都有房子住，政府要实施一些特殊的政策措施，帮助单纯依靠市场解决住房有困难的群体。这个政策体系的总称就叫作住房保障制度。住房保障制度和失业保障、养老保障、医疗保障等都是社会保障体系的组成部分。

二、优先保障老年人的住房需求

住房是人的基本需求，“老有所居”是保障老年人合法权益的一项重要内容。因此，在住房保障制度上，应当对符合条件的老年人给予适当照顾，实行倾斜保护。全国老龄办等21个部门联合制定的《关于加强老年人优待工作的意见》（全国老龄办发〔2005〕46号）就保障老年人“住有所居”作了原则性规定。明确了两方面的优先照顾，一是老年人在其产权或承租住房拆迁安置中，享受优先选择楼层的待遇；二是纯贫困老年人户优先纳入廉租房保障范围。建设部出台的有关规定也体现出优先照顾老年人的精神。一是《公共租赁住房管理办法》第十五条规定，复审通过的轮候对象中享受国家定期抚恤补助的优抚对象、孤老病残人员等，可以优先安排公共租赁住房；二是《廉租住房保障办法》第十九条规定，实物配租应当优先面向已经登记为廉租住房保障对象的孤、老、病、残等特殊困难家庭，城市居民最低生活保障家庭以及其他急需救助的家庭。此外，地方政府在实施危旧住房的改造上，也应当对符合条件的老年人优先照顾。

第三十三条　国家建立和完善老年人福利制度，根据经济社会发展水平和老年人的实际需要，增加老年人的社会福利。

国家鼓励地方建立八十周岁以上低收入老年人高龄津贴制度。

国家建立和完善计划生育家庭老年人扶助制度。

农村可以将未承包的集体所有的部分土地、山林、水面、滩涂等作为养老基地，收益供老年人养老。

【本条主旨】

本条是关于老年人社会福利制度的规定。

【本条释义】

一、建立和完善老年人福利制度

社会福利，是指国家依法为所有公民普遍提供旨在保证一定生活水平和尽可能提高生活质量的资金和服务的社会保障制度。一般社会福利，主要指社会服务事业及设施。社会福利制度具有四个特点：社会福利是社会矛盾的调节器；每一项社会福利计划的出台总是带有明显的功利主义目的，总是以缓和某些突出的社会矛盾为终极目标；社会福利的普遍性，体现了社会福利是为所有公民提供的，利益投向呈一维性，即不要求被服务对象缴纳费用，只要公民属于立法和政策划定的范围之内，就能按规定得到应该享受的津贴服务；社会福利较社会保险而言是较高层次的社会保险制度，它是在国家财力允许的范围内，在既定的生活水平的基础上，尽力提高被服务对象的生活质量。建立和完善老年人福利制度是老年人社会保障的一项重要内容。党的十八大报告提出，要“健全社会福利制度”“积极应对人口老龄化，大力发展老龄服务事业和产业”。从目前来看，我国老年人福利制度的内容还很有限，国家有责任建立老年人福利制度，进一步完善相关制度内容，并且根据经济社会的发展水平和老年人的实际需要，逐步增加老年人的社会福利项目内容和水平，努力实现老年人群体的“老有所养”。

二、鼓励建立高龄津贴制度

高龄津贴是针对80周岁以上高龄低收入老年人实施的一项特殊的社会福利。这项制度的目的，是为解决高龄老人的基本生活问题，对提高高龄低收入老年人的生活质量起到很重要的作用。高龄津贴按照“低标准、广覆盖、保基本、多层次、可持续”的总体要求，创新高龄老人福利制度模式，健全养老保障服务体系，建立保障高龄老人基本生活需求的长效机制，使广大高龄老人的基本生活得到保障，不断提高高龄老人的生活质量。据统计，截至目前，我国80周岁以上的高龄老人已达到2000多万，并正在以每年100万以上的速度快速增长。为了解决这部分老年人养老服务的资金保障问题，我国提出，有条件的地区可建立困难老人、高龄老人津贴制度。自20世纪80年代开始，我国部分地区开始向百岁以上老年人发放高龄津贴，后来逐步扩大到80周岁以上老年人。随着老龄社会的到来，各地政府更加重视高龄津贴发放工作。民政部也在2009年、2010年分别下发《民政部办公厅关于转发宁夏建立高龄老人津贴制度有关政策的通知》（民办函〔2009〕151号）和《民政部关于建立高龄津（补）贴制度先行地区的通报》（民函〔2010〕111号），要求各地结合当地实际，学习借鉴并加快制定有关政策措施，尽快探索建立高龄老人津贴制度，保证老年人共享改革发展的成果。

目前，全国已有18个省（直辖市、自治区）颁布实施省级政策文件或出台相关规定，在全省范围内建立了高龄老人津贴制度。其余省份也在市、县层级制定政策文件，积极推动高龄津贴制度的建立。已经发布实施的省（直辖市、自治区）文件，在适用对象、津贴标准、资金来源、制度名称和发文主体等方面各不相同，迫切需要统一的法律规定统领。在适用对象上，各地普遍要求具有本省户籍，划分年龄档次，实行不同的津贴标准，部分资格条件与收入情况挂钩。津贴标准上，平均每月从几十元到上千元不等。资金来源上，渠道有限，分级负责。制度名称上，千差万别，大部分叫高龄、老（年）人、津贴或补贴中的两个以上词语作为制度名称的关键词，有的更强调生活补助、生活津贴或基本生活津贴的性质，还有的叫尊老金和健康补贴，等等。高龄津贴制度取得了良好的社会效果。截至2011年年底，全国共有1000多万高龄老人领取高龄津贴。

高龄津贴制度在我国的发展时间不长，各地情况千差万别，需要制度设计灵活原则。主要体现为：一是不作为强制性义务进行规定。仅规定国家对于建立高龄津贴制度的倡导性态度，各地可根据具体经济社会发展水平，推动建立；二是资格条件中仅对年龄标准作限制，对收入标准作原则限定，具体实施可由各地方结合本地区的经济发展水平、财政收入情况等作出具体规定。

三、建立和完善计划生育家庭老年人扶助制度

我国实行计划生育政策以来，大量独生子女家庭夫妻双方已经步入老年人的行列。这部分人群由于子女少，家庭赡养能力弱，国家有必要给予特殊照顾。尤其是独生子女伤残死亡家庭是我国实行计划生育政策以来形成的特殊群体，是社会广泛关注的群体。建立和实施独生子女伤残死亡家庭扶助制度，是人口和计划生育政策的完善和发展，有利于缓解独生子女伤残死亡家庭的实际困难，使他们精神上获得慰藉，生活上得到帮助；有利于促进人口和计划生育工作向依法管理和利益导向转变，更好地体现我国人口和计划生育工作以人为本的政策理念，进一步激发广大人民群众自觉实行计划生育的积极性；有利于完善社会保障制度，通过率先解决独生子女伤残死亡家庭的特殊困难，逐步扩大社会保障覆盖面，更好地体现社会公平。2007年国务院办公厅转发《人口计生委财政部关于印发全国独生子女伤残死亡家庭扶助制度试点方案的通知》（国人口发〔2007〕78号），决定从2007年开始，在全国开展独生子女伤残死亡家庭扶助制度试点工作。2010年，财政部、国家人口计生委印发《全国计划生育家庭特别扶助专项资金管理暂行办法》的通知（财教〔2010〕244号），对计划生育家

庭实施特别扶助专项基金的管理作了专门规定。根据上述规定，独生子女伤残死亡家庭扶助制度扶助的对象是我国城镇和农村独生子女死亡或伤、病、残后未再生育或收养子女家庭的夫妻。扶助标准为：独生子女死亡后未再生育或收养子女的夫妻，由政府给予每人每月不低于100元的扶助金，直至亡故为止；独生子女伤、病残后未再生育或收养子女的夫妻，由政府给予每人每月不低于80元的扶助金，直至亡故或子女康复为止。独生子女伤残死亡家庭扶助资金由各级财政负担，安排专项资金并分别纳入中央财政和地方财政预算。地方负担的资金，以省级财政为主。西部试点地区的扶助资金按基本标准中央财政负担80%，地方财政负担20%；中部试点地区的扶助资金按基本标准中央财政和地方财政分别负担50%；东部试点地区的扶助资金由地方财政自行安排。各地财政部门必须确保配套资金及时足额到位，并对全部资金进行严格监督管理。

四、关于农村老年人养老基地和生活补贴制度

本条第三款规定了农村的养老基地和生活补贴制度。养老基地是由农村群众性自治组织和集体经济组织通过将一部分未承包出去的土地、山林、水面、滩涂等，交由专人或者老年人经营管理，其收益除支付劳动报酬外，全部用于老年人的养老。这一规定是有些农村实践经验的总结。实行养老基地办法的地方，多是集体经济实力不强，土地、山林等较多，农民家庭生活也不够富裕的地方，老年人生活水平低、养老保障有困难。因此，创办养老基地对贫困地区保障和改善老年人的生活有积极意义。

第三十四条　老年人依法享有的养老金、医疗待遇和其他待遇应当得到保障，有关机构必须按时足额支付，不得克扣、拖欠或者挪用。

国家根据经济发展以及职工平均工资增长、物价上涨等情况，适时提高养老保障水平。

【本条主旨】

本条是关于老年人养老金、医疗保障待遇等的保障性规定。

【本条释义】

一、关于养老金和医疗保障等待遇的足额支付

养老金也称退休金、退休费，是一种最主要的养老保险待遇，即国家有关文件规定的待遇。在劳动者年老或丧失劳动能力后，根据他们对社会所做的贡献和所具备的享受养老保险资格或退休条件，按月或一次性以货币形式支付的保险待遇，主要用于保障职工退休后的基本生活需要。医疗待遇，是指企业、事业、国家机关等单位的工人职员患病或负伤后在医疗机构诊治时按规定所享有的待遇。目前的医疗待遇主要是职工的医疗费用由国家、单位与个人分担，国家单位出大头，个人出小头；工龄长的出的相对较少，工龄短的出的相对较多，重病、绝症、住院等个人出的相对较少（乃至不出），一般疾病出的相对较多等，但各单位具体情况不一。老年人依法享有的养老金和其他待遇应当得到保障，任何组织和个人不得剥夺或者借故不予支付。“有关机构”指老年人所在组织（如原工作单位）、劳动人事部门等负责养老保险的机构。“按时足额”是要求在规定的时间内，按规定的养老金数额发放给应享有的人，不得无故拖欠和部分支付，除国家允许的严重亏损的企业不能按时足额发放养老金外，其他任何理由，都不能成立，只能被视作无故拖欠。能不能按时足额发放养老金，关系到老年人的基本生活，因此，养老金必须专款专用，任何单位和个人不得以任何借口、任何方式、任何手段挪作他用。

二、关于适时提高养老保障水平

养老保障水平不仅取决于每位老年人的养老保险缴费基数和缴费年限，还取决于退休养老期间的三个社会因素。一是经济发展水平。养老保障标准应当随着经济发展逐步提高，让退休老年人也能享受经济发展成果。随着人口平均预期寿命的延长，退休后的老年人可能生活 20 年甚至更长时间，在此期间，通货膨胀不可避免，同样数量的养老金，购买力在下

降，如果不及时进行调整，老年人的实际养老保障待遇是在下降的。因此，需要随着经济发展，建立基本养老金正常调整机制，尽可能确保老年人分享经济发展的成果，保障老年人养老保障水平不降低。2005 年国务院制定的《关于完善企业职工基本养老保险制度的决定》就明确规定，建立基本养老金正常调整机制。二是职工平均工资增长情况。工资是劳动者参与社会财富分配的主要形式，职工平均工资增长情况反映了劳动者分配的社会财富增长水平。建立基本养老保险，实施养老保障制度，就是让退休人员与在职职工一样也能够参与社会财富分配，分享经济发展成果。因此，职工平均工资增长情况是调整基本养老金标准的重要标志。三是物价上涨情况。物价上涨情况是调整基本养老金的另一个重要因素，因为物价上涨尤其是居民生活消费品的价格上涨直接影响养老金的购买力，进而影响退休人员的生活水平。数据显示，近年来居民消费品价格一直呈上涨趋势。物价上涨，要保证养老金的购买力不下降，保证退休人员生活水平不下降，就要相应地调整基本养老金标准，保证老年人的退休生活水平。

第三十五条　国家鼓励慈善组织以及其他组织和个人为老年人提供物质帮助。

【本条主旨】

本条是关于发展慈善组织等开展助老活动的规定。

【本条释义】

慈善是中华民族的传统美德，慈善事业是中国特色社会主义事业和社会保障体系的重要组成部分。加快发展慈善事业，对于新形势下调节利益分配、缓解社会矛盾、促进社会公平、增进社会和谐，对于提高公民社会责任意识、营造良好社会风气、促进社会主义精神文明建设、增强民族凝聚力，具有重要作用。党中央、国务院明确提出要支持社会慈善、社会捐赠、群众互助等社会扶助活动。《中国老龄事业发展“十二五”规划》也提出要“大力发展老龄慈善事业”。鼓励和动员社会力量参与和支持老龄慈善事业发展，不仅可以为提高老年人生命、生活质量做出积极贡献，而且可以减轻政府负担，这也是贯彻“党政主导、社会参与、全民关怀”老龄工作方针的具体体现。在实践工作中，应当坚持两个基点：一是主体多元化，即应充分发挥市场机制的基础性作用，积极引导和鼓励企业、慈善组织、社会组织以及公民个人等社会力量参与到为老年人服务的行列中来；二是形式多样化，既可以为老年人提供捐赠、救助、物质帮助，也可以提供其他第三产业服务，为老年人的吃、穿、住、行提供实实在在的便利，在全社会营造敬老、养老、助老的社会风气。

第三十六条　老年人可以与集体经济组织、基层群众性自治组织、养老机构等组织或者个人签订遗赠扶养协议或者其他扶助协议。

负有扶养义务的组织或者个人按照遗赠扶养协议，承担该老年人生养死葬的义务，享有受遗赠的权利。

【本条主旨】

本条是关于遗赠扶养协议和扶助协议的规定。

【本条释义】

扶养，是亲属法上的概念，是指特定亲属之间一方须对他方承担生活供养责任的法律关系。扶养关系发生于有扶养必要及有扶养能力的特定亲属间，源于特定的身份关系，是亲属权的一种，有法定的成立要件。非亲属间以及亲属间基于遗嘱、契约等民事行为而非身份关系，也能发生扶养关系，但属于一般的债权债务关系。遗赠扶养协议和扶助协议即属此种。遗赠扶养协议，是指遗赠人（即被遗赠人，通常为老年人）与扶养人签订的，由扶养人承担遗赠人生养死葬的义务，并于遗赠人死后享有按照协议接受遗赠的权利的协议。遗赠扶养协议有两种，一种是公民与自然人签订的遗赠扶养协议；一种是公民与集体经济组织和基层群众性自治组织签订的遗赠扶养协议。

我国继承法第三十一条规定，公民可以与扶养人签订遗赠扶养协议。按照协议，扶养人承担该公民生养死葬的义务，享有受遗赠的权利。公民可以与集体所有制组织签订遗赠扶养协议。按照协议，集体所有制组织承担该公民生养死葬的义务，享有受遗赠的权利。同时，本条规定还将遗赠人的范围扩大至养老机构。

集体经济组织、基层群众性自治组织、养老机构或者个人可以与老年人签订遗赠扶养协议或者其他扶助协议。一旦双方达成一致意见，签订协议，便产生了法律效力。组织或者个人承担扶养、帮助老年人的义务，享有受遗赠的权利。签订遗赠扶养协议或者其他扶助协议，符合我国的实际情况，有利于对老年人的照顾、扶养、帮助，对老年人安度晚年意义重大。同时，尊敬、扶助、照顾老年人是我国的良好传统，应当予以发扬。

第四章　社会服务

本章共 15 条，规定了老年人权益保障法修订后新增加的内容。主要对发展城乡社区养老服务、养老服务补贴、养老服务设施建设、各级人民政府逐步增加对养老服务的投入、养老服务设施用地、养老机构设立许可及其应当符合的条件、养老机构变更或者终止、建立健全养老服务人才培养、鼓励养老机构投保责任保险、将老年医疗卫生服务纳入城乡医疗卫生服务规划、提高老年病的预防治疗和科研水平、普及老年保健知识、发展老龄产业等作了规定。

第三十七条　地方各级人民政府和有关部门应当采取措施，发展城乡社区养老服务，鼓励、扶持专业服务机构及其他组织和个人，为居家的老年人提供生活照料、紧急救援、医疗护理、精神慰藉、心理咨询等多种形式的服务。

对经济困难的老年人，地方各级人民政府应当逐步给予养老服务补贴。

【本条主旨】

本条是关于为老年人提供社会服务的一般规定。

【本条释义】

一、政府部门采取措施发展城乡社区养老服务

“社区养老”是以居家养老为主，社区机构养老为辅，在为居家老人

提供照料服务方面，又以上门服务为主，托老所服务为辅的整合社会各方力量的养老模式。这种模式的特点在于：让老人住在自己家里，在继续得到家人照顾的同时，由社区的有关服务机构和人士为老人提供上门服务或托老服务。社区养老不是家庭养老，而是社区中的在家养老，社区养老不是社会养老，而是将机构养老中的服务引入社区，实行社区的在家养老。它吸收了家庭养老和社会养老方式的优点和可操作性，把家庭养老和机构养老的最佳结合点集中在社区，是针对中国社会转型期在21世纪上半叶所面临的巨大老龄化问题所提出的一种新型养老方式。“社区养老服务”就是通过政府扶持、社会参与、市场运作，逐步建立以家庭养老为核心，社区服务为依托，专业化服务为依靠，向居家老人提供生活照料、医疗保健、精神慰藉、文化娱乐等为主要内容的服务。采用社区或社会养老的方式，恰恰能填补“空巢”老人在精神生活方面的贫乏和空虚。社区养老让老人既享有家庭温暖，又能体会得到同龄人认同，是一种“双赢”策略。另外，像社区老年大学这样的机构，还提供“老有所为”的机会，让老人比有儿女相伴更有价值感。有研究人员曾对社区养老院或敬老院和不与子女居住的70周岁以上老人进行抽样比较，发现两组身体状况差不多，但前者的心理功能和社会功能都显著优于后者。

二、为经济困难老年人提供养老服务补贴

养老服务补贴制度，是指对于低收入的高龄、独居、失能等养老困难老年人，经过评估，采取政府补贴的形式，为他们入住养老机构或者接受社区、居家养老服务，提供支持的一种制度。随着我国经济社会的发展，扩大养老服务的保障范围，提高全社会的养老保障水平是必然的发展趋势。在推进养老服务社会化的过程中，许多地区特别是东部沿海发达地区适应人口老龄化的形势，加大财政投入，积极探索建立养老服务补贴制度，区别不同老年人，根据不同的经济状况和服务需求，实施不同的养老服务补贴，有力推动了老年社会福利由补缺型向适度普惠型的转变。

第三十八条　地方各级人民政府和有关部门、基层群众性自治组织，应当将养老服务设施纳入城乡社区配套设施建设规划，建立适应老年人需要的生活服务、文化体育活动、日间照料、疾病护理与康复等服务设施和网点，就近为老年人提供服务。

发扬邻里互助的传统，提倡邻里间关心、帮助有困难的老年人。

鼓励慈善组织、志愿者为老年人服务。倡导老年人互助服务。

【本条主旨】

本条是有关组织在老年人社区养老方面的责任的规定。

【本条释义】

一、养老服务设施建设

养老服务设施建设是促进养老社会服务的基础。根据《社会养老服务体系建设规划（2011—2015 年）》的规定，国家通过新建、扩建、改建、购置等方式，因地制宜建设养老服务设施。新建小区要统筹规划，将养老服务设施建设纳入公建配套实施方案。同时，还规定国家鼓励通过整合、置换或转变用途等方式，将闲置的医院、企业、农村集体闲置房屋以及各类公办培训中心、活动中心、疗养院、小旅馆、小招待所等设施资源改造用于养老服务。在城乡社区养老层面，重点建设老年人日间照料中心、托老所、老年人活动中心、互助式养老服务中心等社区养老设施，推进社区综合服务设施增强养老服务功能，使日间照料服务基本覆盖城市社区和半数以上的农村社区。

二、提倡邻里互助

人是组成人类社会的元素，家庭是社会的基本细胞。邻里关系是社区人际关系的重要组成部分，邻里之间互帮互助是中华民族的传统美德，邻里和谐是社会和谐的基础。俗话说“远亲不如近邻”，只有邻里理解、融洽、友善，才能使人人心情舒畅，人人都具有归属感和认同感。只有邻里关心、互助、互爱，才能形成难有所帮、困有所解、需有所应的良好人际关系。只有邻里和谐的音符，才能汇集出社会和谐的交响乐，从而促进全社会的和谐发展。老年人是社会的弱者，需要国家、社会、家庭和公民从不同方面给予关心和帮助，从而身心愉悦地度过晚年生活。之所以说“远亲不如近邻”，是因为邻里之间来往便利，关照方便。在邻里之间开展互帮互助，对有困难的老年人在衣、食、住、行方面进行关心、照顾，既解决了老年人的困难，又能光大、传承中华传统美德，值得倡导。

三、鼓励慈善组织、志愿者为老年人服务

随着人口老龄化、家庭小型化以及老年人预期寿命的延长，老年人的疾病医护、生活服务、精神慰藉、文化体育、社会参与等生活需求日益增多，这些为老年志愿服务的发展提供了广阔的空间。志愿服务是一种不计报酬、奉献爱心的社会公益服务活动，对于促进平等和谐人际关系的形成、满足老年人的特殊需要意义重大。特别在当前，社会方方面面对社会服务的需求更加多样复杂，这些社会服务不可能完全依赖于政府部门，也无法完全依靠市场交换的方式获得。因此，需要志愿者提供政府和市场无法提供的服务。老年人相对于其他社会群体，具有自身特殊的需要，除获得必要的物质保障外，还需要在医疗保健、家庭生活等方面获得形式多样的服务。志愿者在这方面具有特殊优势。

四、倡导老年人互助服务

老年人之间互相帮助对老年人而言具有重要的意义。老年人之间的互帮互助，老人帮老人，双方都有时间、有共同语言，容易沟通，这种形式非常受老人们的欢迎。通过老年人互助，“空巢老人”得以排遣孤独，他们的实际生活困难在互助中也都可以得到解决。而且，老年人互助在解决了一部分老年人的困难的同时，也丰富了老年人的生活，让一部分老年人

实现了“老有所为”，满足了他们继续奉献社会、体现自身价值的愿望和热情。这种新经验上升为法律，作为提倡的新制度固化下来。

第三十九条　各级人民政府应当根据经济发展水平和老年人服务需求，逐步增加对养老服务的投入。

各级人民政府和有关部门在财政、税费、土地、融资等方面采取措施，鼓励、扶持企业事业单位、社会组织或者个人兴办、运营养老、老年人日间照料、老年文化体育活动等设施。

【本条主旨】

本条是关于增加养老服务投入、兴办养老服务设施的规定。

【本条释义】

一、增加对养老服务的投入

养老服务投入是养老服务设施建设的资金保障。逐步增加养老服务的投入是各级政府的责任，随着国民经济的不断发展，特别是老年人服务需求的不断增加，应当逐步增加资金的投入数量，以提高老年人的生活质量，使老年人共享经济发展的成果。增加养老服务投入应当建立长效机制。对公办养老机构保障所需经费，应列入财政预算并建立动态保障机制。采取公建民营、委托管理、购买服务等多种方式，支持社会组织兴办或者运营的公益性养老机构。鼓励和引导金融机构在风险可控和商业可持续的前提下，创新金融产品和服务方式，改进和完善对社会养老服务产业的金融服务，增加对养老服务企业及其建设项目的信贷投入。积极探索拓展社会养老服务产业市场化融资渠道。积极探索采取直接补助或贴息的方式，支持民间资本投资建设专业化的养老服务设施。

二、多方面采取鼓励、扶持措施

《社会养老服务体系建设规划（2011—2015 年）》提出，要充分发挥市场机制的基础性作用，通过用地保障、信贷支持、补助贴息和政府采购等多种形式，积极引导和鼓励企业、公益慈善组织及其他社会力量加大投入，参与养老服务设施的建设、运行和管理。既强调了鼓励扶持措施的多样性，也强调了兴办方式的多样性，即在适当新建的同时，也要注意用改扩建、租赁等多种方式整合现有资源，盘活各种闲置资源，实现资源利用的最大化。机构养老服务以设施建设为重点，通过设施建设，实现其基本养老服务功能。养老服务设施建设重点包括老年养护机构和其他类型的养老机构。老年养护机构主要为失能、半失能的老年人提供专门服务，重点实现以下功能：一是生活照料。设施应符合无障碍建设要求，配置必要的附属功能用房，满足老年人的穿衣、吃饭、如厕、洗澡、室内外活动等日常生活需求。二是康复护理。具备开展康复、护理和应急处置工作的设施条件，并配备相应的康复器材，帮助老年人在一定程度上恢复生理功能或减缓部分生理功能的衰退。三是紧急救援。具备为老年人提供突发性疾病和其他紧急情况的应急处置救援服务能力，使老年人能够得到及时有效的救援。鼓励在老年养护机构中设置医疗机构。符合条件的老年养护机构还应利用自身的资源优势，培训和指导社区养老服务组织和人员，提供居家养老服务，实现示范、辐射、带动作用。其他类型的养老机构根据自身特点，为不同类型的老年人提供集中照料等服务。

第四十条　地方各级人民政府和有关部门应当按照老年人口比例及分布情况，将养老服务设施建设纳入城乡规划和土地利用总体规划，统筹安排养老服务设施建设用地及所需物资。

非营利性养老服务设施用地，可以依法使用国有划拨土地或者农民集体所有的土地。

养老服务设施用地，非经法定程序不得改变用途。

【本条主旨】

本条是关于养老服务设施用地保障的规定。

【本条释义】

一、将养老服务设施建设纳入城乡规划和土地利用总体规划

城乡规划是各级政府关于城市发展目标的决策，包括城镇体系规划、城市规划、镇规划、乡规划和村庄规划和社区规划。城市规划、镇规划分为总体规划和详细规划。详细规划分为控制性详细规划和修建性详细规划。城市和镇应当依照本法制定城市规划和镇规划。城市、镇规划区内的建设活动应当符合规划要求。县级以上地方人民政府根据本地农村经济社会发展水平，按照因地制宜、切实可行的原则，确定应当制定乡规划、村庄规划的区域。在确定区域内的乡、村庄时，应当依照本法制定规划，规划区内的乡、村庄建设应当符合规划要求。县级以上地方人民政府鼓励、指导前款规定以外的区域的乡、村庄制定和实施乡规划、村庄规划。制定和实施城乡规划，应当遵循城乡统筹、合理布局、节约土地、集约发展和先规划后建设的原则，改善生态环境，促进资源、能源节约和综合利用，保护耕地等自然资源和历史文化遗产，保持地方特色、民族特色和传统风貌，防止污染和其他公害，并符合区域人口发展、国防建设、防灾减灾和公共卫生、公共安全的需要。土地利用总体规划是在一定区域内，根据国家社会经济可持续发展的要求和当地自然、经济、社会条件，对土地的开发、利用、治理、保护在空间上、时间上所作的总体安排和布局，是国家实行土地用途管制的基础。通过土地利用总体规划，国家将土地资源在各产业部门进行合理配置，首先，在农业与非农业之间进行配置；其次，在农业与农业内部进行配置，如在农业内部的种植业、林业、牧业之间配置。另外，《中华人民共和国土地管理法》还明确规定，国家编制土地利用总体规划，规定土地用途，将土地分为农用地、建设用地和未利用地。严格限制农用地转为建设用地，控制建设用地总量，对耕地实行特殊保护。因此，使用土地的单位和个人必须严格按照土地利用总体规划确定的土地用途使用土地。土地利用总体规划属于宏观土地利用规划，是各级人

民政府依法组织对辖区内全部土地的利用以及土地开发、整治、保护所作的综合部署和统筹安排。根据我国行政区划，规划分为全国、省（自治区、直辖市）、市（地）、县（市）和乡（镇）五级，即五个层次。上下级规划必须紧密衔接，上一级规划是下级规划的依据，并指导下一级规划；下级规划是上级规划的基础和落实。为依法保障养老服务设施建设用地需求，有必要将养老服务设施建设纳入城乡规划和土地利用总体规划。

二、统筹安排养老服务设施建设用地

养老服务设施的基本建设是养老服务发展的先决条件。用地保障是养老服务设施建设的基本保障。改革开放以来，养老服务设施建设取得了一定的成就，设施规模不断扩大，服务条件不断改善。但由于各方面因素的制约，我国的养老服务设施建设还存在着不少问题，如按照我国老龄化社会的发展趋势，养老服务设施建设速度远未能适应老龄人口增长的速度，不能满足社会养老服务的基本需求；由于历史和现实的原因，养老服务设施建设缺乏统一规划，导致部分老年人口密集的地方极度缺乏服务设施。为此，本条第一款规定，地方各级人民政府和有关部门应当按照老年人口比例及分布情况，统筹安排养老服务设施建设用地及所需物资。这一规定为加快养老服务设施建设，保障老年人的权益提供了法律依据。

三、非营利性养老服务设施用地可依法使用国有划拨土地或者集体所有土地

划拨用地是我国特有的项目建设用地的取得方式之一。是有审批权限的各级政府根据我国土地管理法和城市房地产管理法的有关规定和2001年10月22日国土资源部第9号令《划拨用地目录》，向符合划拨用地条件的建设项目（项目使用的单位）无偿供应的土地。划拨用地的使用年限是永久的（即终止日期为批准供地的本级政府认为应该依法收回时止）。根据我国国土资源部第9号令《划拨用地目录》规定，我国现行的划拨用地的主要项目是党政机关和人民团体用地、军事用地、城市基础设施用地、公益事业用地及国家重点扶持的能源、交通、水利等基础设施用地和特殊项目（如监狱等）用地。按照《划拨用地目录》的规定，综合性社会福利设施、老年人社会福利设施等非营利性社会福利设施用地可以采取划拨方式供地。另外，为解决农村养老服务设施用地问题，“可以依法使用农民集体所有的土地”。

四、养老服务设施用地非经法定程序不得改变用途

为保障养老服务设施用地的专属性，确保服务供给数量，根据本条第三款规定，养老服务设施用地非经法定程序不得改变用途。根据这一规定，变更养老服务设施用地必须经由法定程序。例如，当划拨用地的条件改变，划拨用地的理由消失后，用地单位必须向政府缴纳相应的土地出让金（改无偿划拨为有偿供地）。以划拨方式取得的土地使用权，因企业改制、土地使用权转让或者改变土地用途等不再符合本目录的，应当实行有偿使用。

第四十一条　政府投资兴办的养老机构，应当优先保障经济困难的孤寡、失能、高龄等老年人的服务需求。

【本条主旨】

本条是关于政府投资兴办的养老机构优先保障人群的规定。

【本条释义】

一、养老机构

养老机构，是指为老年人提供饮食起居、清洁卫生、生活护理、健康管理和文体娱乐活动等综合性服务的机构。它可以是独立的法人机构，也可以是附属于医疗机构、企业事业单位、社会团体或组织、综合性社会福利机构的一个部门或者分支机构。目前，我国养老机构主要包括以下类型：一是敬老院。即在城市街道、农村乡镇、村组设置的供养“三无”“五保”老人、残疾人员和接收社会寄养老人安度晚年的养老服务机构，设有生活起居、文化娱乐、康复训练、医疗保健等多项服务设施。二是福利院。福利院是国家、社会及团体为救助社会困难人士、疾病患者而创建的用于为他们提供衣食住宿或医疗条件的爱心福利院场所。他们为了社会的和谐贡献自己的力量。福利院包括社会福利院和老年社会福利院两种类型。社会福利院主要任务是收养市区“三无”老人，孤残儿童、弃婴，实行养、治、教并举的工作方针，保障弱势群体的合法权益，维护社会稳定。老年社会福利院，是指享受国家一定数额的经济补助，接待老年人安度晚年而设置的社会养老服务机构，设有起居生活、文化娱乐、医疗保健等多项服务设施。三是养老院。养老院主要是为老年人提供集体居住，并具有相对完整的配套服务设施。是专为接收老年人安度晚年而设置的社会养老服务机构，设有生活起居、文化娱乐、康复训练、医疗保健等多项服务设施。四是老年公寓。是指专供老年人集中居住，符合老年体能心态特征的公寓式老年住宅，具备餐饮、清洁卫生、文化娱乐、医疗保健服务体系，是综合管理的住宅类型。老年公寓是指既体现老年人居家养老，又能享受到社会提供的各种服务的老年住宅，属于机构养老的范畴。在北京、上海这样的大城市，老年公寓已经很普遍，并且出现低、中、高档分级。五是护老院。是指专为接收介助老人（生活行为依赖扶手、拐杖、轮椅和升降设施等帮助的老年人）安度晚年而设置的社会养老服务机构，设有生活起居、文化娱乐、康复训练、医疗保健等多项服务设施。六是护养院。又称之为“护理养老机构”，或“护理院”，是专为接收生活完全不能自理的介护老人安度晚年的社会养老服务机构，设有起居生活、文化娱乐、康复训练、医疗保健等多项服务设施。七是护理院。是指由医护人员组成的，在一定范围内，为长期卧床老年患者、残疾人、临终患者、绝症晚期和其他需要医疗护理的老年患者提供基础护理、专科护理，根据医嘱进行支持治疗、姑息治疗、安宁护理，消毒隔离技术指导、社区老年保健、营养指导、心理咨询、卫生宣教和其他老年医疗护理服务的医疗机构。根据中国老龄事业发展基金会的爱心护理工程，全国各地均有专业爱心护理院服务各类老年人群。爱心护理院专门为失能老人提供专业护理、生活照料服务。

二、应当优先保障经济困难的孤寡、失能、高龄等老年人的服务需求

公办养老机构由国家出资，具有强烈的再分配功能，在服务对象上理应向最需要服务而又困难的特殊老年群体倾斜。目前，我国养老机构面临总量不足和结构失衡的双重矛盾。其中，结构失衡的一个突出表现，就是有不少养老机构过于强调市场化和高档化，因超出老年人消费能力而出现床位闲置现象，而另一方面那些可以提供长期护理服务，主要面向失能、孤寡、高龄等经济困难老年人服务的机构则严重不足，一床难求的现象十分突出。为此，本条对政府办养老机构，提出优先保障经济困难老年人的规定。《社会养老服务体系建设规划（2011—2015 年）》明确要求，在兼顾全体老年人改善和提高养老服务要求的基础上，应当优先满足孤老优抚对象及低收入的高龄、独居、失能等困难老年人的服务需求。民政部 2013 年 6 月 28 日公布的《养老机构管理办法》第六条重申了上述规定，即政府投资兴办的养老机构，应当优先保障孤老优抚对象和经济困难的孤寡、失能、高龄等老年人的服务需求。

第四十二条　国务院有关部门制定养老服务设施建设、养老服务质量和养老服务职业等标准，建立健全养老机构分类管理和养老服务评估制度。

各级人民政府应当规范养老服务收费项目和标准，加强监督和管理。

【本条主旨】

本条是对养老机构加强监督管理的规定。

【本条释义】

一、养老服务标准

建立健全养老服务标准是促进养老服务发展的一项重要措施。本条第一款原则规定了国务院有关部门制定相关标准和规范的责任，主要涉及硬件设施标准、服务质量标准以及服务人员职业标准等内容。目前，民政部等部门已经发布了多项养老服务标准。例如，关于养老服务设施建设，2011 年民政部发布的社区日间照料中心和老年养护院两项建设标准明确要求：项目建设应与经济、社会发展水平相适应，纳入国民经济和社会发展规划，统筹安排，确保政府资金投入，其建设用地应纳入城市规划。应充分利用其他公共服务和社会福利设施，统一规划，充分体现国家节能减排要求。《老年养护院建设标准》还明确规定：老年护理院、老年公寓、农村敬老院、社会福利院、光荣院、荣誉军人康复医院等机构相关设施建设可参照本建设标准相关规定执行。这为其他养老服务设施建设提供了基本依据，也为社会力量参与养老服务体系建设明确了最基本的设施建设条件。

二、养老机构分类管理和养老服务评估制度

部分地区已经开始探索建立养老机构分类管理和养老服务评估制度。如浙江省杭州市余杭区提出建立福利性、非营利性和营利性养老服务机构共同发展的机构养老服务体系。福利性养老服务机构，重点解决“三无”人员、“五保”老人、有特殊贡献者和困难家庭老人等的基本养老问题。非营利性养老服务机构，主要面向经济条件一般的普通老年群体提供养老服务，养老费用以个人承担为主，经相应的养老需求评估后由政府予以适当补助。营利性养老服务机构，主要面向经济条件相对较好的老年人提供养老服务，收费实行市场化运作，养老费用由个人或家庭承担。2005 年，上海市经过一年多的探索试点，创新开发出符合市情、较为规范的上海养老服务需求评估标准，并逐步在全市推广实施。北京市东城区建立居家养老服务评估体系，对申请人的补贴资格和居家养老服务人员的服务质量进行评估，不断提高老年人对服务需求的满意度，保障政府购买服务的有效落实。天津市统一制定了居家养老服务需求评估标准，统一组织评估人员培训，印发了《天津市居家养老服务需求评估表》，由各区县民政部门负责组织对符合条件的老年人进行照料等级评估工作。上海浦东新区采取通过整合资源，招募具有医学、康复、护理专业的人员，建立起了一支24人的专业化、职业化的养老服务需求评估员队伍，形成了“区级＋街镇”的两级评估网络，已在10家养老机构中试点开展了机构养老服务需求评估工作，为设定法律制度奠定了实践基础。

三、规范养老服务收费项目和标准

养老机构收费项目和标准是养老服务中重点应当规范的问题。养老机构应当建立科学合理的价格形成机制，规范服务收费项目和标准。目前，根据民政部2013年制定的《养老机构管理办法》规定，养老机构应当依照其登记类型、经营性质、设施设备条件、管理水平、服务质量、护理等级等因素确定服务项目的收费标准。养老机构应当在醒目位置公示各类服务项目收费标准和收费依据，并遵守国家和地方政府价格管理有关规定。政府投资兴办的养老机构，应当充分考虑其公益性的特点，在优先保障孤老优抚对象和经济困难的孤寡、失能、高龄等老年人的服务需求的同时，在收费标准上也应当体现其公益性，确定的标准不宜过高。对其他养老机构而言，应当充分根据市场化原则确定收费标准，规范收费项目和标准。收费标准过高，或者收费不合理，超出老人及亲属的经济和心理承受能力，难以吸引老人入住。反之，收费过低，必然导致服务质量的降低，甚至，还有可能影响养老机构正常经营。因此，制定一套合理的收费标准极为重要。大多数养老机构的入住费用包括床位费、服务费（即护理费）和伙食费。医疗服务费用、采暖空调费用则按照实际使用情况或季节另外收取，老人自带家用电器并经院方同意的，亦可根据家电功率核收电费。有的养老机构还收取一定数额的赞助费和押金（主要用于老人特殊情况下使用）。养老机构收费标准的制定应考虑当地居民经济收入状况和物价水平。农村集中养老机构收费标准要低于城镇，经济欠发达地区要低于经济较发达地区，也应当考虑养老机构的地理位置、居住条件、硬件设施等因素。

第四十三条　设立养老机构，应当符合下列条件：

（一）有自己的名称、住所和章程；

（二）有与服务内容和规模相适应的资金；

（三）有符合相关资格条件的管理人员、专业技术人员和服务人员；

（四）有基本的生活用房、设施设备和活动场地；

（五）法律、法规规定的其他条件。

【本条主旨】

本条是关于设立养老机构应当具备的条件的规定。

【本条释义】

养老机构承担着为老年人提供住宿照料服务的重要职能，其用房、场地、设施设备以及管理服务人员等条件直接关系到老年人合法权益的维护。近年来，随着经济社会的发展、人民生活水平的提高以及养老观念的变化，老年人养老社会服务需求的日益提高，越来越多的老年人选择养老机构养老。在这种情况下，各种类型的养老机构如雨后春笋般发展起来，其中，既有规模大、经营规范的养老机构，也有设施设备等硬件条件差、经营不规范的养老机构，为此，有必要从立法上明确养老机构应当具备的条件。

根据本条规定，设立养老机构应当符合下列条件：

1. 有自己的名称、住所和章程

名称、住所和章程是多数社会组织应当具备的基本条件。目前，养老机构的形式多种多样，名称也各不相同，有叫敬老院的，也有叫老年服务中心的。养老机构的住所，是指养老机构在工商部门登记的主要办事机构所在地。养老机构章程是规定养老机构的组织形式、管理机构等基本制度的总的行为规范。

2. 有与服务内容和规模相适应的资金

有一定的资金既是养老机构正常开展业务的需要，也是养老机构承担责任的保证。要求养老机构有与服务内容和规模相适应的资金，有利于进一步规范养老机构，确保养老机构合法、规范经营。关于资金的具体数额要求，法律上并未作明确的规定，可以由有关主管部门进一步作出具体规定。需要注意的是，养老机构的资金，一是应当与服务内容相适应，服务项目越多，相应的资金要求也越高；二是应当与养老机构的规模包括经营面积、床位数等相适应，经营场所面积越大、床位数量越多，相应的资金规模也应该越大。

3. 有符合相关资格条件的管理人员、专业技术人员和服务人员

养老机构应当配备与服务和运营相适应的工作人员，并依法与其签订聘用合同或者劳动合同。养老机构中从事医疗、康复、社会工作等服务的专业技术人员，应当持有关部门颁发的专业技术等级证书上岗；养老护理人员应当接受专业技能培训，经考核合格后持证上岗。养老机构应当定期组织工作人员进行职业道德教育和业务培训。

4. 有基本的生活用房、设施设备和活动场地

有相应的场地、设施设备也是养老机构正常开展业务的客观需要。养老机构应当满足老年人正常生活所需的生活用房、设施设备和活动场地，上述用房和设施设备应当符合相应的建筑设施规范和标准，并符合消防安全、卫生防疫等专项规范和标准。此外，根据民政部《养老机构设立许可办法》的规定，设立养老机构应当有符合养老机构相关规范和技术标准，符合国家环境保护、消防安全、卫生防疫等要求的基本生活用房、设施设备和活动场地；养老机构的床位数应当在10张以上。

5. 法律、法规规定的其他条件

本项规定是一项兜底性条款。法律、行政法规和地方性法规可以在本法规定的基础上，对养老机构应当具备的条件进一步作出具体规定，或者

结合各地区的实际情况增加其他条件。

第四十四条　设立养老机构应当向县级以上人民政府民政部门申请行政许可；经许可的，依法办理相应的登记。

县级以上人民政府民政部门负责养老机构的指导、监督和管理，其他有关部门依照职责分工对养老机构实施监督。

【本条主旨】

本条是关于设立养老机构应当取得行政许可的规定。

【本条释义】

一、对设立养老机构实行行政许可

对设立养老机构实施行政许可是西方发达国家的普遍做法。但是在2012年老年人权益保障法修订前，我国现有的法律、行政法规对各类养老机构的统一行业准入没有作出明确规定，导致一些养老机构和小型社区养老服务设施未在任何部门登记，游离于政府管理范围之外，虐待老人和安全事故时有发生，老年人合法权益难以保障。由于法律、行政法规对行业监管部门没有明确，已经登记的养老机构的行业监管部门主体不明确，民政部门没有法律、法规授权，对无照经营的民办养老机构不能依法查处，也不能予以强行取缔，造成养老服务市场一定情况下的混乱无序。民政部1999年发布的《社会福利机构管理暂行办法》对老年社会福利机构的设置作了明确的许可规定，但行政许可法颁布实施后，该规章由于缺乏上位法依据而失去效力。建立养老机构设置许可制度，对养老机构的基本条件和基本标准作出明确规定，将所有类型的养老机构统一纳入行业规范管理的范围，有利于引导社会力量理性兴办养老机构，有利于养老机构依法依规运营，防范和规避风险，有利于保护投资人利益，促进养老机构可持续发展。

二、养老机构许可程序

本条对养老机构的设立许可程序作了规定。民政部 2013 年颁布的《养老机构设立许可办法》作了进一步具体规定。根据上述规定，依法成立的组织或者具有完全民事行为能力的自然人可以向养老机构住所地县级以上人民政府民政部门申请设立养老机构。县、不设区的市、直辖市的区人民政府民政部门实施本行政区域内养老机构的设立许可。设区的市人民政府民政部门实施住所在市辖区的养老机构的设立许可。设区的市人民政府民政部门可以委托市辖区人民政府民政部门实施许可。省级以上人民政府投资兴办的发挥实训、示范功能的养老机构，可以到同级人民政府民政部门申请设立许可。外国组织、个人独资或者与中国的组织、个人合资、合作设立养老机构的，中国香港、澳门、台湾地区的组织、个人以及华侨独资或者与内地（大陆）的组织、个人合资、合作设立养老机构的，由住所地省级人民政府民政部门或者其委托的设区的市级人民政府（行政公署）民政部门实施许可。许可机关根据申请人筹建养老机构的需要和条件，在设立条件、提交材料等方面提供指导和支持。申请设立养老机构，应当向许可机关提交下列文件、资料：设立申请书；申请人、拟任法定代表人或者主要负责人的资格证明文件；符合登记规定的机构名称、章程和管理制度；建设单位的竣工验收合格证明，卫生防疫、环境保护部门的验收报告或者审查意见，以及公安消防部门出具的建设工程消防设计审核、消防验收合格意见，或者消防备案凭证；服务场所的自有产权证明或者房屋租赁合同；管理人员、专业技术人员、服务人员的名单、身份证明文件和健康状况证明；资金来源证明文件、验资证明和资产评估报告；以及依照法律、法规、规章规定，需要提供的其他材料。许可机关应当自受理设立申请之日起 20 个工作日内，对申请人提交的文件、材料进行书面审查并实地查验。符合条件的，颁发养老机构设立许可证（以下简称设立许可证）；不符合条件的，应当书面通知申请人并说明理由。

第四十五条　养老机构变更或者终止的，应当妥善安置收住的老年人，并依照规定到有关部门办理手续。有关部门应当为养老机构妥善安置老年人提供帮助。

【本条主旨】

本条是关于养老机构变更、终止登记的规定。

【本条释义】

一、妥善安置收住的老年人

鉴于养老机构服务对象和服务性质的特殊性，为防止因养老机构发生变故而侵害收住的老年人权益，故规定任何养老机构变更或者终止时，都应当确保妥善安置好收住的老年人。

二、按规定办理手续

根据民政部2013年《养老机构管理办法》的规定，养老机构因变更或者终止等原因暂停、终止服务的，应当于暂停或者终止服务60日前，向实施许可的民政部门提交老年人安置方案，方案中应当明确收住老年人的数量、安置计划及实施日期等事项，经批准后方可实施。民政部门应当自接到安置方案之日起20日内完成审核工作。民政部门应当督促养老机构实施安置方案，并及时为其妥善安置老年人提供帮助。此外，养老服务业务活动的许可部门，即民政部门办理相关的变更或者终止登记，根据养老机构的组织性质，到负责营利性组织工商登记的工商部门，或者负责事业单位法人进行登记的编制部门，或者负责非营利性组织主体资格登记的民政部门办理变更或者终止登记手续。

此外，本条规定还明确规定有关部门应当为养老机构妥善安置老年人提供帮助。这一规定有利于实践中更好地保护老年人的合法权益，避免因为养老机构变更或者终止给老年人权益带来的不利影响。

第四十六条　国家建立健全养老服务人才培养、使用、评价和激励制度，依法规范用工，促进从业人员劳动报酬合理增长，发展专职、兼职和志愿者相结合的养老服务队伍。

国家鼓励高等学校、中等职业学校和职业培训机构设置相关专业或者培训项目，培养养老服务专业人才。

【本条主旨】

本条是关于养老服务人才队伍建设的规定。

【本条释义】

一、养老服务人才培养

养老服务人才队伍建设是发展养老服务的一个重要内容。目前，一方面，我国养老服务人才数量短缺；另一方面，存在着培养出来的专业人员不能学以致用，社会养老领域人才培养与需求、就业与待遇之间出现偏差的现实。伺候人行业的世俗偏见，现实工作岗位用不着专业知识，养老服务工作人员工资待遇偏低，发展空间受限等问题，要求我国尽快建立健全养老服务人才培养、使用、评价和激励制度，依法规范用工，促进从业人员劳动报酬合理增长。通过专职、兼职和志愿者相结合的途径，缓解人才队伍严重不足的现状。

二、养老服务人才培训

根据本条第二款的规定，国家鼓励高等学校、中等职业学校和职业培训机构设置相关专业或者培训项目，为养老服务业培养更多的专业人才。对养老服务专业人才的培养，我国起步较晚，目前，虽然有一些院校已经开设了养老专业，开始培养养老专业人才，但是专业技术人员总体上还是很缺乏。《社会养老服务体系建设规划（2011—2015年）》明确提出，要加快人才培养，提升服务质量，加强养老服务职业教育培训，有计划地在高等院校和中等职业学校增设养老服务相关专业和课程，开辟养老服务培训基地，加快培养老年医学、护理、营养和心理等方面的专业人才，提高养老服务从业人员的职业道德、业务技能和服务水平。推行养老护理员职业资格考试认证制度，5年内全面实现持证上岗。完善培训政策和方法，加强养老护理员职业技能培训。支持养老机构吸纳就业困难群体就业。加快培育从事养老服务的志愿者队伍，实行志愿者注册制度，形成专业人员引领志愿者的联动工作机制。

第四十七条　养老机构应当与接受服务的老年人或者其代理人签订服务协议，明确双方的权利、义务。

养老机构及其工作人员不得以任何方式侵害老年人的权益。

【本条主旨】

本条是关于服务协议的规定。

【本条释义】

一、养老服务协议

随着老年人入住养老机构养老人群数量的增多，养老机构自我管理能力有待增强，每年都有数起意外事故发生，导致机构与老人之间纠纷越来越多。为减少和避免老人在机构发生意外后纠纷难以解决的问题，保障入住老人和家属的正常生活，维护各方的合法权益，本款规定养老机构必须与服务对象签订养老服务协议，明确双方权利义务。根据民政部2013年《养老机构管理办法》第十一条的规定，养老机构为老年人提供服务，应当与接受服务的老年人或者其代理人签订服务协议。服务协议应当载明下列事项：养老机构的名称、住所、法定代表人或者主要负责人、联系方式；老年人及其代理人和老年人指定的经常联系人的姓名、住址、身份证明、联系方式；服务内容和服务方式；收费标准以及费用支付方式；服务期限和地点；当事人的权利和义务；协议变更、解除与终止的条件；违约责任；意外伤害责任认定和争议解决方式；当事人协商一致的其他内容。

订立服务协议时，应当注意以下几个问题：一是为了保证机构在协议履行过程中保护老年人的合法权益，老年人及亲属在签约时，应对机构的资质等情况进行实地考察，满意后才可签订，对服务协议要有所了解。二是服务协议标的是服务行为，应在协议中明确。即根据法律规定或当事人的约定，由机构向老人提供的生活和医疗服务，具体表现为进行一定的行为和完成一定的工作。所以在协议的开始要先将标的，即服务标准确定下来。三是机构的应尽义务。包括维护住养人的合法权益，为住养人建立健康档案，按照住养人的护理等级和约定提供相应标准的服务，定期为住养人检查身体（如果住养人身体发生变化，养老机构应当协助进行治疗），经常与住养人进行必要的感情交流，保证院内设施的安全，为住养人提供安全、舒适的生活条件，对因工作人员失职造成的责任事故负责，重视住养人的生活习惯和合理要求，随时为自愿出院的老年人办理出院手续。四是住养人的权利和义务。包括有权对入住的机构服务质量和服务态度提出意见、批评或向上级主管部门投诉，遵守机构里的规章制度，配合机构的生活安排，与其他的住养人和睦相处。有权根据自身的情况要求机构提供购物、联系亲友和家人、饮食、医疗条件的服务。有权提出改善生活、饮食、医疗条件的要求，但对超出原标准的服务应当承担相应的费用。严格遵守出入院登记制度外出，并对自己的行为承担责任。应当及时交纳费用。五是协议中还应当包括机构和住养人的名称和住所、收费标准及交款方式、履行方式和地点、违约责任、解决争议的方法等项目。

二、养老机构及其工作人员不得侵犯老年人合法权益

老年人的合法权益包括依照我国宪法、民法通则以及本法等法律享有的公民权、休息权、财产权、人身权、知识产权，等等。由于行业发展不成熟以及老年人生理、心理状况的特殊性，养老机构中最为常见的是发生

老年人摔伤、骨折、猝死、走失等事故，事故原因既有机构管理服务过失、疏忽、不当以及因歧视造成的故意伤害和虐待，也有第三方造成的伤害事故，也有老年人的自我伤害事故。无论责任最后如何认定，养老机构及其工作人员应当采取措施，尽量避免事故的发生。此外，根据民政部2013年《养老机构管理办法》的规定，养老机构还应当依法履行下列义务：养老机构应当提供满足老年人日常生活需求的吃饭、穿衣、如厕、洗澡、室内外活动等服务。养老机构应当提供符合老年人居住条件的住房，并配备适合老年人安全保护要求的设施、设备及用具，定期对老年人活动场所和物品进行消毒和清洗。养老机构提供的饮食应当符合卫生要求、有利于老年人营养平衡、符合民族风俗习惯。养老机构应当建立入院评估制度，做好老年人健康状况评估，并根据服务协议和老年人的生活自理能力，实施分级分类服务。养老机构应当为老年人建立健康档案，组织定期体检，做好疾病预防工作。养老机构可以通过设立医疗机构或者采取与周边医疗机构合作的方式，为老年人提供医疗服务。养老机构设立医疗机构的，应当依法取得医疗机构执业许可证，按照医疗机构管理相关法律法规进行管理。养老机构在老年人突发危重疾病时，应当及时通知代理人或者经常联系人并转送医疗机构救治；发现老年人为疑似传染病病人或者精神障碍患者时，应当依照传染病防治、精神卫生等相关法律法规的规定处理。养老机构应当根据需要为老年人提供情绪疏导、心理咨询、危机干预等精神慰藉服务。养老机构应当开展适合老年人的文化、体育、娱乐活动，丰富老年人的精神文化生活。养老机构开展文化、体育、娱乐活动时，应当为老年人提供必要的安全防护措施。

第四十八条　国家鼓励养老机构投保责任保险，鼓励保险公司承保责任保险。

【本条主旨】

本条是关于投保责任保险的规定。

【本条释义】

根据《中华人民共和国保险法》第六十五条的规定，责任保险，是指以被保险人对第三者依法应负的赔偿责任为保险标的的保险。保险人对责任保险的被保险人给第三者造成的损害，可以依照法律的规定或者合同的约定，直接向该第三者赔偿保险金。责任保险的被保险人给第三者造成损害，被保险人对第三者应负的赔偿责任确定的，根据被保险人的请求，保险人应当直接向该第三者赔偿保险金。被保险人怠于请求的，第三者有权就其应获赔偿部分直接向保险人请求赔偿保险金。责任保险的被保险人因给第三者造成损害的保险事故而被提起仲裁或者诉讼的，被保险人支付的仲裁或者诉讼费用以及其他必要的、合理的费用，除合同另有约定外，由保险人承担。

养老机构投保责任保险是降低风险的有效途径。责任险主要承保被保险人在其经营的地域范围内依法从事生产经营或其他活动时，因发生意外事故而造成他人（第三者）人身伤亡和财产损失，依法应由被保险人承担的经济赔偿责任，具有广泛的适用性。由于服务对象的特殊性，机构养老服务是一个风险较高的行业。调查发现，一旦住养老人发生意外伤亡事故，将会给养老机构带来沉重的赔偿负担，有的甚至因此而难以为继。因此，需要建立有效的风险分担机制。为了推行上述制度，本条规定国家鼓励、引导养老机构投保，鼓励商业保险公司承保。

第四十九条　各级人民政府和有关部门应当将老年医疗卫生服务纳入城乡医疗卫生服务规划，将老年人健康管理和常见病预防等纳入国家基本公共卫生服务项目。鼓励为老年人提供保健、护理、临终关怀等服务。

国家鼓励医疗机构开设针对老年病的专科或者门诊。

医疗卫生机构应当开展老年人的健康服务和疾病防治工作。

【本条主旨】

本条是关于老年人医疗卫生服务的规定。

【本条释义】

一、将老年医疗卫生服务纳入规划

近年来，老年卫生工作进展明显。一是老年卫生服务网络日益健全，方便老年人就医，老年护理服务逐步延伸到家庭和社区。二是老年医疗保障不断加强，基本医疗保障制度有效减轻了老年人的就医负担。三是老年卫生服务内容逐步拓展，老年人健康管理已经纳入医改基本公共卫生服务项目。按照原卫生部等部委发布的《关于促进基本公共卫生服务逐步均等化的意见》（卫妇社发〔2009〕70号），我国现阶段，国家基本公共卫生服务项目主要包括：建立居民健康档案，健康教育，预防接种，传染病防治，高血压、糖尿病等慢性病和重性精神疾病管理，儿童保健，孕产妇保健，老年人保健等。其中的老年人保健主要是指对辖区内65周岁及以上老年人进行登记管理，进行健康危险因素调查和一般体格检查，提供疾病预防、自我保健及伤害预防、自救等健康指导；慢性病管理，是指对高血压、糖尿病等慢性病高危人群进行指导。对35周岁以上人群实行门诊首诊测血压。对确诊高血压和糖尿病患者进行登记管理，定期进行随访，每次随访要询问病情、进行体格检查及用药、饮食、运动、心理等健康指导。以妇女、儿童、老年人、残疾人、慢性病人等人群为重点，在自愿的基础上，为辖区常住人口建立统一、规范的居民健康档案，健康档案主要信息包括居民基本信息、主要健康问题及卫生服务记录等；健康档案要及时更新，并逐步实行计算机管理。

由于老年人对医疗卫生服务的依赖性较大，法律作了进一步的强调。该规定也与《中国老龄事业发展“十二五”规划》和《社会养老服务体系建设规划（2011—2015年）》的规定一致。规划规定，将在“十二五”

期间新增各类养老床位342万张，鼓励基层医疗机构为老年人提供卫生服务并监测65周岁及以上老人的健康状况，发展老龄化产业以满足老年人的卫生保健需要。此外，还明确提出鼓励为老年人提供保健、护理、临终关怀等服务。

二、国家鼓励和支持医疗机构开设针对老年病的专科或者门诊

根据本条第二款的规定，国家鼓励和支持医疗机构开设针对老年病的专科或者门诊。这一规定有利于加强对老年多发病的研究，降低老年人常见病的发病率、致残率和病死率，重视老年心理学和社会医学的研究，为老年人提供专业的、有针对性的医疗服务。

三、医疗卫生机构应当开展老年人的健康服务和疾病防治工作

城乡医疗机构要充分发挥城乡医疗预防网的作用，开展老年人多发病的防治工作，进行老年流行病学调查，宣传老年病防治知识，指导老年人的健身锻炼与生活安排。县以上综合性医院可创造条件开设老年病科或组，要有一定数量的床位收治老年病人，以利于提高对老年病的诊疗和护理质量。有条件的医院，可积极开展老年病康复医疗，采取理疗、体疗、功能训练、气功、按摩、针灸及心理治疗等综合措施，促进老年病病人的病后康复，提高疗效。

第五十条　国家采取措施，加强老年医学的研究和人才培养，提高老年病的预防、治疗、科研水平，促进老年病的早期发现、诊断和治疗。

国家和社会采取措施，开展各种形式的健康教育，普及老年保健知识，增强老年人自我保健意识。

【本条主旨】

本条是关于老年医学研究、人才培养，老年病防治和老年保健的规定。

【本条释义】

一、关于老年医学研究、人才培养和老年病防治

老年人的健康和疾病问题是我国人口老龄化进程中的一个重要问题。我国当前的老年医学研究缺乏总体规划，老年医学人才缺乏系统的培养，不能适应我国医疗保障目标的要求。国家应当采取措施，制定总体规划，增加资金投入，建立老年医学研究机构，从政策上给予鼓励和支持以加强老年医学的研究和人才的培养，提高老年病的预防、治疗和科研水平。特别是运用现代科学方法对老年医学进行研究，力争以较高的科研水平，指导老年病的预防、治疗，及早发现、诊断和治疗老年病，有病及时进行治疗，对老年人延缓衰老、保障健康以及促进全民族的整体健康水平，意义重大。

二、关于开展老年保健

老年保健是增强老年人身心健康，预防老年病的一项重要内容。老年健康教育是指为了提高增进老年人身心健康的自觉性，普及有关身心健康的知识而进行的指导教育。加强对老年人不同层次的自我保健教育，宣传卫生科学知识，增强自我保健能力，促进自我健康，对于减少老年病的发生，提高老年人身体健康水平有很大作用。

增强自我保健意识可以延缓衰老、减少和预防疾病发生。为了普及老年保健知识，增强老年人自我保健意识，在实践中，可以采取以下几种保健教育形式。一是举办老年保健讲座。通过请医生、专家等专业人才为老年人讲授养老保健知识、常见病的自我监护和防治、老年人用药须知，简易的推拿按摩，等等；二是开展老年健康咨询。可以组织从事医疗保健的医务人员，结合当地的实际情况为老年人进行保健咨询，也可以在医疗机构开设老年病咨询门诊，解答老年人有关健康、衰老和疾病等问题；三是利用新闻媒介，宣传老年保健知识，普及老年保健知识。应当看到，我国目前的老年保健教育开展得还不够，老年人的自我保健意识较低。需要开展多种形式的保健教育，增强老年人的自我保健意识，以预防和减少疾病的发生，促进“老有所医”的实现，使老年人延年益寿，安度晚年。

第五十一条　国家采取措施，发展老龄产业，将老龄产业列入国家扶持行业目录。扶持和引导企业开发、生产、经营适应老年人需要的用品和提供相关的服务。

【本条主旨】

本条是发展老龄产业和扶持老年用品行业的规定。

【本条释义】

一、发展老龄产业

发展老龄产业是为老年人提供生活服务、促进老龄事业发展的客观需要。根据《中国老龄事业发展“十二五”规划》，国家采取措施发展老龄产业主要应从以下四方面着手。一是完善老龄产业政策。把老龄产业纳入经济社会发展总体规划，列入国家扶持行业目录；研究制定、落实引导和扶持老龄产业发展的信贷、投资等支持政策；鼓励社会资本投入老龄产业。引导老年人合理消费，培育壮大老年用品消费市场。二是促进老年用品、用具和服务产品开发。重视康复辅具、电子呼救等老年特需产品的研究开发；拓展适合老年人多样化需求的特色护理、家庭服务、健身休养、文化娱乐、金融理财等服务项目；培育一批生产老年用品、用具和提供老年服务的龙头企业，打造一批老龄产业知名品牌。三是加强老年旅游服务工作。积极开发符合老年需求、适合老年人年龄特点的旅游产品；完善旅游景区、宾馆饭店、旅游道路的老年服务设施建设；完善针对老年人旅游的导游讲解、线路安排等特色服务。规范老年人旅游服务市场秩序。四是引导老龄产业健康发展。研究制定老年产品用品质量标准，加强老龄产业市场监督管理。发挥老龄产业行业协会和中介组织的积极作用，加强信息服务和行业自律。疏通老龄产业发展融资渠道。

二、老年人用品和服务需求

与一般人群比较，老年人的消费心理和消费水平有其特殊性。为了相应地增加老年人衣食住行所需的特殊日用消费品的生产，需要对包括工业、商业、服务部门在内的各类企业开发、生产、经营提出特殊要求，重视老年人用品商店或者设立老年人用品专柜（专门销售老年人使用的衣服、鞋帽、眼镜、拐杖、食品以及其他生活必需品）等，为老年人提供高质量高水平的服务。在鼓励、引导和扶持企业为老年人群体服务的过程中，国家应当承担起相应的责任。各级人民政府应当采取宏观调控手段，运用税收、信贷等经济手段，鼓励、扶持、引导企业开发、生产、经营老年人生活用品，适应老年人的需要。

第五章　社会优待

本章共8条，规定了老年人权益保障法修订后新增加的内容。主要对逐步提高老年人社会优待水平、为老年人及时便利地领取养老金、结算医疗费和享受其他物质帮助提供条件、优先办理房屋权属关系变更、户口迁移等涉及老年人权益的重大事项、为老年人就医提供方便、为老年人提供优先优惠服务以及提供优待和照顾等作了规定。

第五十二条　县级以上人民政府及其有关部门根据经济社会发展情况和老年人的特殊需要，制定优待老年人的办法，逐步提高优待水平。

对常住在本行政区域内的外埠老年人给予同等优待。

【本条主旨】

本条是关于老年人优待的一般规定。

【本条释义】

一、我国实行老年人社会优待的基本情况

1996年颁布实施的《中华人民共和国老年人权益保障法》首次以法律形式规定了老年人在医疗、住房、游览、交通、诉讼等方面享有优先、优惠及便利的权利。老年人权益保障法颁布实施后，各地相继颁布出台了老年人权益保障法实施条例，对老年人优待的规定作进一步细化，2005年，全国老龄办等21个部门联合发布了《关于加强老年人优待工作的意见》，近年来，地方各级政府也相继制定出台了老年人优待的地方性法规、政府规章或政策性文件，我国初步构建了老年人优待政策法规体系，老年人社会优待主要包含养老、医疗、生活服务、文体休闲、维权服务等五方面。

从目前情况看，一些地方针对老年人实施了多个方面、多种形式的优待措施。据有关部门不完全统计，目前对老年人实行养老优待、将贫困老年人纳入社会救助体系并予以重点照顾的省份有 14 个；实施农村筹资筹劳减免的省份有 25 个；发放百岁或高龄补贴的省份有 27 个；对贫困家庭丧葬费用减免的省份有 9 个；实施老年人医疗保健优待、将“三无”“五保”和贫困老年人纳入医疗救助范围的省份有 11 个；政府为贫困老年人全部或部分代缴“新农合”个人应缴费用的省份有 9 个；医疗机构为老年人提供就医优先、优惠及便利的省份有 31 个；为老年人提供生活服务优待、商业性老龄服务机构应提供优先优惠及便利的省份有 24 个；公共交通、长途客运、铁路、水路和航空客运优先优惠并设专座的省份有 31 个；创造无障碍环境的省份有 11 个；针对老年人实行拆迁安置楼层优先选择权和优先廉租权的省份有 12 个；老年人免费使用公厕的省份有 24 个；实施文体休闲优待、公益性文化设施免费或优惠开放和提供服务的省份有 31 个；公园、园林、旅游景点为老年人提供门票减免的省份有 31 个；老年人优先优惠使用公共体育场馆和设施的省份有 20 个；影剧院为老年人提供票价优惠和场地使用优惠的省份有 17 个；老年大学对贫困老年人减免学费的省份有 11 个；实施维权服务优待、法律援助的优先受理、审核和指派的省份有 23 个；提供司法救助和涉老案件的优先立案、审理和执行的省份有 20 个；社会法律服务机构减免服务费用的省份有 26 个。

二、对常住在本行政区域内的外埠老年人给予同等优待

随着我国城市化进程的加快，老年人跨地区流动现象较为普遍，部分老年人在子女在异地成家立业后，出于帮扶子女等各种原因，选择离开家乡与子女共同生活，并有不少选择在当地常住。如何充分保护这部分外埠老年人的合法权益，是老年人优待中面临的突出问题。由于地区间经济社

会发展水平参差不齐，全国部分地区敬老优待政策在优待对象、内容、标准等方面存在较大差异；有些优待政策执行不到位；各地在优待凭证的管理和使用上存在地域限制；部分市场化经营的优待主体对老年人优待的承受能力有限。据有关部门统计，目前，浙江、湖北、贵州、宁夏、青海等省、区对外埠年过80周岁的老年人实行同等优待，广西和海南优待政策惠及常住外埠老年人；目前，北京、广东、广西等市、省、区已经着手进行相关实践和探索，建立对公交公司、景点园林等优待主体的财政补贴机制，倡导和引导全社会优待老年人，推动和促进老年人优待政策的全国统一。

本条规定中，所谓“常住地”即“经常居住地”。《最高人民法院关于适用〈中华人民共和国民事诉讼法〉若干问题的意见》第四条规定：公民的住所地是指公民的户籍所在地，法人的住所地是指法人的主要营业地或者主要办事机构所在地。第五条规定：公民的经常居住地是指公民离开住所地至起诉时已连续居住一年以上的地方。但公民住院就医的地方除外。公民由其户籍所在地迁出后至迁入另一地之前，无经常居住地的，仍以其原户籍所在地为住所。

第五十三条　各级人民政府和有关部门应当为老年人及时、便利地领取养老金、结算医疗费和享受其他物质帮助提供条件。

【本条主旨】

本条是关于老年人社会保障优待的规定。

【本条释义】

一、关于老年人社会保障

社会保障对于广大老年人而言尤为重要，在养老保障方面，国家先后实施了城镇职工基本养老保险制度、新型农村社会养老保险和城镇居民养老保险制度。在医疗保障方面，国家先后实施了职工基本医疗保险、新型农村合作医疗制度和城镇居民医疗保险制度。此外，还有老年人社会救助制度和老年人社会福利制度，这四个方面构成了我国老年人社会保障制度的基本框架。但是，随着人口老龄化的发展，我国老年人社会保障还有很多需要不断健全完善的地方。2011 年 8 月国务院印发的《中国老龄事业发展“十二五”规划》（国发〔2011〕28 号）中从四个方面部署了老年人社会保障工作。一是加快推进养老保险制度建设，实现新型农村社会养老保险和城镇居民养老保险制度全覆盖。完善实施城镇职工基本养老保险制度，全面落实城镇职工基本养老保险省级统筹，实现基础养老金全国统筹，做好城镇职工基本养老保险关系转移接续工作。二是完善基本医疗保险制度，逐步提高城镇居民医保和新农合人均筹资水平及保障水平，减轻老年人等参保人员的医疗费用负担。三是加大老年人社会救助力度，完善城乡最低生活保障、城乡医疗救助和临时救助制度，将符合条件的老年人全部纳入最低生活保障范围，着力解决贫困老年人的基本医疗保障问题。四是完善老年人社会福利制度，研究制定政府为特殊困难老年人群购买服务的相关政策，进一步完善老年人优待办法，逐步提高老年人的社会福利水平。我们相信，随着我国经济的发展和全社会的共同努力，我国老年人社会保障体系一定会越来越完善。

二、关于养老保险全国统筹和异地领取养老金

在我国目前的社会保障制度中，养老保险制度是一个重要的组成部分。早在 2009 年，国务院办公厅就下发了《关于转发人力资源和社会保障部财政部城镇企业职工基本养老保险关系转移接续暂行办法的通知》。目前，养老保险已经可以跨地区转移，进一步完善了我国的养老保险制度。并且在 2010 年 10 月 28 日，全国人大常委会通过了《中华人民共和国社会保险法》，明确提出必须逐步实行基本养老保险基金的全国统筹，其具体实施的时间、步骤由国务院规定。这一举措标志着我国的社会保障制度正式进入法制化。养老保险全国统筹的决定一经颁布，就获得学界及社会的广泛关注。但是，根据有关数据显示，目前我国尚有 17 个省份未能按照规定真正实现养老保险的省级统筹，同时存在职工养老保险统筹层次仍然偏低，养老保险“双轨制”导致待遇差别大等问题，我国养老金存在大量空账，又面临巨大的贬值压力，投资运营目前仍未有实质性突破，在人口老龄化不断加剧的背景下，未来养老压力将越来越大，养老保险制度的风险也会加大，这都需要政府全面统筹考虑，抓紧研究解决。

三、关于退休人员就医异地报销管理的制度安排

2009 年，财政部会同人力资源和社会保障部下发了《关于基本医疗保险异地就医结算服务工作的意见》，提出要以异地安置退休人员为重点，提高参保地的异地就医结算服务水平和效率，加强异地医疗服务的监控，大力推进区域统筹和建立异地协作机制，方便必须异地就医参保人员的医疗费用结算，减少个人垫付医疗费，并逐步实现参保人员异地就医、持卡结算。截至 2011 年，已有 27 个省启动了省内异地就医直接结算，25 个省、市级经办机构开展了跨省直接结算探索。今年，国务院办公厅印发了《深化医药卫生体制改革 2012 年主要工作安排的通知》，要求“基本实现参保人员统筹区域内和省内医疗费用异地即时结算，加快推进以异地安置退休人员为重点的跨省医疗费用异地即时结算。”“十二五”期间，财政部将会同人力资源和社会保障部积极推进此项工作，督促地方落实有关政策要求，方便退休人员异地医疗保险报销。

根据《人力资源和社会保障事业发展“十二五”规划纲要》的有关规定，在 2015 年前各地要进一步加快城乡社会保障统筹。制定和完善城乡社会保险制度衔接办法，统筹城乡居民社会养老保险和基本医疗保险政策，完善各项社会保险关系跨区域转移接续办法。探索建立统筹城乡的社会保障管理体制，逐步推进城乡居民养老、医疗保险统一经办管理。稳步提高各项社会保险统筹层次，全面落实城镇职工基本养老保险省级统筹，实现基础养老金全国统筹。新农保和城镇居民养老保险实现省级管理。全面实现医疗、失业、工伤、生育保险地市级统筹，逐步建立省级调剂金制度，积极推进省级统筹。届时，老年人的养老优待相关权益将得到进一步维护。

第五十四条　各级人民政府和有关部门办理房屋权属关系变更、户口迁移等涉及老年人权益的重大事项时，应当就办理事项是否为老年人的真实意思表示进行询问，并依法优先办理。

【本条主旨】

本条是关于重视和优待办理与老年人日常生活相关的重大事项的规定。

【本条释义】

当前，在老年人群体当中，高龄、失能、痴呆症老年人不断增加，有的存在轻度的智力障碍，有的则存在身体上的限制，在处理自己的人身权和财产权等事务时，往往难以亲历亲为，实践中经常出现老年人的子女或者其他亲属违背老年人的意志，擅自处理老年人的房屋或者代为办理老年人户口迁移等事项，侵害老年人的合法权益。本条对此作了有针对性的规定。

本条规定包含以下两层意思：

1. 办理涉及老年人权益的重大事项时，应当询问老年人的意见

涉及老年人权益的重大事项直接关系到老年人合法权益的维护，为避免出现老年人的子女或者其他亲属违背老年人的意志、擅自处理老年人财产的情况发生，本条规定各级人民政府和有关部门办理房屋权属关系变更、户口迁移等涉及老年人权益的重大事项时，应当就办理事项是否为老年人的真实意思表示进行询问，询问可以以多种方式进行，但是一般来说，应当当面征求老年人的意见，确认所办理的事项是否为老年人的真实意思表示。“涉及老年人权益的重大事项”既包括本条所列的“房屋权属关系变更、户口迁移”，也包括其他重大事项如重要财产的处分等。

2. 对涉及老年人权益的重大事项应当优先办理

本章规定了社会优待，优先办理涉及老年人权益的重大事项体现了社

会对老年人的优待。各级政府及其有关部门在办理上述事项时，可以进一步通过简化程序、缩短办理时限等多种方法为老年人提供方便。

第五十五条　老年人因其合法权益受侵害提起诉讼交纳诉讼费确有困难的，可以缓交、减交或者免交；需要获得律师帮助，但无力支付律师费用的，可以获得法律援助。

鼓励律师事务所、公证处、基层法律服务所和其他法律服务机构为经济困难的老年人提供免费或者优惠服务。

【本条主旨】

本条是关于老年人司法优待的规定。

【本条释义】

一、切实保障老年人提起诉讼并获得法律援助的权利

近年来，国家经济社会大发展，涉老拆迁、婚姻等家庭财产纠纷日益增多，老年人由于年龄和身体健康状况和文化层次差异比较大，在诉讼过程中存在很多实际问题，如身体因疾病或失能、痴呆等认知能力下降，不能及时或亲自出庭或到公、检、法机关主张自己的权利，为了适应我国人口老龄化的发展状况和广大老年人的诉求，人民法院、人民检察院、公安机关在办理涉及老年人案件时，应当照顾老年人的身心特点，根据现实情况和老年人实际需要指定专门机构或者人员更加人性化地办理涉老案件，进一步维护他们的基本权益不受侵害，依法有效地主张和履行其权利义务，切实保障和维护老年人合法权益。如根据2009年《最高人民法院关于进一步加强司法便民工作的若干意见》的规定，基层人民法院可以采用电话、网络等方式预约立案，为行动不便的伤病患者、残疾人、老年人等提供上门立案等便民服务，方便当事人诉讼。2001年《最高人民法院关于民事诉讼证据的若干规定》规定，在诉讼活动中年迈体弱或者行动不便无法出庭的证人，经人民法院许可，可不亲自出庭作证。年迈体弱的当事人，无委托诉讼代理人且提供证据确有困难的，人民法院可以主动帮助其调查收集证据。老年人诉讼期间的费用规定如下：

1. 老年人因其合法权益受侵害提起诉讼交纳诉讼费确有困难的，可以缓交、减交或者免交

目前，根据最高人民法院的有关规定，当事人交纳诉讼费用确有困难的，可向人民法院申请缓交、减交或者免交。是否缓、减、免，由人民法院审查决定。对老年人而言，属于孤寡老人、农村“五保户”，或者属于追索赡养费、抚恤金等案件，可以向人民法院申请诉讼费用的缓交、减交或者免交；追索赡养费、扶养费、抚育费、抚恤金和劳动报酬的案件，原告可不预交案件受理费，案件审结时，由败诉方负担。

2. 老年人需要获得律师帮助，但无力支付律师费用的，可以获得法律援助

法律援助，是指由政府设立的法律援助机构组织法律援助人员为经济困难或者特殊情形下的当事人无偿提供法律咨询、代理等服务。目前根据国务院《法律援助条例》的规定，公民对下列需要代理的事项，因经济困难没有委托代理人的，可以向法律援助机构申请法律援助：（1）依法请求国家赔偿的；（2）请求给予社会保险待遇或者最低生活保障待遇的；（3）请求发给抚恤金、救济金的；（4）请求给付赡养费、抚养费、扶养费的；（5）请求支付劳动报酬的；（6）主张因见义勇为行为产生的民事权益的。省、自治区、直辖市人民政府可以对前款规定以外的法律援助事项作出补充规定。刑事诉讼中有下列情形之一的，公民可以向法律援助机构申请法律援助：（1）犯罪嫌疑人在被侦查机关第一次讯问后或者采取强制措施之日起，因经济困难没有聘请律师的；（2）公诉案件中的被害人及其法定代理人或者近亲属，自案件移送审查起诉之日起，因经济困难没有委托诉讼代理人的；（3）自诉案件的自诉人及其法定代理人，自案件被人民法院受理之日起，因经济困难没有委托诉讼代理人的。公诉人出庭公诉的案件，被告人因经济困难或者其他原因没有委托辩护人，人民法院为被告人指定辩护人时，法律援助机构应当提供法律援助。被告人是盲、聋、哑人或者未

成年人而没有委托辩护人的，或者被告人可能被判处死刑而没有委托辩护人的，人民法院为被告人指定辩护人时，法律援助机构应当提供法律援助，无须对被告人进行经济状况的审查。公民经济困难的标准，由省、自治区、直辖市人民政府根据本行政区域经济发展状况和法律援助事业的需要规定。申请人住所地的经济困难标准与受理申请的法律援助机构所在地的经济困难标准不一致的，按照受理申请的法律援助机构所在地的经济困难标准执行。

二、鼓励法律服务机构为经济困难的老年人提供免费或者优惠服务

根据我国律师法、公证法等有关法律的规定，律师事务所、公证处、基层法律服务所等是为社会提供法律服务的机构，承担一定的社会责任，有义务为社会弱势人群提供部分免费或者优惠服务。本条规定属于倡导性条款，鼓励有关法律服务机构为经济困难的老年人提供免费或者优惠服务，法律服务机构可以根据老年人的经济困难情况，以及自身条件，选择为老年人提供免费服务或者降低收费标准等优惠服务。

第五十六条　医疗机构应当为老年人就医提供方便，对老年人就医予以优先。有条件的地方，可以为老年人设立家庭病床，开展巡回医疗、护理、康复、免费体检等服务。

提倡为老年人义诊。

【本条主旨】

本条是关于老年人医疗优待的规定。

【本条释义】

一、为老年人就医提供方便

我国人口老龄化呈现出加速发展的趋势，伴随着人口老龄化的加速发展，给我国医疗保健工作也带来巨大挑战，各地针对庞大的老年群体，在医疗保健优待方面出台了很多相关政策和具体措施。目前，全国有不少省、市、区的老年优待规定或具体办法对老年人医疗保健优待作出了规定。例如，有的地方规定老年人到各级各类医疗机构（含民营和个体诊所）就医，应当享受优先就诊、化验、检查、交费、取药的优待。有条件的地方，可以为老年病人设立家庭病床，开展巡回医疗等方面的服务；有的地方规定老年人优先在医院挂号、就诊、化验、检查、交费、取药；有的地方规定全市各定点医院，对享受公费劳保医疗70周岁以上的高龄老人挂号、诊治及建立家庭病床一律实行优先。70周岁以上老年人就医，凭本人的居民身份证免收普通门诊挂号费。

二、为老年人提供社区卫生服务

为老年人设立家庭病床，开展巡回医疗、护理和康复、免费体检等服务属于社区卫生服务的内容。社区卫生服务起步于20世纪90年代，历经试点、逐步推广，已形成了政府主导、社会参与，以社区卫生服务中心（站）为主体，门诊、护理院、医务所（室）为补充的社区卫生服务网络。截至2011年年底，全国已设立社区卫生服务中心（站）32860个；社区卫生服务站人员10.4万人。社区卫生服务坚持预防为主，防治结合，以卫生需求为导向，以妇女、儿童、老年人、慢性病人等为服务重点。2011年，社区卫生服务机构门诊诊疗人次达4.85亿人次，约是城市门诊总量的20%。南京、上海等部分地区社区门诊量已占辖区门诊、急诊总量的40%。社区卫生服务在分流病人、方便群众就医、降低医疗费用等方面都发挥了重要作用，同时也为满足老年人的医疗保健需求发挥了重要作用。

三、提倡为老年人义诊

提倡和开展老年人义诊是保障老年人健康、减轻老年人医疗负担的一项有效手段。例如，为落实老年人权益保障法和国家医改政策措施，解决贫困人口白内障致盲问题，2009年，原卫生部和中国残联组织实施“百万贫困白内障患者复明工程”项目，计划用3年的时间为全国100万名贫困白内障患者实施复明手术。截至2010年年底，全国29个省（区、市）及新疆生产建设兵团（北京、上海未承担任务）已提前完成任务，开展复明手术共57万余例，其中为60周岁以上老年人实施的手术占总手术例数的74.5%。未接到严重手术并发症或医疗事故的报告，大多数患者手术效果良好，有效解决了老年人因白内障致盲的问题。

第五十七条　提倡与老年人日常生活密切相关的服务行业为老年人提供优先、优惠服务。

城市公共交通、公路、铁路、水路和航空客运，应当为老年人提供优待和照顾。

【本条主旨】

本条是关于老年人生活服务优待的规定。

【本条释义】

一、提倡为老年人提供生活服务优待

老年人由于其身心特点，在日常生活中较之一般成年人面临更多的困难。为保护老年人合法权益，促进老年人更多地参与社会生活，有必要在日常生活中为老年人提供更多的优待，为此，本条第一款明确规定，提倡与老年人日常生活密切相关的服务行业为老年人提供优先优惠服务。从各地情况看，目前，在生活服务优待方面开展了各式各样的优待措施。例如，一些地方规定商业性老龄服务机构应提供优先优惠及便利。一些地方规定将享受最低生活保障待遇无赡养人的老年人户，优先纳入廉租房保障范围。一些地方规定老年人可以免费使用公厕等，都是比较受老年人欢迎的优待项目。

二、为老年人提供出行优待

本条第二款主要对公共运输企业应当为老年人出行提供优待和方便作了规定。根据规定，公共交通、长途客运、铁路、水路和航空客运对老年人优先优惠并设专座服务。目前，全国许多地方都有了具体的贯彻落实意见，因各地的经济社会发展状况不尽相同，对乘坐公共交通工具的优惠幅度和对年龄的要求差异比较大，例如，许多省份规定60周岁以上老年人乘坐地上城市公共交通工具予以优惠和照顾，对70周岁以上老年人给予免费或优惠；也有一些城市规定70周岁以上老年人可免费乘坐地铁。

第五十八条　博物馆、美术馆、科技馆、纪念馆、公共图书馆、文化馆、影剧院、体育场馆、公园、旅游景点等场所，应当对老年人免费或者优惠开放。

【本条主旨】

本条是关于公共场所对老年人免费或者优惠开放的规定。

【本条释义】

一、积极推进公共文化设施对老年人免费或者优惠开放

国务院印发的《国家基本公共服务体系“十二五”规划的通知》（国发〔2012〕29号），要求在“十二五”时期，国家向全民免费开放基层公共文化体育设施，逐步扩大公共图书馆、文化馆（站）、博物馆、美术馆、纪念馆、科技馆、工人文化宫、青少年宫等免费开放范围；在“十二五”时期公共文化体育服务国家基本标准中，要求各地公共文化场馆全年开放时间不少于10个月，除文物建筑及遗址类博物馆外，各级文化文物部门归口管理的公共文化场馆全面向社会开放；此外，文化遗产展示门票减免，对未成年人、老年人、现役军人、残疾人和低收入人群减免参观文物建筑

及遗址类博物馆的门票，到“十二五”期末，目标人群覆盖率100%。2003年8月1日起施行的《公共文化体育设施条例》第二十一条规定：“需要收取费用的公共文化体育设施管理单位，应当根据设施的功能、特点对学生、老年人、残疾人等免费或者优惠开放，具体办法由省、自治区、直辖市制定。”同时，《中国老龄事业发展“十二五”规划》规定：加强老年体育健身工作。在城乡建设、旧城改造和社区建设中，要安排老年人体育健身活动场所以及加快老年活动场所和便利化设施建设。在城乡规划建设中，充分考虑老年人需求，加强街道、社区“老年人生活圈”配套设施建设，着力改善老年人的生活环境。通过新建和资源整合，缓解老年人生活基础设施不足的矛盾。利用公园、绿地、广场等公共空间，开辟老年人运动健身场所。中组部《关于利用社区资源做好离退休干部服务工作的意见》（组通字〔2010〕24号）要求：“充分利用辖区内的公益性活动场所和设施，因地制宜组织开展适合离退休干部特点的文体活动”“文化、体育部门组织开展社区文化体育健身活动时，要充分考虑离退休干部的特点和需要。共青团、老龄办等组织和机构要充分利用各自服务网络，组织和指导社会志愿组织、老年群众组织、各类公益组织等为社区离退休干部特别是有特殊困难的离退休干部提供志愿服务，帮助他们维护合法权益。”2012年9月18日，中宣部、中组部、解放军总政治部、文化部、全国老龄办等16家全国老龄委成员单位联合印发了《关于进一步加强老年文化建设的意见》，文件要求各地以公共财政为支撑，按照城市文化活动设施用地和老年人设施规划标准，遵循公益性、基本性、均等性、便利性的要求，加快老年文化设施建设；增强基层公共文化体育设施的适老功能，努力提高基本公共文化服务均等化的可及性，确保不断满足老年人的精神文化生活的需求。

二、积极推进公共体育设施（场馆）免费或者优惠开放

目前，已有部分省市积极探索实施公共体育设施（场馆）免费或优惠向老年人开放政策。《广州市全民健身条例》要求，公共体育设施除因赛事、训练及季节、气候等法定事由外，应当全年向公众开放，每天开放时

间不低于12小时，在全民健身日应向公众免费开放。收取费用的公共体育设施，应当对学生、老年人、残疾人等免费或优惠开放。陕西省体育局、教育厅《关于加大公共体育场馆设施向群众开放力度的通知》要求："公共体育场馆的室外设施和不需要增加投入及增设专门服务的公共体育设施，要做到常年向公众免费开放；需要消耗水、电、气、暖等有运行成本费用的，可以适当收取费用弥补开支或者由同级财政予以补贴。""实行有偿使用的公共体育设施，应当向未成年人、老年人、残疾人免费或者优惠开放。"《浙江省全民健身条例》规定，公共体育设施开放时间不得少于省体育行政部门规定的最低时限。在法定节假日和学校寒暑假期间，应当适当延长开放时间，并增设适合学生特点的健身项目，具体开放时间要向公众公示。收费的公共体育设施，管理单位应当对老年人、残疾人和在校中、小学生实行半价优惠开放或者在规定时段免费开放。但是，总体上看，目前我国很多公共体育设施（场馆）没有对老年人实行免费开放，仍然存在公共体育设施（场馆）闲置率较高、利用率较低的现象。

公共文化体育设施是实行全民健身计划，进一步改善国民体质与促进精神文化健康发展，提高中华民族整体素质，促进社会主义物质文明和精神文明建设所必不可少的保障条件。当前，公共文化体育设施怎样在全面建设小康社会进程中发挥重要作用，为发展老年文化事业、开展群众性体育活动、提高老年人生命生活质量、落实党和国家体育方针做出重要贡献，是新的形势对我们提出的新的任务和要求。老年人是参与和使用公共文化体育设施的主要群体。随着我国老年群体数量的增加，对于公共文化体育设施的需求也进一步增加，老年人是历史的见证者，也是历史的创造者，对家庭和社会都做出过自己的贡献，理应得到全社会的尊重、爱戴、关心和照顾。公共文化、体育设施（场馆）向老年人提供免费或者优惠的服务，让老年人共享经济社会发展成果，是积极应对人口老龄化趋势的必然选择，是实现五个"老有"，促进代际和顺、全面落实科学发展观、构建社会主义和谐社会的客观需要。

第五十九条　农村老年人不承担兴办公益事业的筹劳义务。

【本条主旨】

本条是关于农村老年人不承担兴办公益事业的筹劳义务的规定。

【本条释义】

为了进一步减轻农民税费的负担，根据《国务院关于全面推进农村税费改革试点工作的意见》（国发〔2003〕12号）的精神，从2003年起，全面取消农村义务工和劳动积累工。今后，除遇到特大防洪、抢险、抗旱等紧急任务，经县级以上人民政府批准可临时动用农村劳动力外，跨乡、跨村的各项事业建设不得再无偿动用农村劳动力，不得再向农民摊派劳务。村内兴办公益事业确需农民出工的，应严格按照“一事一议”筹劳的有关规定执行。同时，各地要注意按照中央要求，结合各自实际，按照需要可能、民主决定、公开自愿的要求，发挥农村劳动力资源优势，鼓励和引导农民增加劳务投入，进行劳动积累，改善生产生活条件，促进农村经济和各项事业发展。修订后的老年人权益保障法体现了国家有关政策精神，为了切实杜绝部分农村地区的这种摊派行为，切实维护农村老年人的人身和财产权益，明确规定农村老年人不承担兴办公益事业的筹劳义务。

第六章　宜居环境

本章共5条，规定了老年人权益保障法修订后新增加的内容。主要对推进宜居环境建设，统筹考虑适合老年人的公共基础设施、生活服务设施、医疗卫生设施和文化体育设施建设，制定无障碍设施工程建设标准，优先推进与老年人日常生活密切相关的公共服务设施的改造，推动老年宜居社区建设等作了规定。

第六十条　国家采取措施，推进宜居环境建设，为老年人提供安全、便利和舒适的环境。

【本条主旨】

本条是关于推进宜居环境建设的一般规定。

【本条释义】

老年宜居环境建设是老年人权益保障的一项重要内容。推进老年宜居环境建设是一个包容性极强的提法，可以涵盖为保障老年人权益、提升老年人生命生活质量的各种外在因素和支持条件。因此，在某种意义上，可以说老年人权益保障法各章都涉及老年宜居环境建设的内容，都是老年宜居环境在某一方面或者某一领域的具体展开，是老年宜居环境体系的一个有机组成部分。由于社会保障、社会服务、社会优待等章已经对老年宜居环境的“软件”方面作了规定，因此，本章主要从“硬件”角度，对城乡规划、公共基础设施建设、无障碍设施建设、宜居住宅开发和改造等作了规定。鉴于我国人口老龄化快速发展的形势和我国城乡规划建设中存在的一些突出问题，修订后的老年人权益保障法将老年宜居环境单列一章，这有利于凸显宜居环境建设的重要性，并且可以相对集中地就老年宜居环境的总体特点、规划要求、规范体系、工作重点、政府责任、社会参与等作出比较全面的规定，为下一步制定完善老年宜居环境建设的相关政策法规和推进实践作出原则性的指引。

一、建设老年宜居环境是适应老龄社会的时代要求

老年宜居环境建设是随着人类进入老年型社会而日益凸显的一项新的时代任务。长期以来，人们对于人口与环境的关系还较多地停留在对人口数量和对环境的影响上面，特别是由于人口急剧增多以及人们生产方式变革对环境所带来的损害和污染问题上，而对由于人口年龄结构的根本转变对于环境的影响和要求则关注不足。在年轻型社会中，由于老年人口的总体规模及其在总人口中所占的比重都不大，总体来看，环境建设更多地考虑青年人口生存和生活的需要。随着人类社会从年轻型社会向老年型社会的转型，环境建设中不适应老龄化形势和老年人需求的种种问题开始显现，老年人对环境建设的新要求和新挑战逐步引起各国重视。一方面，许多国家纷纷根据本国人口老龄化发展趋势和特点，开始对社会保障和社会服务等软环境进行变革；另一方面，更加重视在城乡规划和推进城镇化的过程中对硬件环境建设作出前瞻性规划和适应性改造。可以说，加强老年宜居环境建设是全球人口老龄化背景下，各国共同面临的一项新的时代任务。

二、加强老年宜居环境建设的紧迫性

我国正处在老龄化和城镇化都快速发展的时期，加强老年宜居环境建设十分紧迫，任务也相当艰巨。从需求看，老年人日益增多对环境建设提出了新的要求，加强老年宜居环境建设是提高老年人生活生命质量的必然要求。第六次人口普查显示，截至 2010 年年底，我国 60 周岁以上老年人已经达到 1.78 亿，占总人口的 13.26%。据预测，到“十二五”期末，我国老年人口将达到 2.21 亿，平均每年增加 860 万，老龄化水平提高到

16%。到2025年将突破3亿，2033年突破4亿，2055年前后达到峰值4.87亿。整个21世纪下半叶，我国将始终处于老年人口占到总人口30%以上的重度老龄化阶段。如此庞大的老年人口，一方面，要求提高社会保障、社会服务、医疗卫生等“软件”环境的水平；另一方面，由于生理功能和认知能力的退化，老年人对公共环境和居家环境的要求与年轻人存在一定差异，并且由于人体老化是每个人不可逆转的生命历程，我国人口整个年龄结构的老化必然要求在城乡规划、公共基础设施、社区服务设施以及住宅设计和居家环境等“硬件”环境建设上也作出适应性的结构调整。在推进城镇化的过程中，能否充分考虑老年人的特殊需要，按照安全、便利和舒适的基本要求，加快适宜老年人居住的生活环境建设或者改造，将直接关系到亿万老年人和所有公民晚年生活幸福和生命质量。从供给看，老年宜居环境建设在一些地方还没有引起足够重视，甚至在我国的整体城乡规划和环境建设中还没有对人口老龄化的结构性要求作出前瞻性规划和安排。总的来看，过去30年，我国公共环境建设对人口老龄化的新要求新挑战考虑得还不够充分，整个公共基础设施、住宅设计和家居环境等还主要是针对中、青年人和健全人，对于老龄化背景下，老年人越来越多，特别是失能、高龄、病残、独居等老年群体日益庞大的人口结构性转变还没有充分估计，从而导致部分地方在加速推进城镇化的过程中，缺乏必要的前瞻性，忽视了将来老龄化社会的特点和需要，留下了许多不适宜老年人居住、出行的环境缺陷或隐患。其中一个突出表现是在一些老旧小区甚至新建住宅小区中，还没有普遍安装电梯，这已经给一些失能老年人出行带来极大障碍，同时，居家环境中普遍存在着无障碍设计不足，导致老年人难以安全而便利地居家生活。尤其是在广大农村，由于我国长期面临着农村老龄化水平高于城镇老龄化水平的城乡倒置状况，而农村无论是老年社会保障和社会服务等软环境建设方面，还是农村公共基础设施建设和养老服务设施建设等硬环境建设方面，总体上都还严重滞后于老龄化的发展速度。因此，在新农村建设中更要前瞻性地做好老年宜居环境建设规划。加强老年宜居环境建设既是切实保障和改善老年人生活质量的必然要求，也是提高城镇化质量，建设环境友好型社会的重大举措。

第六十一条 各级人民政府在制定城乡规划时，应当根据人口老龄化发展趋势、老年人口分布和老年人的特点，统筹考虑适合老年人的公共基础设施、生活服务设施、医疗卫生设施和文化体育设施建设。

【本条主旨】

本条是关于制定城乡规划应当统筹考虑老年设施建设需求的规定。

【本条释义】

搞好宜居环境建设的关键是要规划先行，只有预先制定了科学的规划，并确保规划得到严格的贯彻执行，才能保障城乡建设有序推进，为全体社会成员提供一个良好的生活环境。党中央、国务院非常重视城乡规划工作，强调城乡规划要在城乡经济和社会发展中充分发挥先导和统筹作用，有效调控和引导城乡发展建设，促进城乡经济、社会和资源环境的协调和可持续发展。我国一直非常重视城市规划的法制建设。国务院分别于1984年颁发《城市规划条例》，1993颁布《村庄和集镇规划建设管理条例》；国家于1990年颁布城市规划法，为适应不断发展的形势，1997年开始了城市规划法的修订工作。在吴良镛等院士的推动下，2002年，国务院发布《关于加强城乡规划监督管理的通知》（国发〔2002〕13号），提出"为进一步强化城乡规划对城乡建设的引导和调控作用，健全城乡规划建设的监督管理制度，促进城乡建设健康有序发展"。城市规划法的修订转为城乡规划法的制定，并纳入了全国人大的立法计划。经历了反复协调和论证，2007年10月28日城乡规划法正式颁布。城乡规划法把适应人口发展要求，改善人居环境作为制定和实施城乡规划的一个重要宗旨和原则。规定加强城乡规划管理，协调城乡空间布局，改善人居环境，促进城乡经济社会全面协调可持续发展。明确要求制定和实施城乡规划应当遵循城乡统筹、合理布局、节约土地、集约发展和先规划后建设的原则，改善生态环境，促进资源、能源节约和综合利用，保护耕地等自然资源和历史文化遗产，保持地方特色、民族特色和传统风貌，防止污染和其他公害，并符合区域人口发展、国防建设、防灾减灾和公共卫生、公共安全的需要。

第六十二条　国家制定和完善涉及老年人的工程建设标准体系，在规划、设计、施工、监理、验收、运行、维护、管理等环节加强相关标准的实施与监督。

【本条主旨】

本条是关于完善宜居环境建设标准体系并加强相关标准的实施与监督的规定。

【本条释义】

目前，我国涉及老年宜居环境建设的专门性的标准主要有《老年人居住建筑设计标准》《老年人建筑设计规范》《城镇老年人设施规划规范》《老年人社会福利机构基本规范》《老年人养护院建设标准》《老年人社区日间照料中心建设标准》《养老设施建筑设计规范》（制定中）等。此外，在《城市居住区规划设计规范》《城市用地分类与规划建设用地标准》（报批稿）《住宅设计规范》《住宅建筑规范》，以及图书馆、文化馆、汽车客运站、城市公共厕所、健康住宅等建筑设计规范（建设技术规程）等标准中也有不少关于老年宜居环境建设的规定。应该说，我国关于老年宜居环境建设方面已经出台了一系列基础性的标准，这一标准为我们推进老年宜居环境建设提供了基本的依据。下一步，需要围绕这些基础性标准对其进一步丰富和细化，同时根据建设需要，研究推出新的标准，逐步形成覆盖规划、设计、施工、监理、验收、运行、维护、管理等全过程和所有环节的完善标准体系。更为重要的是，在实际工作中，要进一步明确各项标准的监督实施单位，确保有关标准规范得到落实。

第六十三条　国家制定无障碍设施工程建设标准。新建、改建和扩建道路、公共交通设施、建筑物、居住区等，应当符合国家无障碍设施工程建设标准。

各级人民政府和有关部门应当按照国家无障碍设施工程建设标准，优先推进与老年人日常生活密切相关的公共服务设施的改造。

无障碍设施的所有人和管理人应当保障无障碍设施正常使用。

【本条主旨】

本条是关于无障碍设施建设的规定。

【本条释义】

一、无障碍环境建设是老年宜居环境建设的一项重要内容

无障碍环境建设对残疾、失能老年人具有十分重要的意义。残疾人中有相当一部分就是老年人，并且老年人随着年龄的不断增长，其面临的失能或者残疾的风险会逐步提高，因此，从维护老年人权益的角度出发，应当高度重视无障碍环境建设。1990 年制定的残疾人保障法专设“环境”一章。2008 年修订后的残疾人保障法除将第七章章名“环境”修改为“无障碍环境”外，主要从以下几个方面完善或者增加了有关无障碍环境的规定：一是在设施建设方面，规定新建、改建和扩建建筑物等设施，应当符合国家无障碍设施工程建设标准；各级人民政府和有关部门应当按照国家无障碍设施工程建设规定，逐步推进已建成设施的改造；对无障碍设施应当及时维修和保护。二是在信息交流方面，规定各级人民政府和有关部门应当为残疾人获取公共信息提供便利；国家和社会研制、开发适合残疾人使用的信息交流技术；国家举办的各类升学考试、职业资格考试和任职考试，有条件的，应当为盲人提供盲文试卷、电子试卷或者由专门的工作人员予以协助。三是在公共服务方面，规定公共服务机构和公共场所应当为

残疾人提供语音和文字提示等信息交流服务；公共交通工具应当逐步达到无障碍设施的要求；有条件的公共停车场应当为残疾人设置专用停车位。

2012 年国务院颁布《无障碍环境建设条例》。条例重点规定了无障碍设施建设、无障碍信息交流和无障碍社区服务等内容，进一步丰富和增强了残疾人保障法的相关规定及其可操作性。特别是，国家有关部门制定了《无障碍设计规范》，该规范自 2012 年 9 月 1 日起施行（《城市道路和建筑物无障碍设计规范》同时废止）。《无障碍设计规范》对无障碍设施、城市道路、城市广场、城市绿地、居住区和居住建筑、公共建筑以及历史文物保护建筑等提出了详细的无障碍设计要求，规范的实施必将对进一步规范和加快无障碍环境建设发挥重要作用。在成功实施《无障碍建设“十一五”实施方案》的基础上，“十二五”期间，国家将开展新一轮的无障碍建设“十二五”实施方案。多年来，各地也不断加强和完善无障碍建设的立法和政策规范，按照国家部署，积极落实无障碍建设实施方案。残疾人和老年人将享受到更安全、便利和舒适的宜居环境。

二、无障碍设施工程建设应当符合标准

国家制定无障碍设施工程建设标准。新建、改建和扩建道路、公共交通设施、建筑物、居住区等，应当符合国家无障碍设施工程建设标准。目前，我国已出台与老年人相关的工程建设标准，如国务院建设行政部门和民政部门联合发布的强制性行业标准《老年人建筑设计规范》（JGJ 122 - 1999）提出，专供老年人使用的居住建筑和公共建筑，应为老年人使用提供方便设施和服务。具备方便残疾人使用的无障碍设施，可兼为老年人使用。并对老年住宅、老年公寓、养老院、托老所等老年人建筑设计进行了规范。从事建筑活动的建设单位、建筑施工企业、勘察单位、设计单位和工程监理单位，从事涉及老年人的工程的，应当遵守国家规定的有关工程建设标准要求。同时，有关主管部门在规划、设计、施工、监理、验收、运行、维护、管理等环节加强相关标准的实施与监督。这方面我国建筑法也有具体规定。

三、推进无障碍设施改造

我国的无障碍设施建设起步较晚。历史遗留的大量不符合无障碍标准的公共服务设施，需要根据老年人的需求进行改造，尤其是针对与老年人日常生活密切相关的公共服务设施，如老年公寓、老年活动中心以及为老年人出行提供方便的公共交通设施等，更应当重点加以改造，服务老年人的生活需要。为此，本条第二款规定，各级人民政府和有关部门应当按照国家无障碍设施工程建设标准，优先推进与老年人日常生活密切相关的公共服务设施的改造。

四、保障无障碍设施正常使用

无障碍设施不能作为摆设，要使其物尽其用。从当前情况看，一些公共服务设施尽管是按照无障碍设施标准建设，但是由于日常维护、保养不善，这些设施在实践中并未真正发挥作用，而是成为摆设。为此，无障碍设施所有人、管理人应当尽到维护和管理职责，保障无障碍设施正常使用。

第六十四条　国家推动老年宜居社区建设，引导、支持老年宜居住宅的开发，推动和扶持老年人家庭无障碍设施的改造，为老年人创造无障碍居住环境。

【本条主旨】

本条是关于老年宜居社区建设、宜居住宅开发和无障碍居住环境的规定。

【本条释义】

一、老年宜居社区建设

建设老年宜居社区，就是以社区为基础，不断加大工作力度，逐步落实各项老龄法规政策，使社区环境、养老设施和服务站点等硬件建设持续改善，社区管理和服务水平有效提高，敬老、养老、助老的社会氛围日益浓厚，老年人能明显感受到社区的宜居特征。老年宜居社区应当符合以下基本要求：一要建设环境优美的老年社区。要做好社区卫生和绿化工作，保证社区内清洁齐整，卫生不留死角，公共区域得到绿化美化，环境优雅，适宜老年人居住和生活。二要建设公共设施齐全的老年社区。社区要着力打造方便老年人生活圈（10分钟或15分钟方便生活圈），使社区内老年人家庭周边生活服务网点齐全，设有居家养老服务中心、卫生服务站、文体活动中心和社区综合服务信息平台，配备完善的社区居家养老服务网络，燃气、热力、电力、自来水等生活设施供应系统运行正常。三要建设养老服务功能完善的社区。要增强社区的养老服务功能，老年人能享用社区的服务设施或得到派专业服务人员上门提供诸如生活照料、医疗保健、康复护理、心理疏导、信息咨询、休闲娱乐、锻炼健身等多种服务，满足老年人的多种养老服务需求。四要建设文明和谐的老年社区。社区要定期组织开展各种敬老、养老、助老主题活动，健全社会矛盾、邻里纠纷排查调处机制。加强社区文化建设，开设社区老年大学或学校，积极组织老年人参与和开展各种文化体育活动，鼓励老年人积极参与社会和社区建设。

二、老年宜居住宅的开发和改造

我国对老年宜居住宅的研究起步较晚，至今尚未对老年宜居住宅这个概念作出明确界定。国内一些研究者在借鉴国外经验的基础上，提出了老龄建筑设计的具体要求，即必须遵循安全性、便利性、舒适性、适应性等原则。安全性侧重地面无高差，使用防滑的地面材料，在低矮处不放置障碍物等；便利性要求低楼层也需要有电梯，尽量采用推拉门，标志标牌要清晰明了等；舒适性要求采用明亮的、连续的照明，确保墙壁的隔声性能，夜间无噪声等；适应性要求可采用灵活可变的布局应对居住方式的变化。发达国家老年住宅开发设计大致经历三个发展阶段，从无障碍老龄住宅发展到混合的演变式住宅再到适应老龄社会的通用住宅。为使老年人的居住亲情化、环境的友好化，所以住宅设计要尽可能满足人一生的需要，因为大多数老年人都喜欢住在自己从年青时代就拥有的家里，这种类型的住宅被称为“终生设计住宅”。这种适应人的一生各个阶段的住宅最适应老龄社会。

三、创造无障碍居住环境

社区的老年住宅要符合国家相关建筑标准，设施设备要安全可靠。特别是各级政府要组织专业人员对老年人家庭起居环境进行普遍检查评估，对不适合老年人生活特点和习惯的住宅要进行相应的改造和整修，并视情况给予相应的费用资助。社区内老年人居住和出行实现无障碍化，确保安全可靠，舒适便利。要强化社区治安环境建设。

第七章　参与社会发展

本章共7条，主要对发挥老年人的专长和作用、老年人组织、公共政策听取老年人和老年人组织的意见、为老年人参与社会发展创造条件、老年人有继续受教育的权利、丰富老年人的精神文化生活等作了规定。

第六十五条　国家和社会应当重视、珍惜老年人的知识、技能、经验和优良品德，发挥老年人的专长和作用，保障老年人参与经济、政治、文化和社会生活。

【本条主旨】

本条是关于老年人参与社会发展的一般规定。

【本条释义】

老年人参与社会发展（简称社会参与）和再就业同其他方面的合理需求一样，属于老年人的一项基本权利。维护老年人的权利是多方面的，既要保障老年人的物质生活，又要丰富老年人的精神生活，发挥老年人的价值，让老年人参与社会发展，提高老年人的生活生命质量。国际社会十分重视老年人的社会参与。联合国早在1982年维也纳老龄问题国际行动计划中提出：制定一项国际行动纲领来保证年长者有机会对本国的发展做出贡献；要使老年人的潜力能够得到充分发挥。美国于1965年通过的《美国老年人法》规定：就业机会，不因年龄受歧视。日本在20世纪60年代通过的《日本老人福利法》规定：应按照老年人的希望和能力，为其提供从事工作以及参与社会活动的机会。其他国家如法国、瑞典、丹麦也都从法规和政策上保证和鼓励老年人延长工作年限和再就业。世界卫生组织在《积极老龄化政策框架》中指出：老年人是社会发展的受益者，同时也要把老年人视作年龄一体化的积极参加者和贡献者。现在是塑造这一观念的时候了。2002年联合国第二届世界老龄大会强调老年人参与社会发展，把积极老龄化和健康老龄化作为大会主题。在这次大会上，联合国秘书长安南指出，为了应对全球性的老龄化挑战，必须设计一个老龄问题行动计划，通过提高老年人的社会参与率更好地发挥他们无价的才能和经验。建立一个不分年龄人人共享的社会。他强调，21世纪仍然需要老年人。大会通过的《政治宣言》提出：老龄社会依靠老年人的技能、经验和智慧，不但能首先改善他们自己的生存和生活条件，而且还能积极促进全社会的发展。为了响应联合国对老年人参与社会发展的号召，我国从制度安排和工作实践上都做出了积极努力。为此，修订后的老年人权益保障法对老年人参与社会发展提出了明确要求。

第六十六条　老年人可以通过老年人组织，开展有益身心健康的活动。

【本条主旨】

本条是关于老年人组织的规定。

【本条释义】

老年人社会组织是以老年人为主体组成的非政府组织，包括老年人协会、老年人体育协会、老年人健康协会等各类组织。具体来说，加强老年人社会组织，一是有利于维护老年人的合法权益。从某种意义上讲，老年人是弱势群体，不同的地区存在着以不同形式侵害老年人合法权益的现象，老年人个体在维护自身权益方面的能力是非常单薄的，甚至无能为力。老年社会组织成立后，把老年人组织起来，作为一个集体，可以凭借自己的组织资源去赢得和保护单个老年人很难争取的应有的权益，老年人可以利用组织形式提升和回到社会的中心位置。二是有利于改善老年人的文化生活，增强老年人之间的交往。老年人的文化生活比较贫乏，乡镇老年人尤其如此。在我国基层的普遍情况是，老年人协会成立前，老年人难得娱乐，孤独感、寂寞感比较突出。老年人协会成立后，大都设有文体小组，专门组织老年人从事文体活动，从而使老年人的文化体育生活大为改观。三是有利于对老年人进行管理教育。老年人虽然阅历丰富、贡献大，但同时也存在着接受新鲜事物、新知识慢等特点。通过定期组织老年人学习时事、政治、法律知识和各种文化、科技以及保健知识，使老年人在思想观念上保持与时俱进、明辨是非，远离迷信、邪教等，保持健康的生活方式。通过举办各种学习班、培训班，增强致富的技能和本领。通过教育使老年人遵纪守法、保持晚节，不支持和参与影响社会稳定与和谐的人和事。四是有利于老年人参与社会的管理，促进经济发展。老年人是当地的活历史，积累了许多经验，他们可以集思广益，通过协会组织对当地的社会管理献计献策，以实现参与社会发展的功能。可以根据新的技术，结合当地的自然资源对经济发展中的生产规划和社会事业等积极地提出建设性的办法。五是有利于和谐社会的构建。老年社会组织会员年长资深，他们对违法乱纪有报告权和投诉权，对不文明行为如虐待老年人有劝说权，对下一代的成长有教育权，对领导干部的廉洁自律和依法行政有监督权等。总之老年社会组织可以通过自己的组织发挥各方面的作用，促进社会主义和谐社会的建立和完善。

第六十七条　制定法律、法规、规章和公共政策，涉及老年人权益重大问题的，应当听取老年人和老年人组织的意见。

老年人和老年人组织有权向国家机关提出老年人权益保障、老龄事业发展等方面的意见和建议。

【本条主旨】

本条是关于涉及老年人的决策应当听取老年人和老年人组织的意见的规定。

【本条释义】

一、制定有关法律、法规、规章和公共政策应当听取老年人和老年人组织的意见

在现代国家，扩大公民的有序参与、决策过程充分听取行政管理相对人的意见、建议，是确保决策过程民主化、科学化的一项重要举措。尤其是针对社会中某一部分特殊群体的公共决策而言，如何保障该部分群体的合理诉求得到充分反映，显得尤为重要。我国残疾人保障法、妇女权益保障法等有关法律对此都作了相应规定，例如，残疾人保障法第六条规定，国家采取措施，保障残疾人依照法律规定，通过各种途径和形式，管理国家事务，管理经济和文化事业，管理社会事务。制定法律、法规、规章和公共政策，对涉及残疾人权益和残疾人事业的重大问题，应当听取残疾人和残疾人组织的意见。残疾人和残疾人组织有权向各级国家机关提出残疾人权益保障、残疾人事业发展等方面的意见和建议。妇女权益保障法第十条规定，妇女有权通过各种途径和形式，管理国家事务，管理经济和文化事业，管理社会事务。制定法律、法规、规章和公共政策，对涉及妇女权益的重大问题，应当听取妇女联合会的意见。妇女和妇女组织有权向各级国家机关提出妇女权益保障方面的意见和建议。老年人权益保障法在参考、借鉴上述规定的基础上，对涉及老年人的决策应当听取老年人和老年人组织的意见也作了类似的规定。

二、老年人和老年人组织有权提出意见和建议

根据本条第二款的规定，老年人和老年人组织有权向国家机关提出老年人权益保障、老龄事业发展等方面的意见和建议。这一规定赋予广大老年人就公共决策过程提出意见、建议的权利。老年人人生阅历丰富、对涉及老年人权益保障、老龄事业发展方面的问题一般较为关注，也最有发言

权。因此，赋予他们此项权利，有助于老龄事业决策科学化、合理化。

第六十八条　国家为老年人参与社会发展创造条件。根据社会需要和可能，鼓励老年人在自愿和量力的情况下，从事下列活动：

（一）对青少年和儿童进行社会主义、爱国主义、集体主义和艰苦奋斗等优良传统教育；

（二）传授文化和科技知识；

（三）提供咨询服务；

（四）依法参与科技开发和应用；

（五）依法从事经营和生产活动；

（六）参加志愿服务、兴办社会公益事业；

（七）参与维护社会治安、协助调解民间纠纷；

（八）参加其他社会活动。

【本条主旨】

本条是关于鼓励老年人参与社会发展的一系列活动的规定。

【本条释义】

一、国家为老年人参与社会发展创造条件

老年人参与社会发展，是老年人继续实现自身价值、服务社会的客观需要。这里所讲的“社会发展”中“社会”是指最广义上的概念，是指相对于自然界的社会，包含通常所说的政治、经济、文化、社会生活等方方面面。老年人参与社会发展不限于老年人再就业。老年人再就业，是指老年人继续从事有报酬的劳动或者经营活动，老年人再就业是老年人参与社会发展的其中一种形式，而且也不是最主要的形式。老年人参与社会发展也不同于老年人自娱自乐。老年人参与社会发展，是指老年人参与一切有益于社会发展的活动。

二、老年人参与社会发展的一些主要活动

1. 对青少年和儿童进行社会主义、爱国主义、集体主义和艰苦奋斗等优良传统教育

青少年和儿童是祖国的花朵、祖国的未来，青少年和儿童时期是人的人生观、世界观初步确立的时期，在人的一生发展中具有重要的奠基作用。对青少年和儿童进行社会主义、爱国主义、集体主义和艰苦奋斗等优良传统教育，不仅是家长和学校的责任，也是老年人的责任。广大老年人人生阅历丰富、知识渊博，对社会主义，对党和国家都有很深的情感，通过切身体会言传身教，充分发挥“传、帮、带”的功能，有助于广大青少年和儿童逐步树立正确的人生观和世界观，热爱祖国、热爱集体、热爱社会主义，时刻保持艰苦奋斗的优良作风。

2. 传授文化和科技知识

老年人是人类知识的继承者和传播者。老年人中无论是老教授、老工人还是老农民等，在长期的学习实践活动中积累了丰富的文化、科技知识。向年轻人传授文化和科技知识，有利于年轻人少走弯路、更快的成长。年轻人阅历浅、经验少，更是应当虚心向老年人求教。

3. 提供咨询服务

咨询服务是指利用专业知识为决策者提供顾问、参谋等服务。老年人由于有着丰富的人生阅历和经验、知识，能够为自身熟悉领域的问题提供好的意见、建议，为决策过程提供参考。尤其是各行各业的老专家，实践中也成为不少实务部门争相延揽的对象。还有一点，老年人在退出工作岗位后，往往有更多的时间提供咨询服务，其立场、观点也相对比较中立，有助于为决策过程提供有价值的参考。

4. 依法参与科技开发和应用

科学技术的发展离不开一代又一代人的积累和探索。老年人，尤其是老年科技工作者在长期的科研过程中积累了丰富的知识和经验，鼓励老年人依法参与科技开发和应用，有利于更好地发挥老年人的余热，服务于科技发展和应用。

5. 依法从事经营和生产活动

老年人尽管从体力、精力上看，与年轻人有一定的差距，但是，不少老年朋友老当益壮，尽管已经达到退休年龄，依然继续在生产、经营活动中发挥余热。

6. 参加志愿服务、兴办社会公益事业

志愿服务是指利用自己个人的时间、知识和精力，无偿为他人提供服务。老年人退出工作岗位后，往往有较为充裕的时间参加志愿服务、兴办社会公益事业。

7. 参与维护社会治安、协助调解民间纠纷

老年人参与维护社会治安，主要是指协助公安机关，参加社区范围内的群众性治安、保卫活动。协助调解民间纠纷，主要是指老年人通过说服、教育的方法，促使纠纷当事人达成谅解。与一般人群参与维护社会治安或者协调民间纠纷比较，老年人的工作往往更见成效，时间上也更有保障。为此，应当大力鼓励广大老年朋友参与到这项活动中来。

8. 参加其他社会活动

本项规定是一项兜底性条款。除了上述列举的各项活动之外，老年人还可以根据实际需要和自身的身体状况，开展多种形式的社会参与活动。

第六十九条　老年人参加劳动的合法收入受法律保护。

任何单位和个人不得安排老年人从事危害其身心健康的劳动或者危险作业。

【本条主旨】

本条是关于老年人参加劳动的权利的规定。

【本条释义】

一、老年人参加劳动的合法收入受法律保护

劳动是一项光荣的权利，对于广大老年人而言，尽管多数人已经退出

了工作岗位，但是，老年人继续参加工作的，其合法收入依然受到法律的保护，老年人因为付出劳动获得的收入，应当及时支付到位，不得拖欠。目前，实践中老年人参加劳动的情况还客观存在，在一些领域还较为普遍，例如，一些老教授、老专家因用人单位的要求，返聘回单位继续从事相关工作，用人单位继续向其支付各项报酬。在这些情况下，老年人的合法收入仍然受法律保护。

二、不得安排危害健康的劳动或者危险作业

用人单位在生产经营活动中，负有保障劳动者身心健康和安全的法律义务，这些义务在我国的安全生产法、职业病防治法等有关法律中都有明确、具体的规定；劳动法、劳动合同法等涉及劳动者合法权益保护的法律对此也有相应的规定。对于老年人而言，由于老年人的身体状况一般不如成年人，因此，安排老年人从事相应的工作或者作业，更应当全面考虑老年人的特殊情况，适当给予一定的照顾。对于有可能存在危害身心健康的劳动或者危险作业，一概不得安排老年人从事。

第七十条　老年人有继续受教育的权利。

国家发展老年教育，把老年教育纳入终身教育体系，鼓励社会办好各类老年学校。

各级人民政府对老年教育应当加强领导，统一规划，加大投入。

【本条主旨】

本条是关于老年人继续接受教育的权利的规定。

【本条释义】

一、老年人享有继续接受教育的权利

受教育权是一项基本人权，受教育权是我国公民所享有的并由国家保

障实现的接受教育的权利，是宪法赋予的一项基本权利，也是公民享受其他文化教育的前提和基础。就是指公民享有从国家接受文化教育的机会和获得受教育的物质帮助的权利。虽然从宪法方面看，受教育权只是20世纪才出现的权利，但是，随着世界范围内人们温饱问题的逐步解决，它越来越受到关注。受教育权包括两个基本要素：一是公民均有上学接受教育的权利；二是国家提供教育设施，培养教师，为公民受教育创造必要机会和物质条件。如某一个人没有受教育的机会，无法上学，他就丧失了受教育权；如果缺乏教育的物质保障或法律保障，公民的受教育权也可能落空。

老年人的受教育权同样是老年人享有的一项基本权利。伴随着经济社会的发展和人民生活水平的提高，越来越多的老年人崇尚健康向上、积极有为的晚年生活，对精神文化的需求十分迫切。老年人权益保障法早就规定，“老年人有继续受教育的权利”。重视和保障老年人继续受教育的权利，完善终身教育体系，推动老年教育事业发展，是全社会的共同责任。当前，我国60周岁以上老年人口已达1.85亿，已经进入老龄化快速发展阶段，客观要求我们必须采取积极措施，加强老年教育工作，努力实现老有所养、老有所医、老有所教、老有所学、老有所为、老有所乐的老龄工作目标，不断满足老年人日益增长的物质文化需要，丰富老年人的精神文化生活，提高老年人的生命生活质量，保障老年人共享经济和社会发展成果，是一项重要而紧迫的战略任务。

二、发展老年教育

1. 把老年教育纳入终身教育体系

终身教育是指人们在一生各阶段当中所受各种教育的总和，是人所受不同类型教育的统一综合。包括教育体系的各个阶段和各种方式，既有学校教育，又有社会教育；既有正规教育，也有非正规教育。终生教育主张在每一个人需要的时候以最好的方式提供必要的知识和技能。终身教育思想成为很多国家教育改革的指导方针。老年教育是终身教育的重要组成部分，从时间阶段上看，是终身教育的最后一个阶段。把老年教育纳入终身教育体系，对于树立终身教育理念，完善终身教育体系具有重要的意义。

没有老年教育，任何终身教育体系都是不完整的。对于各级教育主管部门而言，将老年教育纳入终身教育体系，不仅是保障老年人合法权益的客观需要，也是提高全民族的文化知识水平的重要途径。一般来说，老年教育的内容主要包括：营养与保健、音乐与舞蹈、手工与园艺、文化知识、职业训练以及对退休生活的适应等。老年教育的形式主要有各种讲座、学习班、老年学校、老年学院和老年大学，老年学院和老年大学是老年教育的一种普遍而重要的形式。各类老年大学情况各异。有的老年人单独上课，有的与年轻人混合编班；有的学习正规学院的课程，带学分并可考取学位；有的学习特设的课程，不带学分也不考取学位。学习期限也由几周、几个月到 1 年或几年不等。

2. 鼓励社会办好各类老年学校

改革开放早期，中国社会的文化生活比较单调，退休后的老龄人口更是缺少娱乐活动。随着中国老龄人口的增多，20 世纪 80 年代，老年大学在中国许多地方兴起。1973 年，世界上第一所老年大学创办于法国。1983 年 6 月 4 日，山东省率先创立了中国第一所老年大学——山东省红十字会老年大学。1984 年 3 月 1 日，广东省建立了中国第一所民办老年大学——广东领海老年大学；中国的第一套老年大学教材于 1987 年秋季出版发行。老年大学的办学方式非常灵活，既有固定场所集中授课，也能远程授课。老年大学的授课内容非常丰富，主要包括健康、烹饪、艺术等方面。老年大学等各类老年学校为加强老年教育提供了重要场所。为此，鼓励办好各类老年学校，有利于老年教育活动的顺利开展，也有利于老年教育取得更好的成效。

3. 加强领导，统一规划，加大投入

老年教育不属于义务教育，也不属于职业教育，目前一些地方存在领导不力、规划无序、投入不足的情况，影响了老年教育事业的健康发展。各级政府的坚强领导、合理规划和财政投入是办好教育事业的重要保障，老年教育同样如此。为此，本条第三款明确要求各级人民政府对老年教育应当加强领导，统一规划，加大投入。

第七十一条　国家和社会采取措施，开展适合老年人的群众性文化、体育、娱乐活动，丰富老年人的精神文化生活。

【本条主旨】

本条是关于老年人参与文体活动权利的规定。

【本条释义】

一、老年人参与文体活动的重要性

不断提高老年人精神生活水平，丰富老年人精神文化生活，是提高老年人生活质量的重要内容，是提供和满足广大老年人物质生活保障后对精神生活的迫切需求。老年人是我国社会的重要组成部分。老年人的智慧、知识和经验是社会的宝贵财富。老年人不仅是社会主义物质文明和精神文明的创造者、继承者，也是优秀传统文化的传播者。老年人的生存状况和精神面貌直接影响到全社会文明程度的提高和社会的稳定与发展。加强老年文化工作对于丰富老年人的精神文化生活，提高老年人的生命生活质量，推进社会主义精神文明建设具有重大的现实意义。随着社会经济领域的深刻变革，社会生活领域也发生了巨大变化，对文化工作提出了更新、更高的要求，也给做好老年文化工作提出了新的课题。如何创造一个安定、和谐、健康的社会文化环境，丰富老年人的文化生活，满足老年人的精神文化需求，是老年人个体和时代及社会发展的必然要求，也是全面实现建设有中国特色社会主义宏伟目标的客观需要。加强老年文化工作，要把做好老年文化工作、丰富老年人文化生活，作为文化工作的一项长期任务，摆到重要位置。要大力弘扬中华民族尊老敬老的传统美德，营造新时期养老、敬老、爱老、助老的良好社会环境与文化氛围，努力发挥老年人在社会主义精神文明建设中的作用。

二、老年文体活动现状

“十一五”末，全国各地、各部门共建成基层老年文化活动设施70多万个。各地广泛开展适合老年人的、形式多样的文化活动，进一步活跃了基层老年人精神文化生活。全国老龄办联合文化部、广电总局成功举办了两届全国老年文化艺术节；文化部也连续举办了十二届中国老年合唱节；全国老龄办、广电总局、全国妇联等5部门连续5年共同主办重阳节“红叶风采”大型文艺演出等活动。“十一五”末，全国已建成各级各类老年大学（学校）4万多所，在校老年学员超过430万人，比“十五”期末分别增加1.4万所和200多万人。各地、各部门在健全各级老年体育组织的同时，进一步推进老年体育设施建设。“十一五”期间，仅国家体育总局就投入近2000万元彩票公益金援助各地建设老年体育设施，社区健身路径达到了1.2万条，成功举办了首届全国老年人体育健身大会。

多年来，各地按照全国老龄委提出的“积极推进老年文教体育事业发展，不断丰富老年人精神文化生活”的指示，将老年群体作为公共文化服务的重点，采取有效措施，不断满足老年人精神文化需求，全国老年文化工作呈现出整体推进、有序发展的良好态势。

1. 老年文化工作逐步纳入公共文化服务体系

近年来，各级文化部门大力加强公共文化服务体系建设，推进博物馆、纪念馆、美术馆、公共图书馆、文化馆（站）免费开放工作，制定图书馆、文化馆（站）服务标准，加强社区文化建设，完善公共文化服务机构的管理，提高政府为老年人提供公共文化服务的水平。2011年1月，国家有关部委印发了《关于推进全国美术馆公共图书馆文化馆（站）免费开放工作的意见》，文件指出：“要尊重和贴近服务对象的文化需求，在实现均等普惠的公共服务基础上，逐步增设多样化服务，重点增加对未成年人、老年人、农民工等特殊人群的对象化服务。”全国各级公共文化服务机构充分发挥为老年人服务的社会功能，有条件的图书馆、文化馆均设立老年图书室、老年活动室及电子阅览室，常年坚持举办面向老年人的公益性知识讲座和展览，乡镇（街道）文化站及村（社区）文化室积极开展老年人喜闻乐见的文化活动。各级公共文化服务机构还普遍设立公示制度为老年人享受文化服务提供便利，使公共文化设施真正成为老年人活动的阵地。从2009年开始，文化部联合财政部，积极推进实施全国社区文化活动中心补助项目，设立专项资金帮助全国社区文化活动中心（室）购置设备及开展文化活动，制定《城市社区文化设施管理办法（试行)》等规章，从职能、人员、经费、考核等方面规范和加强对社区文化中心的管理，使社区文化活动中心（室）更好地发挥为包括广大老年朋友在内的社区居民提供基本文化服务的作用。全国文化信息资源共享工程各级分、支中心及基层服务点针对老年人的文化需求特点，选取适合的优秀文化信息资源，通过举办讲座、展览、放映电影、走进敬老院等多种形式开展了一系列深受广大老同志欢迎的文化活动。

2. 文化活动广泛深入开展

为丰富和活跃老年人文化生活，文化部注重开展示范性、导向性及带动性的全国老年文化活动，以影响力强、可持续性的老年品牌活动推动老年文化活动的长效机制建设。文化部连续5年，每年在不同省市举办一届中国老年合唱节，合唱节期间组织的合唱艺术主题展、合唱讲座、经验交流会、老年书法摄影展等活动也大大丰富了广大老同志的精神文化生活。中国老年合唱节已在全国成为具有广泛影响力的老年文化品牌活动，带动了全国老年文化活动的开展。文化部每年组织开展“群星奖”评奖活动，专门安排一定比例的老年节目参演参评，鼓励创作和演出老年题材的艺术作品，受到群众的热烈欢迎和好评。一些省（区）通过举办老年文化艺术节、老年文化周等，吸引广大老年人参与，这些已经成为当地非常有影响的品牌文化活动。当前，全国老年广场文化、老年社区文化活动蓬勃开展，老年人成为基层群众文化活动的主力军。

三、老年文化工作的主要任务

老年文化工作要高举中国特色社会主义伟大旗帜，以邓小平理论和“三个代表”重要思想为指导，深入贯彻落实科学发展观，遵循社会主义精神文明建设的规律，适应社会主义市场经济发展的要求，以满足老年人的精神文化需求为出发点和落脚点。应坚持老年人自愿、受益与社会满意的原则，使老年人充分享受到党和国家给予他们的关怀和照顾。开展老年文化活动，兴办老年教育事业，要坚持社会共建、共办、共享的方针，节俭办事，注重实效。

加强老年文化工作，既要加强农村文化设施建设，又要完善城市社区文化设施。鼓励创作老年题材的文艺作品，增加老年公共文化产品供给。鼓励和支持各级广播电台、电视台积极开设专栏，加大老年文化传播和老龄工作宣传力度。支持老年群众组织开展各种文化娱乐活动，丰富老年人的精神文化生活。

1. 加强老年文化场所建设

要在党委、政府的领导和支持下把老年文化设施建设提到重要议事日程，加快老年文化场所、设施的开辟与建设步伐。要进一步建立健全群众文化三级网络，充分发挥文化馆、图书馆、博物馆等现有的公益性群众文化单位在老年文化活动中的主导作用，努力完善老年文化阵地建设。坚持以现有的各级文化馆和各类老年活动中心为主要活动场所。各地大中城市要立足社区，开辟老年文化、健身广场活动点。有条件的地方可以根据需要，因地制宜兴办新的老年文化活动场所，并加强对这些文化、体育活动场所的管理。除经常开展馆、站活动外，要根据老年人的特点，积极组织开展形式多样、健康有益的社区、乡村文化体育活动。设施条件较好的文化馆、站，要开辟适宜老年人文化娱乐的活动场所，有关部门的内部老年活动场所要创造条件，争取向社会开放，吸引更多的老年人参加活动。各级图书馆要大力倡导和开展老年人读书系列活动。有条件的图书馆可开设老年人阅览室、馆外图书流动点，组织适合老年人的读书小组、书评活动等。对老年人相对集中的干休所、疗养院、老年活动中心等场所，提供送书上门等服务，邀请专家、学者、教授定期为老年人举办专题知识讲座等。各级博物馆、纪念馆、美术馆、展览馆等公共文化场所，对老年人参观可给予适当优惠。

2. 开展各种文化娱乐活动

开展老年文化活动，应从老年人的需要和愿望出发，从当地的实际情况出发，坚持立足社区、面向基层、落在实处。坚持小型分散与相对集中相结合，提高活动质量与改善设施条件相结合，坚持活动内容的广泛性与活动形式的多样性相结合，坚持社会效益与经济效益相结合的原则。做到有规划、有措施、有经费、有阵地、有检查。要充分发挥各种老年人文化活动团体的作用。要创造条件开展适合农村老年人的各类文娱活动，使他们的晚年生活丰富多彩。有条件的地方，可积极组织各种类型的老年合唱团，在经常开展活动的基础上，每年的重阳节前后举行歌咏大赛。少数民族地区文化部门和单位，应根据各民族的风俗习惯，积极开展具有民族特色、形式多样的适合老年人参与的文体活动。对一些边远的牧区、山区可作为工作重点，定期开展为老年人送戏、送书上门服务，丰富农村老年文化活动。各级艺术表演团体要把为老年人演出纳入年度演出计划，提倡艺术表演团体创作、排演老年题材的剧目。在每年的重大传统节日之际，优先为老年人安排慰问演出活动，并逐步成为一项制度。要发挥老年人自身的积极作用，体现他们关心下一代的良好愿望。各地群众艺术馆、文化馆、文化站要充分发挥组织、引导各类社会文化活动的功能，对于老年人自发的、健康的文化、娱乐、健身活动要给予支持与指导。提倡和支持老年人和青少年共同开展文化活动，使老年人的知识、经验和智慧在文化艺术活动中得以传播，真正实现老有所为。

3. 动员社会力量参与，开创老年文化工作的新局面

老年文化工作关系到社会的各个方面，需要全社会的关心和支持。要动员全社会积极行动起来，同心协力，齐抓共管，形成敬老、助老的良好社会风尚。要加大工作力度，积极动员社会各方面力量，不断拓宽老年文化工作的领域。各级文化部门要会同老龄工作部门及工、青、妇等群众组织、文联、各协会及社会文化团体组织，根据各自工作特点，积极开展具有较高质量的老年文化活动。要鼓励社会各界关心、支持老年文化活动，要大力倡导并组织志愿者队伍，为老年人提供包括精神慰藉、文化生活在内的各项服务。大中城市缺少广场活动点的地区，可商当地园林部门本着就近就地原则，安排老年人定期优惠进入公园开展文化、体育健身活动。可根据当地季节和风俗习惯，集中组织老年人就近参观自然、人文景观。

通过社会各方面的努力，使老年人的文化活动丰富多彩，使老人们更多地感受到社会的温暖和自身在社会的地位、价值。

4. 加强领导，搞好老年文化活动的管理和规划

要切实加强对老年文化工作的领导，加强对老年文化活动的研究、指导和管理，保证老年文化事业健康、有序发展。积极争取将老年人纳入“文化惠民”工程的重点对象。要加强对老年文化产品的生产规划与指导。图书出版、电影生产、文学戏剧创作等单位，要及时调整产品结构，增加老年文化产品的种类和数量，以满足各类老年人的需求。特别要注重加强对民间小戏的创作与排演，满足广大农村老年人的文化需求。要协同新闻出版部门共同做好老年文化工作的宣传报道，办好现有的老年栏目，积极创办新的老年节目，努力提高节目质量，以正确的舆论引导全社会对老年文化工作的高度重视与积极支持，提高老年文化宣传的整体水平。

第八章 法律责任

本章共11条。主要对老年人合法权益受到侵害的救济途径、干涉老年人婚姻自由的法律责任、拒绝赡养扶养老年人的法律责任、虐待老年人或者对老年人实施家庭暴力的法律责任、侮辱诽谤老年人的法律责任、未经许可设立养老机构的法律责任、养老机构及其工作人员侵害老年人人身和财产权益的法律责任等作了规定。

第七十二条　老年人合法权益受到侵害的，被侵害人或者其代理人有权要求有关部门处理，或者依法向人民法院提起诉讼。

人民法院和有关部门，对侵犯老年人合法权益的申诉、控告和检举，应当依法及时受理，不得推诿、拖延。

【本条主旨】

本条是关于老年人合法权益受侵害时的救济的规定。

【本条释义】

一、老年人的合法权益受法律保护

国家保障老年人依法享有的权益。本法前述章节对老年人依法享有的权益作了明确具体的规定，然而徒法不足以自行，法律规定的贯彻落实需要有相应的保障机制，对违反本法规定的行为，需要有相应的法律责任相配套，才能有效遏制违法行为的发生，并依法追究违法行为人的责任。

二、老年人合法权益受到侵害的救济途径

根据本条第一款的规定，老年人合法权益受到侵害的，有两种救济途径：

1. 要求有关部门处理

老年人合法权益受到侵害的，首先可以要求有关部门处理。这里的有关部门主要是指政府有关行政主管部门。政府行政主管部门就是主管某个方面的政府部门，是指一个单位的上级（政府）管理机构。比如，教育的行政主管部门就是教育局，土地的行政主管部门就是国土资源局。老年人权益保障的主管部门主要包括各级民政部门、各级老龄工作部门。此外，涉及老年人劳动与社会保障等事宜，也包括劳动行政部门。例如，对于克扣、拖欠或者挪用老年人依法享有的养老金、医疗待遇和其他待遇，安排老年人从事危害其身心健康的劳动或者危险作业，侵害老年人权益的，受侵害的老年人或者其代理人可以要求劳动行政部门予以处理。

2. 依法向人民法院提起诉讼

向人民法院提起诉讼，又称“起诉”，是指当事人就纠纷向人民法院提起诉讼，请求人民法院依照法定程序进行审判的行为。即请求法院通过审判，使被告人承担某种法律上的责任和义务。起诉须有明确的被告人、具体的诉讼请求和事实根据，还须属于受诉法院管辖范围。本条规定的“向人民法院提起诉讼”，是指合法权益受侵害的老年人或者其代理人依据侵害行为的性质，直接向人民法院提起民事诉讼、行政诉讼或者刑事自诉。如对于子女或者其他亲属侵占、抢夺、转移、隐匿或者损毁应当由老年人继承或者接受赠与的财产的行为，老年人或者其代理人可以依法向人民法院提起民事诉讼。对于盗窃、诈骗等侵犯老年人财物的行为，构成犯罪的，可以依法提起刑事诉讼。

三、人民法院和有关部门对侵犯老年人合法权益的申诉、控告和检举的职责

由于保障老年人合法权益是全社会的共同责任，因此，法律除对政府有关部门规定了保护老年人合法权益的职责，还对人民法院和有关部门对老年人合法权益受到侵害以后应当承担哪些责任作了规定，按照本条第二款的规定，人民法院和有关部门，对侵犯老年人合法权益的申诉、控告和检举，应当依法及时受理，不得推诿、拖延。这是对人民法院和有关部门应当依法履行职权、保护老年人合法权益不受侵害的规定。只有充分发挥司法、行政执法等部门的作用，才能真正使老年人的权益得到保障。为了鼓励全社会对老年人权益保障进行广泛监督，充分发挥社会监督的作用，本法对公众监督规定了申诉、控告、检举三种方式。这里申诉、控告、检举的主体可以是合法权益受到侵害的老年人，也可以是其他任何单位或者个人。人民法院和有关部门对申诉、控告和检举应当依法及时受理，保障公众监督渠道的畅通，不得推诿，或者拖延不办。对属于自己职责范围内的，受理后要及时处理。对不属于自己职责范围的申诉、控告和检举，应当通知并移交有权处理的部门处理，有权处理的部门在接到其他部门移交的申诉、控告和检举后，应当受理，并及时进行处理，不得推诿。

第七十三条　不履行保护老年人合法权益职责的部门或者组织，其上级主管部门应当给予批评教育，责令改正。

国家工作人员违法失职，致使老年人合法权益受到损害的，由其所在单位或者上级机关责令改正，或者依法给予处分；构成犯罪的，依法追究刑事责任。

【本条主旨】

本条是关于不履行职责的部门或者组织以及国家工作人员违法失职的法律责任的规定。

【本条释义】

一、有关部门和组织的责任

根据本法第七条的规定，保障老年人合法权益是全社会的共同责任。国家机关、社会团体、企业事业单位和其他组织应当按照各自职责，做好老年人权益保障工作。基层群众性自治组织和依法设立的老年人组织应当反映老年人的要求，维护老年人合法权益，为老年人服务。本法相关章节对上述部门或者组织在老年人权益保障中的具体职责作了明确的规定。因此，对不履行保护老年人合法权益职责的部门或者组织，按照本条第一款的规定，由其上级主管部门给予批评教育，责令改正。责令改正是责令违法行为人在一定期限内对违法行为予以纠正。

二、有关国家工作人员的责任

本条第二款专门对国家工作人员违反本法规定行为的法律责任作了规定。老年人权益保障首先是国家机关及其工作人员的责任。国家工作人员违法失职，致使老年人合法权益受到损害的，应当严格追究法律责任。根据本条第二款规定，有关国家工作人员违法失职的责任主要包括以下两方面：

1. 由其所在单位或者上级机关责令改正，或者依法给予处分

责令改正一般针对情节比较轻微的违法失职行为。通过违法行为人所在单位或者上级机关责令改正，违法行为的后果可以得到消除的，可以不作出行政处分。行政处分是行政机关对国家机关工作人员行政违法行为的制裁，是行政机关的内部管理行为。根据我国公务员法等有关法律的规定，处分的种类包括：警告、记过、记大过、降级、撤职、开除六种。警告、记过、记大过属于精神惩罚。降级与撤职是对犯有严重违法违纪行为的人员所给予的惩戒，会使违法行为人在名誉、地位与经济等方面受到损失。降级是降低级别，根据国务院有关部门的规定，给予公务员降级处

分，一般降低一个级别，如果本人级别为最低一级的，可给予记大过处分。撤职是撤销职务，撤职后按降低一级以上职务另行确定职务，根据新任职务确定相应的级别和职务工资档次。本人职务为办事员的，可给予降级处分。开除是对违法违纪行为人最为严厉的一种处分形式。对于严重违法违纪，不适宜继续担任原职务的，有关机关应给予其开除处分。给予开除处分，自处分之日起，解除其与机关的人事关系。在给予违法违纪行为人处分时，应根据其错误性质、情节轻重、危害大小及本人对错误的认识态度，区别处理。对于违法违纪行为人可作出如下处理：违法违纪情节较重给国家和人民利益造成一定损失或不良后果的，给予记大过以下处分；违法违纪情节严重给国家和人民利益造成重大损失或严重后果的，给予降级以上处分；对触犯刑律，构成犯罪的，移交司法机关追究刑事责任。违法违纪行为人在受处分期间不得晋升职务和级别，其中受记过、记大过、降级、撤职处分的，不得晋升工资档次。受处分的期间为：警告，6 个月；记过，12 个月；记大过，18 个月；降级、撤职，24 个月。受撤职处分的，按照规定降低级别。

2. 依法追究刑事责任

刑事责任，是依据国家刑事法律规定，对犯罪分子依照刑事法律的规定追究的法律责任。刑事责任与行政责任不同之处：一是追究的违法行为不同。追究行政责任的是一般违法行为；追究刑事责任的是犯罪行为。二是追究责任的机关不同。追究行政责任由国家特定的行政机关依照有关法律的规定决定；追究刑事责任只能由司法机关依照刑法的规定决定。三是承担法律责任的后果不同。追究刑事责任是最严厉的制裁，可以判处死刑，比追究行政责任严厉得多。对犯罪行为所适用的刑罚，有主刑，包括管制、拘役、有期徒刑、无期徒刑等。附加刑，包括罚金、剥夺政治权利和没收财产。根据本条规定，构成犯罪主要指构成刑法的渎职犯罪，主要是构成刑法第三百九十七条规定的玩忽职守罪。按照刑法规定，国家机关工作人员滥用职权或者玩忽职守，致使公共财产、国家和人民利益遭受重大损失的，处 3 年以下有期徒刑或者拘役；情节特别严重的，处 3 年以上 7 年以下有期徒刑。国家机关工作人员徇私舞弊，犯滥用职权、玩忽职守罪的，处5年以下有期徒刑或者拘役；情节特别严重的，处5年以上10年以下有期徒刑。玩忽职守，是指国家机关工作人员不履行、不正确履行或者放弃履行其职责的行为。徇私舞弊，是指国家机关工作人员为徇个人私利或者亲友私情，置国家利益于不顾的行为。当事人因徇私舞弊而犯滥用职权罪、玩忽职守罪的，根据刑法的规定，应当从重给予处罚。

第七十四条　老年人与家庭成员因赡养、扶养或者住房、财产等发生纠纷，可以申请人民调解委员会或者其他有关组织进行调解，也可以直接向人民法院提起诉讼。

人民调解委员会或者其他有关组织调解前款纠纷时，应当通过说服、疏导等方式化解矛盾和纠纷；对有过错的家庭成员，应当给予批评教育。

人民法院对老年人追索赡养费或者扶养费的申请，可以依法裁定先予执行。

【本条主旨】

本条是关于解决老年人民事纠纷的规定。

【本条释义】

一、老年人遇到民事纠纷时的解决途径

1. 申请调解

《中华人民共和国人民调解法》第二条规定，人民调解是指人民调解委员会通过说服、疏导等方法，促使当事人在平等协商基础上自愿达成调解协议，解决民间纠纷的活动。人民调解委员会是依法设立的调解民间纠纷的群众性组织。村民委员会、居民委员会设立人民调解委员会，企业事业单位根据需要设立人民调解委员会。除了人民调解以外，调解还包括人民调解委员会以外的其他组织的调解。其他组织是指人民调解委员会以外的妇女组织、老年协会等组织，这些组织也可以依法对老年人与家庭成员之间的纠纷进行调解。此外，村民委员会、居民委员会也可以直接对老年人与家庭成员之间的上述纠纷进行调解。

2. 提起诉讼

诉讼是解决纠纷的重要途径，本条第一款规定的提起诉讼主要是指提起民事诉讼。或者说，民事诉讼是指公民之间、法人之间、其他组织之间以及他们相互之间因财产关系和人身关系提起的诉讼，是人民法院、当事人和其他诉讼参与人，在审理民事案件的过程中所进行的各种诉讼活动，以及由这些活动所产生得各种关系的总和。与调解、仲裁这些诉讼外的解决民事纠纷的方式相比，民事诉讼是以司法方式解决平等主体之间的纠纷，是由人民法院代表国家行使审判权解决民事争议。它既不同于群众自治组织性质的人民调解委员会以调解方式解决纠纷，也不同于由民间性质的仲裁委员会以仲裁方式解决纠纷。老年人遇到本条所列的纠纷，可以通过向人民法院起诉的方式维护自身合法权益。根据《中华人民共和国民事诉讼法》第五十七条、第五十八条的规定，老年人如果是无诉讼行为能力人的，由他的监护人作为法定代理人代为诉讼；法定代理人之间互相推诿代理责任的，由人民法院指定其中一人代为诉讼。老年人、无诉讼行为能力老年人的法定代理人可以在下列人员中委托 1—2 人作为诉讼代理人：（1）律师、基层法律服务工作者；（2）当事人的近亲属或者工作人员；（3）当事人所在社区、单位以及有关社会团体推荐的公民。代理诉讼的律师和其他诉讼代理人有权调查收集证据，可以查阅与案件有关的材料，这在一定程度上解决了老年人因行动不便等原因在调查取证、了解案情方面存在的困难。

二、对涉及老年人民事纠纷进行调解的方式、方法

1. 说服、疏导

老年人遇到的赡养、扶养、住房、财产等纠纷多数发生在家庭成员之间，与家庭之外的民事纠纷相比，最大的特点是纠纷当事人之间有血缘或亲情关系，这也是调解可以在解决这类纠纷中发挥重要作用的前提。人民

调解委员会等调解组织因直接接触当事人的纠纷，能保证调解活动及时、就地进行。调解组织及其工作人员可以主动介入纠纷，充分听取当事人的陈述，讲解有关法律、法规和国家政策，耐心疏导，使当事人平等协商、互谅互让，解决纠纷。调解协议是在调解组织的居间主持下双方自愿签订的，当事人双方在心理上能够接受，在履行协议时也比较自觉，因此，通过说服、疏导等方式进行调解，能够提高调解的成功率和协议的履行率。应当说，除了说服、疏导外，调解方式还有很多种，不拘一格，相应的调解程序也可以灵活掌握，但基本的工作原则是有利于调解组织和调解工作人员及时采取措施解决问题，从源头上有效化解矛盾，维护老年人家庭的和谐稳定。

2. 批评、教育

尊老敬老是中华民族的传统美德。对侵害老年人权益的案件，在调解过程中，除了采用说服、疏导的方式化解纠纷外，根据本条第二款的规定，对有过错的家庭成员，还应当给予批评教育。批评教育的目的在于使当事人从主观上认识到自身的错误，有利于最大限度地化解矛盾，构建和谐的家庭关系。

三、关于老年人赡养费和扶养费的先予执行

我国民事诉讼法第一百零六条规定，人民法院对追索赡养费、扶养费的案件，可以裁定先予执行。老年人是弱势群体，追索的赡养费、扶养费一般是他们的基本生活保障，允许此类案件先予执行，主要是为了保障他们日常生活的顺利进行。根据民事诉讼法第一百零七条的规定，人民法院在裁定先予执行时，应当具备一定的条件，具体到老年人追索赡养费和扶养费的申请，裁定先予执行的主要条件有：（1）要求老年人提起的诉求是给付之诉。追索赡养费、扶养费具有可以执行的内容，属于给付之诉，符合先予执行的标的要件。（2）老年人与被告之间的权利义务关系明确。要求老年人追索赡养费、扶养费的案件事实十分清楚，当事人之间的是非责任显而易见。如老年人提出充分的证据，证明其子女在有能力支付的情况下没有按时足额支付赡养费。（3）不先予执行将严重影响老年人的生活。

主要是指申请先予执行的老年人依靠赡养费和扶养费维持正常生活，在人民法院作出生效判决前，如果不裁定先予执行，作为原告的老年人难以维持正常生活。（4）被申请人有履行能力。这也是先予执行的必备条件，如果被申请人没有履行能力，先予执行也就无法进行。（5）老年人主动提出申请。当事人主动提出书面申请是人民法院裁定先予执行的前提条件。如果老年人没有提出申请，人民法院不能依职权主动作出先予执行的裁定。当然，主动提出书面申请并不是要求必须是老年人本人亲自申请，老年人的诉讼代理人和无诉讼行为能力老年人的法定代理人，也可以根据授权或职责向人民法院提出先予执行的申请。

第七十五条　干涉老年人婚姻自由，对老年人负有赡养义务、扶养义务而拒绝赡养、扶养，虐待老年人或者对老年人实施家庭暴力的，由有关单位给予批评教育；构成违反治安管理行为的，依法给予治安管理处罚；构成犯罪的，依法追究刑事责任。

【本条主旨】

本条是关于干涉老年人婚姻自由，拒绝赡养、扶养，虐待老年人或者对老年人实施家庭暴力的法律责任的规定。

【本条释义】

一、干涉老年人婚姻自由的法律责任

1. 批评教育

根据本条规定，干涉老年人婚姻自由的，首先应当由有关单位给予批评教育。这里的有关单位主要包括老年人组织、行为人所在的居民委员会或者村民委员会，或者是行为人的工作单位。

2. 给予治安管理处罚

干涉老年人婚姻自由的行为方式、种类多种多样。例如，通过殴打、虐待老年人的方式干涉老年人婚姻自由的，根据治安管理处罚法的规定，殴打他人的，或者故意伤害他人身体的，处5日以上10日以下拘留，并处200元以上500元以下罚款；情节较轻的，处5日以下拘留或者500元以下罚款。虐待家庭成员，被虐待人要求处理的，处5日以下拘留或者警告。

3. 构成暴力干涉婚姻自由罪的，追究刑事责任

暴力干涉婚姻自由罪，是指以暴力手段干涉他人行使婚姻自由权利的行为。这里所规定的"暴力"，是指使用捆绑、殴打、禁闭等手段，使被干涉者不能行使婚姻自由的权利。"暴力干涉"是构成本罪的主要特征，没有使用暴力的，不构成本罪。如果行为人采取的暴力行为，不足以干涉被害人行使婚姻自由权利的，也不构成本罪。依照刑法第二百五十七条第一款的规定，以暴力干涉他人婚姻自由的，处2年以下有期徒刑或者拘役。依据刑法第二百五十七条第二款的规定，以暴力干涉他人婚姻自由，致使被害人死亡的，处2年以上7年以下有期徒刑。这里所说的"致使被害人死亡"，主要是指行为人使用暴力干涉他人婚姻自由的犯罪行为致使被害人自杀身亡等。依据刑法第二百五十七条第三款的规定，对于犯暴力干涉婚姻自由罪，在没有致使被害人死亡的情况下，告诉才处理。即只有被害人向司法机关提出控告的才处理，对于被害人不控告的，司法机关不能主动受理，追究行为人的刑事责任。但如果被害人受强制或者威吓而无法告诉的，人民检察院和被害人的近亲属也可以告诉。

实践中应当注意以下问题：一是刑法第二百五十七条第二款规定的致使被害人死亡的干涉婚姻自由的行为，行为人必须是使用了暴力，如果干涉行为未使用暴力，而是由于被害人自己心胸狭窄而轻生自杀或因为其他原因自杀的，不应追究行为人的刑事责任；二是对行为人在暴力干涉婚姻自由过程中实施的故意伤害或杀害行为，应当按故意伤害罪或者故意杀人罪追究刑事责任。

二、拒绝赡养、扶养的法律责任

1. 基层群众性自治组织、老年人组织或者赡养人、扶养人所在单位督促履行

修改后的老年人权益保障法第二十四条规定，赡养人、扶养人不履行赡养、扶养义务的，基层群众性自治组织、老年人组织或者赡养人、扶养人所在单位应当督促其履行。

2. 由有关单位给予批评教育

依照修改后的老年人权益保障法第七十五条的规定，对老年人负有赡养和扶养义务而拒绝赡养和扶养的，首先应当由有关单位给予批评教育。这里的有关单位主要包括老年人组织，赡养人、扶养人所在的居民委员会或者村民委员会，或者是赡养人、扶养人的工作单位。如果该负有赡养义务或者扶养义务的人是公务员的，则依据《行政机关公务员处分条例》第二十九条的规定，应该由其所在单位或者是有权的监察机关给予警告、记过或者记大过处分；情节较重的，给予降级或者撤职处分；情节严重的，给予开除处分。

3. 构成违反治安管理行为的，依法给予治安管理处罚

实践中拒不履行对老年人的赡养或扶养义务而遗弃老年人的现象时有发生，这不但会直接给他们的生活造成困难，甚至会危及这些老年人的健康乃至生命，应当严厉制止和打击上述违法行为。为了更有力地保护老年人合法权益，修改后的老年人权益保障法第七十五条规定，对老年人负有赡养和扶养义务而拒绝赡养和扶养的，构成违反治安管理行为的，依法给予治安管理处罚。而治安管理处罚法第四十五条第二项规定，遗弃没有独立生活能力的被扶养人的，处5日以下拘留或者警告。

对老年人负有赡养和扶养义务而拒绝赡养和扶养的行为要适用治安管理处罚法第四十五条第二项的规定，应当具备以下几个条件：一是行为人遗弃的对象必须是没有独立生活能力的被赡养人或者被扶养人。这里所说的“没有独立生活能力”，是指不具备或者丧失劳动能力，无生活来源而需要他人在经济上予以供给扶养，或者虽有经济收入，但生活不能自理而

需要他人照顾等情况。二是行为人对没有独立生活能力的被扶养人，依法负有在经济、生活等方面予以供给、照顾、帮助，以维护其正常的生活的义务。三是行为人实施了遗弃的行为。这里的“遗弃”，是指对于患病或者其他没有独立生活能力的老年人，负有赡养、扶养义务而拒绝赡养、扶养的行为。由于行为人不履行自己的法定义务，可能使被赡养、扶养人得不到经济上的保障或者生活上的必要照顾和帮助，生命和健康受到较为严重的威胁和损害。当然行为人必须是负有赡养、扶养义务的人，如果对没有独立生活能力的人不负有扶养义务，就不存在拒绝赡养、扶养的问题。

4. 构成遗弃罪的，依法承担刑事责任

刑法第二百六十一条规定，对于年老、年幼、患病或者其他没有独立生活能力的人，负有扶养义务而拒绝扶养，情节恶劣的，处5年以下有期徒刑、拘役或者管制。

遗弃罪，是指对于年老、年幼、患病或者其他没有独立生活能力的人，负有扶养义务而拒绝扶养，情节恶劣的行为。遗弃罪的犯罪对象，是年老、年幼、患病或者其他没有独立生活能力的人。这里所说的“没有独立生活能力”，是指不具备或者丧失劳动能力，无生活来源而需要他人在经济上予以供给扶养，或者虽有经济收入，但生活不能自理而需要他人照顾等情况。遗弃罪的犯罪主体，是指对上述对象负有扶养义务的人。所规定的“负有扶养义务”，是指行为人对于年老、年幼、患病或者其他没有独立生活能力的人，依法负有的对上述被扶养人在经济、生活等方面予以供给、照顾、帮助，以维护其正常的生活的义务。扶养关系主要包括以下几个方面：夫妻间有相互扶养的义务；父母对子女有抚养教育义务；子女对父母有赡养扶助的义务；养父母与养子女、继父母与继子女之间有相互抚养、扶养的义务；有负担能力的祖父母、外祖父母对父母已经死亡的未成年的孙子女、外孙子女有抚养义务；有负担能力的孙子女、外孙子女，对于子女已经死亡的祖父母、外祖父母有赡养义务；有负担能力的兄姐对父母已经死亡或者父母无力抚养的未成年弟妹有扶养的义务等。遗弃罪的犯罪主体是具有扶养义务的人，如果对没有独立生活能力的人不负有扶养义务，就不存在拒绝扶养的问题，也就不能构成本罪。本罪在客观方面表现为具有扶养义务而拒绝扶养。由于行为人不履行自己的法定义务，致使被扶养人得不到经济上的保障或者生活上的必要照顾和帮助，生命和健康受到较为严重的威胁和损害。依据刑法第二百六十一条的规定，遗弃行为必须是情节恶劣才能构成犯罪，这是划清遗弃罪的罪与非罪的重要界限之一。这里所说的“情节恶劣”，主要是指由于遗弃造成被害人重伤、死亡等严重后果；有遗弃行为屡教不改；或者遗弃手段、情节特别恶劣的等。如果遗弃行为达不到“情节恶劣”的标准，则只构成违反治安管理处罚法的行为，不构成遗弃罪。

三、虐待老年人的法律责任

1. 由有关单位给予批评教育

虐待老年人的，首先应当由有关单位给予批评教育。这里的有关单位主要包括老年人组织、行为人所在的居民委员会或者村民委员会，或者是行为人的工作单位。如果该行为人是公务员的，则依据《行政机关公务员处分条例》第二十九条的规定，应该由其所在单位或者是有权的监察机关给予警告、记过或者记大过处分；情节较重的，给予降级或者撤职处分；情节严重的，给予开除处分。同时，依据婚姻法第四十三条的规定，老年人遭受家庭成员的虐待的，有权提出请求，居民委员会、村民委员会以及所在单位应当予以劝阻、调解。其中，居民委员会、村民委员会以及所在单位应当予以劝阻、调解，并不是一种法律责任，而是一种对违法行为及时予以制止的措施，不属于行政责任、民事责任，更不是一种刑事责任。

2. 构成违反治安管理行为的，依法给予治安管理处罚

治安管理处罚法第四十五条第一项规定，虐待家庭成员，被虐待人要求处理的，处5日以下拘留或者警告。虐待家庭成员，是指经常用打骂、冻饿、禁闭、强迫过度劳动、有病不给治疗等方法，摧残、折磨家庭成员，尚不构成刑事处罚的行为。该行为主要特征为：（1）必须是在家庭成员之间发生，且相互之间存在一定的亲属关系或者扶养关系。如夫妻、父母、子女、兄弟姐妹等。虐待者都是具有一定的扶养义务，并在经济上或

者家庭地位中占一定优势的成员。非家庭成员，不能成为本行为的主体。（2）行为人实施了虐待家庭成员的行为，其手段是多种多样的，如殴打、谩骂、捆绑、冻饿、侮辱、有病不给医、强迫超体力劳动、限制自由等。（3）必须是被虐待人要求处理的。只有被虐待人向公安机关提出控告要求公安机关处理的，公安机关才能够予以处罚，对于被虐待人没有提出控告的，公安机关不能主动给予行为人处罚。被虐待人的亲属、朋友以及邻里提出来要求公安机关给予处罚的，也不能给予处罚。法律这样规定主要考虑到行为人和被虐待人之间具有特定的亲属关系和经济关系，他们生活在同一个家庭中，在多数情况下，被虐待人或是年幼或是丧失劳动能力，他们需要行为人在生活上和精神上的照顾。一旦行为人被处罚，被虐待人可能就会失去经济来源，生活就会陷入困境，而且被虐待人向公安机关告发行为人，往往也只是希望政府对行为人进行批评、教育，使行为人改正错误，而不是希望对行为人给予处罚。虐待家庭成员的违法行为，是把家庭成员之间的互爱关系，变为一个或一部分家庭成员对另一个或另一部分家庭成员进行压制的关系，它不仅侵犯了公民在家庭中应当享有的权利，而且对公民的人身甚至生命造成一定的威胁，应当依法予以惩处。

3. 构成虐待罪的，依法承担刑事责任

刑法第二百六十条规定，虐待家庭成员，情节恶劣的，处 2 年以下有期徒刑、拘役或者管制。犯前款罪，致使被害人重伤、死亡的，处 2 年以上 7 年以下有期徒刑。且告诉的才处理。虐待罪，是指虐待家庭成员，情节恶劣的行为。虐待罪的构成要件是：犯罪主体是家庭成员，即受虐待老年人的家庭成员。所谓家庭成员是指在同一家庭中共同生活的成员。非家庭成员之间的虐待行为不构成本罪。主观方面表现为直接故意，任何过失行为都不构成虐待罪。客观方面表现为有虐待行为，且情节恶劣。这里所说的“虐待”，具体是指经常以打骂、冻饿、捆绑、强迫超体力劳动、限制自由、凌辱人格等各种方法，从肉体、精神上迫害、折磨、摧残共同生活的家庭成员的行为。虐待行为不同于偶尔打骂或者偶尔的体罚行为，虐待行为往往是经常性的甚至是一贯的，具有连续性。

依据刑法第二百六十条第一款的规定，虐待家庭成员必须是情节恶劣的才能构成犯罪。所谓情节恶劣是指虐待的动机卑鄙、手段凶残；虐待年老、年幼、病残的家庭成员；长期虐待家庭成员屡教不改等。

依据刑法第二百六十条第二款的规定，犯虐待罪致使被害人重伤、死亡的，处2年以上7年以下有期徒刑。所谓致使被害人重伤，依照刑法第九十五条的规定，是指有下列情形之一的伤害：（1）使人肢体残废或者毁人容貌的；（2）使人丧失听觉、视觉或者其他器官机能的；（3）其他对于人身健康有重大伤害的。“其他对于人身健康有重大伤害的”，主要是指能够引起威胁生命的并发症，以及其他严重影响人体健康的损伤，主要包括颅脑损伤、颈部损伤、胸部损伤、腹部损伤、骨盆部损伤以及烧伤、烫伤、冻伤、电击伤、物理、化学或者生物等致伤因素引起的损伤。这里所说的“致使被害人重伤、死亡”，是指由于被害人经常地受到虐待，身体和精神受到严重的损害或者导致死亡，或者不堪忍受而自杀。实践中应当注意：如果行为人是故意要致使被害人重伤或者死亡，而采取长期虐待的方式来实现其犯罪目的的，不应按虐待罪来进行处罚，行为人的行为构成了故意伤害罪或者故意杀人罪，应依照刑法关于故意伤害罪或者故意杀人罪的规定定罪处罚。

对于虐待罪，如果没有造成被害人重伤、死亡的严重后果，遵循不告不理的原则，即告诉才处理。这是因为对这类犯罪行为的刑事追究往往涉及被害人的利益，所以法律允许被害人权衡利弊，作出是否提起刑事诉讼的决定。如果被害人受强制或者威吓而无法告诉的，人民检察院和被害人的近亲属也可以告诉。但对于造成被害人重伤、死亡的严重后果的虐待行为，则要由司法机关主动依法对行为人追究刑事责任，不受被害人是否告诉的限制。

四、对老年人实施家庭暴力的法律责任

1. 由有关单位给予批评教育

对老年人实施家庭暴力的，首先应当由有关单位给予批评教育。这里的有关单位主要包括老年人组织、行为人所在的居民委员会或者村民委员

会，或者是行为人的工作单位。同时，依据婚姻法第四十三条的规定，老年人遭受家庭暴力的，有权提出请求，居民委员会、村民委员会以及所在单位应当予以劝阻、调解。居民或者村民如果遭受家庭暴力或者家庭成员的虐待，当然可以向居民委员会或者村民委员会反映情况，要求帮助。居民委员会或者村民委员会也应当利用熟悉当事人生活情况的优势，尽力化解矛盾，排遣纠纷，保护受害人的权益，在职责和权限的范围内，充分履行法律规定的任务。对正在实施的家庭暴力，受害老年人有权提出请求，居民委员会、村民委员会应当予以劝阻；公安机关应当即时出警，予以制止。

2. 构成违反治安管理行为的，依法给予治安管理处罚

治安管理处罚法中没有出现“家庭暴力”的表述，但其规定的一些侵犯公民人身权利的行为中同样包含了家庭暴力的内容，如第四十三条第二款第二项专门规定，殴打、伤害60周岁以上的人的，处10日以上15日以下拘留，并处500元以上1000元以下罚款。

3. 构成犯罪的，依法追究刑事责任

对于实施家庭暴力构成犯罪的，应当依法追究施暴者的刑事责任，而根据施暴者的行为所侵犯的客体的不同，可以构成不同的罪名，如虐待罪、侮辱罪、故意伤害罪、故意杀人罪、暴力干涉婚姻自由罪等。

（1）家庭暴力实施者对共同生活的家庭成员经常以打骂、捆绑、冻饿、强迫超体力劳动、限制自由等方式，从肉体、精神上摧残、折磨，情节恶劣的，构成虐待罪，应处2年以下有期徒刑、拘役或者管制；如果引起被害人重伤、死亡的，处2年以上7年以下有期徒刑。

（2）家庭暴力实施者使用暴力公然贬低其他家庭成员人格，破坏其名誉，情节严重的，构成侮辱罪，应处3年以下有期徒刑、管制或剥夺政治权利。

（3）家庭暴力实施者故意非法损害他人身体健康的，构成故意伤害罪，如果致人重伤造成严重残疾或致人死亡的，依据刑法最高可判处死刑。

（4）依据法律法规，家庭暴力实施者以暴力手段干涉家庭成员结婚和

离婚自由的，同样触犯刑法，构成暴力干涉婚姻自由罪。

第七十六条　家庭成员盗窃、诈骗、抢夺、侵占、勒索、故意损毁老年人财物，构成违反治安管理行为的，依法给予治安管理处罚；构成犯罪的，依法追究刑事责任。

【本条主旨】

本条是关于侵犯老年人财产权益的法律责任的规定。

【本条释义】

一、构成违反治安管理行为的，依法给予治安管理处罚

依据治安管理处罚法第四十九条的规定，盗窃、诈骗、哄抢、抢夺、敲诈勒索或者故意损毁公私财物的，处5日以上10日以下拘留，可以并处500元以下罚款；情节较重的，处10日以上15日以下拘留，可以并处1000元以下罚款。

1. 盗窃

盗窃，是指以非法占有为目的，秘密窃取公私财物的行为。构成盗窃行为必须具备以下条件：（1）行为人具有非法占有公私财物的目的。行为人如果没有非法占有公私财物的目的，如将他人的财物误认为是自己的而占用的，或者明知是他人财物不问自取，用后立即归还的，不属于盗窃行为。（2）行为人实施了秘密窃取的行为。秘密窃取就是行为人采用不易被财物所有人、保管人或者其他人发现的方法，将公私财物非法占有的行为，如溜门撬锁、挖洞跳墙、潜入他人室内窃取财物、在公共场所掏兜割包等。（3）行为侵犯的对象是公私财物。“公私财物”包括国有财产、劳动群众集体所有的财产和私人所有的财产。

2. 诈骗

诈骗，是指以非法占有为目的，用虚构事实或者隐瞒真相的方法，骗得公私财物的行为。诈骗行为的主要特征是行为人实施了以虚构事实或隐瞒真相的欺骗方法，使财物所有人、管理人产生错觉，信以为真，从而似乎“自愿地”交出财物的行为。虚构事实就是捏造不存在的事实，骗取被侵害人的信任，虚构的事实可以是部分虚构，也可以是全部虚构。隐瞒真相就是对财物所有人、管理人掩盖客观存在的某种事实，以此哄骗其交出财物。在上述情况下，财物所有人、管理人由于受骗，不了解事实真相，表面上看是“自愿地”交出财物，实质上是违反其本意的。诈骗财物的形式、手段多种多样，比较常见的有编造谎言，假冒身份，诈骗财物；伪造、涂改单据，冒领财物；伪造公文、证件，诈骗财物；以帮助看管、提拿东西为名，骗走财物；以恋爱、结婚、介绍工作等名义相诱惑，诈骗财物；专向老年人兜售的所谓低价转让传世文物；以清点钞票为名，实则诈骗切汇等。

实际执法中要注意区分诈骗行为与债务纠纷的界限：二者的根本区别在于债务纠纷不具有非法占有的目的，只是由于客观原因，一时无法偿还债务；诈骗行为是以非法占有为目的，不是因为客观的原因不能归还，而是根本不打算偿还。

3. 抢夺

抢夺，是指以非法占有为目的，公然夺取公私财物的行为。抢夺行为的主要特征是：（1）行为人必须是故意的，以非法占有公私财物为目的。如果行为人不是为了非法占有财物为目的，而是为了戏弄他人取乐夺取他人财物的行为，则不属于抢夺行为。（2）行为人实施了乘人不备，公然夺取他人财物的行为。所谓公然夺取公私财物，一般理解为行为人当着公私财物所有人或者保管人的面，乘其不备，公开夺取其财物。在财物被夺的一瞬间，被侵害人立即意识到财物的损失。

4. 敲诈勒索

敲诈勒索，是指以非法占有为目的，对公私财物的所有人、保管人使用威胁或者要挟的方法，勒索公私财物的行为。敲诈勒索必须符合以下条件：（1）行为人必须使用威胁或者要挟的方法勒索财物，这是敲诈勒索的最主要的特点。威胁或者要挟，是指通过对公私财物所有人、保管人及其亲属实行精神上的强制，使其在心理上产生恐惧或者压力，不得已而交出财物。威胁或者要挟的内容可能涉及被侵害人诸多方面，包括合法与非法利益，如以将对被侵害人及其亲友的人身实施暴力相威胁；以将毁坏被侵害人人格、名誉相威胁；以将毁坏财物相威胁；以揭发被侵害人的隐私或弱点相威胁；以栽赃陷害相威胁等。威胁或者要挟的形式可以是书面的，也可以是口头的，还可以通过第三者转达；可以是明示，也可以是暗示。（2）行为人必须具有非法占有他人财物的目的，如果是其他目的，如债权人为讨债而威胁债务人的，则不属于敲诈勒索行为。

5. 故意损毁公私财物

故意损毁公私财物，是指非法毁灭或者损坏公共财物或者公民私人所有的财物的行为。故意损毁公私财物行为必须具有以下特征：（1）行为人必须是故意，即具有损毁公私财物的目的，如果行为人是过失损毁公私财物的，不属于故意损毁公私财物的行为。（2）行为人实施了故意损毁公私财物的行为。“损毁”，包括损坏和毁灭。“损坏”，是指使物品部分丧失价值和使用价值。“毁灭”，是指用焚烧、摔砸等方法使物品全部丧失其价值和使用价值。（3）行为侵犯的是公私财物所有权关系，侵犯对象是公私财物。但是对于破坏某些特定的公私财物，则侵犯了其他客体，不能以损毁公私财物的行为予以处罚，如故意损毁使用中的交通设备、交通工具、电子煤气、易燃易爆设备，危害公共安全的，不属于损毁公私财物的行为。

二、构成犯罪的，依法追究刑事责任

1. 构成盗窃罪。刑法第二百六十四条规定，盗窃公私财物，数额较大或者多次盗窃的，处3年以下有期徒刑、拘役或者管制，并处或者单处罚金；数额巨大或者有其他严重情节的，处3年以上10年以下有期徒刑，并处罚金；数额特别巨大或者有其他特别严重情节的，处10年以上有期徒刑或者无期徒刑，并处罚金或者没收财产。

2. 构成诈骗罪。刑法第二百六十六条规定，诈骗公私财物，数额较大的，处3年以下有期徒刑、拘役或者管制，并处或者单处罚金；数额巨大或者有其他严重情节的，处3年以上10年以下有期徒刑，并处罚金；数额特别巨大或者有其他特别严重情节的，处10年以上有期徒刑或者无期徒刑，并处罚金或者没收财产。本法另有规定的，依照规定。

3. 构成抢夺罪。刑法第二百六十七条第一款规定，抢夺公私财物，数额较大的，处3年以下有期徒刑、拘役或者管制，并处或者单处罚金；数额巨大或者有其他严重情节的，处3年以上10年以下有期徒刑，并处罚金；数额特别巨大或者有其他特别严重情节的，处10年以上有期徒刑或者无期徒刑，并处罚金或者没收财产。

4. 构成侵占罪。刑法第二百七十条规定，将代为保管的他人财物非法占为己有，数额较大，拒不退还的，处2年以下有期徒刑、拘役或者罚金；数额巨大或者有其他严重情节的，处2年以上5年以下有期徒刑，并处罚金。将他人的遗忘物或者埋藏物非法占为己有，数额较大，拒不交出的，依照前款的规定处罚。本条罪，告诉的才处理。

5. 构成敲诈勒索罪。刑法第二百七十四条规定，敲诈勒索公私财物，数额较大的，处3年以下有期徒刑、拘役或者管制；数额巨大或者有其他严重情节的，处3年以上10年以下有期徒刑。

6. 构成故意损毁公私财物罪。刑法第二百七十五条规定，故意毁坏公私财物，数额较大或者有其他严重情节的，处3年以下有期徒刑、拘役或者罚金；数额巨大或者有其他特别严重情节的，处3年以上7年以下有期徒刑。

第七十七条　侮辱、诽谤老年人，构成违反治安管理行为的，依法给予治安管理处罚；构成犯罪的，依法追究刑事责任。

【本条主旨】

本条是关于侮辱、诽谤老年人的法律责任的规定。

【本条释义】

一、构成违反治安管理行为的，依法给予治安管理处罚

治安管理处罚法第四十二条第二项规定，公然侮辱他人或者捏造事实诽谤他人的，处5日以下拘留或者500元以下罚款；情节较重的，处5日以上10日以下拘留，可以并处500元以下罚款。

1. 侮辱老年人

一是行为人实施了侮辱老年人的行为。这里所说的“侮辱”，是指公然诋毁老年人人格，破坏老年人名誉。侮辱的方法可以是暴力，也可以是暴力以外的其他方法。二是侮辱老年人的行为必须是公然进行的。所谓“公然”，是指当众或者利用能够使多人听到或看到的方式，对老年人进行侮辱。三是侮辱老年人的行为必须是明确地针对某特定的人实施。如果不是针对特定的人，而是一般的谩骂等，不属于违反治安管理行为。

2. 诽谤老年人

一是行为人主观上是故意的，目的是为了损害老年人的人格和名誉。二是行为人实施了诽谤老年人的行为。这里的“诽谤”，是指故意捏造事实，并且进行散布，损害老年人人格和名誉。三是行为人必须捏造事实，如果不是捏造事实，而是客观存在的事实，则不是诽谤的行为。所谓“捏造事实”，就是无中生有，凭空制造虚假的事实。四是行为人必须将捏造的事实进行散布，足以贬损老年人人格和名誉。如果只是私下里谈论不实事实，不属于诽谤行为。诽谤老年人的形式可以是多种多样的，如使用言语文字，通过大字报、小字报、图画、报刊、图书、书信、网络等方法散布等。五是诽谤行为必须是针对特定的老年人进行的，但不一定要指名道姓，只要从诽谤的内容上知道是谁或者可以推断出或者明显地影射特定的人，就可以构成诽谤行为，如果行为人散布的事实没有特定的对象，不可能贬损某人的人格、名誉，就不能以诽谤行为论处。

二、构成犯罪的，依法承担刑事责任

刑法第二百四十六条规定："以暴力或者其他方法公然侮辱他人或者捏造事实诽谤他人，情节严重的，处三年以下有期徒刑、拘役、管制或者剥夺政治权利。前款罪，告诉的才处理，但是严重危害社会秩序和国家利益的除外。"

公然侮辱他人的行为还必须达到情节严重的程度才能构成侮辱罪。虽有公然侮辱他人的行为，但不属于情节严重，只属于一般的民事侵权行为。所谓情节严重，主要是指手段恶劣，后果严重等情形，如强令被害人当众爬过自己的胯下；当众撕光被害人衣服；给被害人抹黑脸、挂破鞋、带绿帽强拉游街示众；当众胁迫被害人吞食或向其身上泼洒粪便等污秽之物；因公然侮辱他人致其精神失常或者自杀身亡；多次侮辱他人，使其人格、名誉受到极大损害；对执行公务的人员、妇女甚至外宾进行侮辱，造成恶劣的影响；等等。

捏造事实诽谤他人的行为必须属于情节严重的才能构成诽谤罪。虽有捏造事实诽谤他人的行为，但没有达到情节严重的程度，则不能以诽谤罪论处。所谓情节严重，主要是指多次捏造事实诽谤他人的；捏造事实造成他人人格、名誉严重损害的；捏造事实诽谤他人造成恶劣影响的；诽谤他人致其精神失常或导致被害人自杀的情况等。

需要注意的是，依据刑法第二百四十六条的规定，对于侮辱罪和诽谤罪，"告诉的才处理"，即只有被害人亲自向人民法院控告的，人民法院才能受理，对于被害人不控告的，司法机关不能主动受理追究侮辱人、诽谤人的刑事责任。但也有例外：一是严重危害社会秩序和国家利益的侮辱、诽谤犯罪行为，可由人民检察院提起公诉；二是依据刑法第九十八条的规定，如果被害人受强制或者威吓而无法告诉的，人民检察院和被害人的近亲属也可以告诉。因此，当事人要善于运用法律手段维护自己的人身权利。

第七十八条　未经许可设立养老机构的，由县级以上人民政府民政部门责令改正；符合法律、法规规定的养老机构条件的，依法补办相关手续；逾期达不到法定条件的，责令停办并妥善安置收住的老年人；造成损害的，依法承担民事责任。

【本条主旨】

本条是关于未经许可设立养老机构的法律责任的规定。

【本条释义】

本法第四十三条、第四十四条对养老机构的设立许可及其条件作了明确规定。设立养老机构应当向县级以上人民政府民政部门申请行政许可；经许可的，依法办理相应的登记。设立养老机构应当符合下列条件：(1) 有自己的名称、住所和章程；(2) 有与服务内容和规模相适应的资金；(3) 有符合相关资格条件的管理人员、专业技术人员和服务人员；(4) 有基本的生活用房、设施设备和活动场地；(5) 法律、法规规定的其他条件。按照上述规定，设立养老机构首先要符合法律规定的设立条件，并且应当向县级以上人民政府民政部门申请设立养老机构的行政许可。本条规定是针对违反上述规定行为的法律责任。

根据本条规定，未经许可设立养老机构的法律责任主要包括以下方面：

1. 责令改正

如果未经民政部门许可或者未办理法人登记手续而擅自举办养老机构的，由县级以上人民政府民政部门责令限期改正；经过改正，符合法律、法规规定的养老机构条件的，允许其依法补办相关手续。之所以要这样规定，是因为这些年来一些人未经许可或登记举办了养老机构，这些养老机构可能在某个方面没有达到老年人权益保障法规定的设立条件，为了保护举办者的利益和举办养老服务业的积极性，使已经入住养老机构的老年人能继续接受养老服务，保持养老服务业的稳定性和连续性，本着实事求是的精神，给予一个限期整改的机会。这样做，对举办者、广大老年人和养老机构的从业人员都有利。

2. 责令停办并妥善安置收住的老年人

对于经责令改正，逾期达不到法定设立条件的养老机构，民政部门应当责令其停止养老服务，并妥善安置收住的老年人。妥善安置的方式一般是由其他养老机构接收其收住的老年人，即将收住的老年人转移至其他养老机构并就相关事宜作出妥善安排。

3. 依法承担民事责任

民法通则第一百零六条规定："公民、法人违反合同或者不履行其他义务的，应当承担民事责任。公民、法人由于过错侵害国家的、集体的财产，侵害他人财产、人身的，应当承担民事责任。"因停办养老机构，给老年人或养老机构的投资人等造成经济损失的，由举办养老机构的社会组织或个人予以赔偿。赔偿的主体是擅自举办养老机构的社会组织和个人，而不是宣布停办养老机构的县级以上人民政府的有关行政部门。赔偿范围是全部赔偿受侵害人的实际损失。

第七十九条　养老机构及其工作人员侵害老年人人身和财产权益，或者未按照约定提供服务的，依法承担民事责任；有关主管部门依法给予行政处罚；构成犯罪的，依法追究刑事责任。

【本条主旨】

本条是关于养老机构及其工作人员侵害老年人人身、财产权益的规定。

【本条释义】

本法第四十七条规定，养老机构应当与接受服务的老年人或者其代理人签订服务协议，明确双方的权利、义务。养老机构及其工作人员不得以任何方式侵害老年人的权益。这里明确规定了养老机构两项法定义务：一是签订服务协议，明确双方的权利、义务。养老机构开展养老服务活动时，应当与接受服务的老年人或者其代理人签订服务协议，并在服务协议中明确规定双方的权利、义务。二是养老机构及其工作人员不得以任何方式侵害老年人的权益。本条规定是针对违反上述规定行为的法律责任的规定。

根据本条规定，养老机构及其工作人员侵害老年人人身和财产权益或者未按照约定提供服务的，应当承担以下责任：

1. 民事责任

民事责任，是对民事法律责任的简称，是指民事主体在民事活动中，因实施了民事违法行为，根据民法所承担的对其不利的民事法律后果或者基于法律特别规定而应承担的民事法律责任。民事责任属于法律责任的一种，是保障民事权利和民事义务实现的重要措施，是民事主体因违反民事义务所应承担的民事法律后果，它主要是一种民事救济手段，旨在使受害人被侵犯的权益得以恢复。根据本法规定，养老机构及其工作人员不得以任何方式侵害老年人的权益。权益包括人身权益和财产权益。侵害老年人人身和财产权益的行为，涉及违反本法和有关民事法律，应当依据民事法律承担民事责任。养老机构开展养老服务活动时，应当与接受服务的老年人或者其代理人签订服务协议，并在服务协议中明确规定双方的权利、义务。未按照协议等约定提供服务的，属于应当作为而不按约定作为或者不作为，应当依据民事法律承担民事责任。

承担民事责任的方式主要包括承担违约责任和侵权责任。承担违约责任的内容依据双方订立的养老服务协议而确定。承担侵权责任的方式主要有停止侵害，排除妨碍，消除危险，返还财产，恢复原状，赔偿损失，赔礼道歉，消除影响、恢复名誉。以上承担侵权责任的方式，可以单独适用，也可以合并适用。侵害他人造成人身损害的，应当赔偿医疗费、护理费、交通费等为治疗和康复支出的合理费用，以及因误工减少的收入。造成残疾的，还应当赔偿残疾生活辅助具费和残疾赔偿金。造成死亡的，还应当赔偿丧葬费和死亡赔偿金。侵害他人财产的，财产损失按照损失发生时的市场价格或者其他方式计算。侵害他人人身权益造成财产损失的，按照被侵权人因此受到的损失赔偿；被侵权人的损失难以确定，侵权人因此获得利益的，按照其获得的利益赔偿；侵权人因此获得的利益难以确定，被侵权人和侵权人就赔偿数额协商不一致，向人民法院提起诉讼的，由人民法院根据实际情况确定赔偿数额。侵权行为危及他人人身、财产安全的，被侵权人可以请求侵权人承担停止侵害、排除妨碍、消除危险等侵权责任。侵害他人人身权益，造成他人严重精神损害的，被侵权人可以请求精神损害赔偿。

2. 行政责任

行政责任，是指责任主体因违反行政法律法规的规定而应承担的责任。公民、法人或者其他组织违反行政管理秩序的行为，应当依法给予行政处罚。根据本条规定，养老机构及其工作人员违反规定，侵害老年人人身和财产权益，或者未按照约定提供服务的，涉及违反行政管理秩序，有关主管部门应当依照有关法律法规给予行政处罚。这里的"有关主管部门"，主要包括县级以上人民政府民政部门、工商行政管理部门、价格主管部门、公安机关等行政部门。根据行政处罚法，行政处罚的种类包括：警告；罚款；没收违法所得、没收非法财物；责令停产停业；暂扣或者吊销许可证、暂扣或者吊销执照；行政拘留；以及法律、行政法规规定的其他行政处罚。目前，根据民政部《养老机构管理办法》第三十三条的规定，养老机构有下列行为之一的，由实施许可的民政部门责令改正；情节严重的，处以 3 万元以下的罚款：（1）未与老年人或者其代理人签订服务协议，或者协议不符合规定的；（2）未按照国家有关标准和规定开展服务的；（3）配备人员的资格不符合规定的；（4）向负责监督检查的民政部门隐瞒有关情况、提供虚假材料或者拒绝提供反映其真实活动情况材料的；（5）利用养老机构的房屋、场地、设施开展与养老服务宗旨无关的活动的；（6）歧视、侮辱、虐待或遗弃老年人以及其他侵犯老年人合法权益行为的；（7）擅自暂停或者终止服务的；（8）法律、法规、规章规定的其他违法行为。

3. 刑事责任

刑事责任，是指责任主体因实施刑法所规定的犯罪行为而应当承担的法律责任。刑事责任涉及剥夺行为人的人身自由甚至生命权，是最严厉的法律责任。根据本条规定，养老机构及其工作人员侵害老年人人身和财产权益，或者未按照约定提供服务，构成犯罪的，依法追究刑事责任。侵害老年人人身权益，构成犯罪的行为，涉及刑法规定的侵犯公民人身权利罪，主要包括故意杀人罪、过失致人死亡罪、故意伤害罪、过失致人重伤罪等。侵害老年人财产权益，构成犯罪的行为，涉及刑法规定的侵犯财产罪，主要包括盗窃罪、诈骗罪、故意毁坏财物罪等。

第八十条　对养老机构负有管理和监督职责的部门及其工作人员滥用职权、玩忽职守、徇私舞弊的，对直接负责的主管人员和其他直接责任人员依法给予处分；构成犯罪的，依法追究刑事责任。

【本条主旨】

本条是关于对养老机构负有管理和监督职责的部门及其工作人员法律责任的规定。

【本条释义】

修订后的老年人权益保障法为了加强对养老机构的监督和管理，在相关条款中增加了有关部门对养老机构的监督和管理职责。比如，规定各级人民政府应当规范养老服务收费项目和标准，加强监督和管理。设立养老机构应当获得县级以上人民政府民政部门的行政许可。县级以上人民政府民政部门负责养老机构的指导、监督和管理，其他有关部门依照职责分工对养老机构实施监督。养老机构变更或者终止的，有关部门应当为养老机构妥善安置老年人提供帮助，等等。这些规定明确了监管部门以下几个方面的职责和义务：一是在养老服务收费项目和标准方面，各级人民政府要依法进行规范，有关部门要负有监督和管理职责；二是对设立养老机构的行政许可申请，县级以上人民政府民政部门依法负有受理、审查和决定的职责；三是对养老机构的日常运营，县级以上人民政府民政部门负有指导、监督和管理的职责，其他有关部门依照职责分工对养老机构实施监督；四是养老机构变更或者终止的，政府有关部门负有为养老机构妥善安置老年人提供帮助的义务。为切实履行好监督和管理职责，规定对养老机构负有管理和监督职责的部门及其工作人员的法律责任是必要的。

本条规定的责任主体是“对养老机构负有管理和监督职责的部门及其工作人员”，这是一个概括性的责任主体。根据修订后的老年人权益保障法的有关规定，本条责任主体主要包括：县级以上人民政府民政部门、政府价格主管部门、工商行政管理部门等行政部门以及上述行政部门的工作人员。本条对责任主体滥用职权、玩忽职守、徇私舞弊的行为，规定了行政责任和刑事责任两种处罚措施。这里所讲的“滥用职权”是指负有特定职权的部门及其工作人员违反法律、法规规定的权限和程序，滥用权力，给国家和人民利益造成损失的行为。滥用职权行为一般是故意行为，也不排除有过失行为，主要是超越职权和不按照规定的程序、原则正确行使职权。“玩忽职守”是指负有特定职务的工作人员，不履行、不正确履行或者不认真履行其职责，致使国家和人民的利益造成损失的行为。玩忽职守行为通常表现为违反国家的工作纪律和规章制度，工作马虎草率，极端不负责任或者扯皮推诿，对工作撒手不管等。“徇私舞弊”是指为徇亲友私情或者某种利益而置国家利益于不顾，弄虚作假，不按工作原则和规定办事的行为。徇私舞弊行为是故意行为，必然有谋取私利或者徇私情的动机，如果由于认识偏差造成工作失误，不是徇私舞弊行为。

根据本条规定，对养老机构负有管理和监督职责的部门及其工作人员滥用职权、玩忽职守、徇私舞弊的，直接负责的主管人员和其他直接责任人员应当承担以下责任：

1. 行政责任

根据本条规定，对养老机构负有管理和监督职责的部门及其工作人员滥用职权、玩忽职守、徇私舞弊的，对直接负责的主管人员和其他直接责任人员依法给予处分。这里规定的接受处罚的主体是“直接负责的主管人员和其他直接责任人员”，是行政部门的人员。根据公务员法的规定，公务员是指依法履行公职、纳入国家行政编制、由国家财政负担工资福利的工作人员。公务员必须遵守纪律，禁止行为包括：玩忽职守，贻误工作；贪污、行贿、受贿，利用职务之便为自己或者他人谋取私利；滥用职权，侵害公民、法人或者其他组织的合法权益；从事或者参与营利性活动，在企业或者其他营利性组织中兼任职务等。处分分为警告、记过、记大过、降级、撤职、开除六种。（1）警告。有提醒注意、不致再犯的意思，属于申诫处分。根据公务员法的规定，公务员受警告处分期间，可以晋升工资档次，但不得晋升职务和级别。（2）记过、记大过。这是两种程度有所区别的处分。一般来说，记过、记大过适用于公务员的行为违反了法律法规的规定，给国家和人民造成了一定的损失，给予警告处分过轻，给予降级处分过重的情况。（3）降级。降级的含义是降低公务员的职务级别，降级也要降低工资中的级别工资。受降级处分期间，不得晋升职务和级别，也不得晋升工资档次。（4）撤职。公务员的行政违法行为，给国家和人民利益造成重大损失，不适合继续担任原职务的，可以给予撤职处分。受撤职处分的，同时降低级别和职务工资。受撤职处分期间，不得晋升工资和级别，也不能晋升工资档次。（5）开除。开除是指受处分人不适合继续在国家机关工作，国家机关取消其公务员资格令其离开的处分形式。开除是最严厉的一种处分，适用于公务员犯有违法行为，给国家和人民造成了极其严重的损失，丧失了国家公务员的资格的情况。

这里规定的“依法给予处分”，就是要依照公务员法的规定给予处分。承担行政责任的具体方式是由其所在单位、上级机关、监察机关给予处分。

另外，根据行政监察法的规定，各级人民政府监察机关对本级人民政府各部门及其公务员的执法、廉政、效能情况实施监察，作出监察决定或者提出监察建议。行政部门违反法律规定的，由主管机关或者监察机关责令改正，对部门给予通报批评。本条没有直接规定对养老机构负有管理和监督职责的部门的处分，实践中可以根据行政监察法等有关法律的规定执行。

2. 刑事责任

根据本条规定，对养老机构负有管理和监督职责的部门及其工作人员滥用职权、玩忽职守、徇私舞弊，构成犯罪的，对直接负责的主管人员和其他直接责任人员依法追究刑事责任。这里讲的构成犯罪，是指构成刑法第三百九十七条规定的国家机关工作人员滥用职权、玩忽职守、徇私舞弊的犯罪。刑法第三百九十七条规定，国家机关工作人员滥用职权或者玩忽职守，致使公共财产、国家和人民利益遭受重大损失的，处3年以下有期徒刑或者拘役；情节特别严重的，处3年以上7年以下有期徒刑。国家机关工作人员徇私舞弊，犯前款罪的，处5年以下有期徒刑或者拘役；情节特别严重的，处5年以上10年以下有期徒刑。根据刑法上述的规定，构成本条的犯罪，除主体是国家机关工作人员以外，还须具备以下的条件：一是实施了徇私舞弊、滥用职权或者玩忽职守的行为；二是必须有由于徇私舞弊、滥用职权或者玩忽职守的行为“致使公共财产、国家和人民利益遭受重大损失的”后果。如果国家机关工作人员实施了滥用职权、玩忽职守、徇私舞弊的行为，但情节相对轻微，造成的损失不大，依照刑法的规定，尚不构成犯罪的，属于一般违法行为，可以追究行政责任，依法给予处分。

第八十一条　不按规定履行优待老年人义务的，由有关主管部门责令改正。

【本条主旨】

本条是关于不按规定履行优待义务的法律责任的规定。

【本条释义】

一、优待老年人的服务项目

老年人权益保障法专设社会优待一章，对优待老年人作出了一些具体的规定，比如，医疗机构应当为老年人就医提供方便，对老年人就医予以优先。博物馆、美术馆、科技馆、纪念馆、公共图书馆、文化馆、影剧院、体育场馆、公园、旅游景点等场所，应当对老年人免费或者优惠开放。城市公共交通、公路、铁路、水路和航空客运，应当为老年人提供优待和照顾。农村老年人不承担兴办公益事业的筹劳义务，等等。上述规定中有些属于鼓励性、倡导性的规定，有些属于法律的强制性规定。本条规定即是对不按规定履行优待老年人义务行为规定的法律责任。

二、优待老年人服务的主体

本条规定中，“不按规定履行优待老年人义务的”行为，没有列举义务主体。那么，哪些是按规定应当履行优待老年人义务的？根据本法第五章“社会优待”一章的规定，这些规定明确了义务主体，也明确了义务，如上面所列的“城市公共交通、公路、铁路、水路和航空客运”“医疗机构”“博物馆、美术馆、科技馆、纪念馆、公共图书馆、文化馆、影剧院、体育场馆、公园、旅游景点等场所”等。这些义务主体都具有国家公共资源、国家基础设施或者社会公益等性质，有的属于企业性质，有的属于事业单位性质，也有的属于团体。本条规定的“有关主管部门”，就是指对经营上述业务活动负有监督、管理职责的有关单位或者组织。

三、法律责任

根据本条规定，不按规定履行优待老年人义务的，由有关主管部门责令改正。这里讲的“责令改正”是一种行政手段。行政处罚法第二十三条规定，行政机关实施行政处罚时，应当责令当事人改正或者限期改正违法行为。因此，责令改正并不是一种行政处罚，而是实施行政处罚的一个前置条件，一个必经过程。责令改正可以口头作出，也可以书面形式作出。可以根据违法行为的性质确定责令改正的期限，能够当场改正的，应当当场改正。需要一定期限改正的，应当根据实际情况确定改正期限。作出责令改正后，责任主体拒不改正的，有关主管部门除了依法采取其他相关措施外，也可申请人民法院强制执行。

第八十二条　涉及老年人的工程不符合国家规定的标准或者无障碍设施所有人、管理人未尽到维护和管理职责的，由有关主管部门责令改正；造成损害的，依法承担民事责任；对有关单位、个人依法给予行政处罚；构成犯罪的，依法追究刑事责任。

【本条主旨】

本条是关于涉老工程和无障碍设施责任主体的法律责任的规定。

【本条释义】

一、责任主体

老年人权益保障法专设“宜居环境”一章，其内容包括：国家制定和完善涉及老年人的工程建设标准体系，在规划、设计、施工、监理、验收、运行、维护、管理等环节加强相关标准的实施与监督。国家制定无障碍设施工程建设标准。新建、改建和扩建道路、公共交通设施、建筑物、居住区等，应当符合国家无障碍设施工程建设标准。各级人民政府和有关部门应当按照国家无障碍设施工程建设标准，优先推进与老年人日常生活密切相关的公共服务设施的改造。无障碍设施的所有人和管理人应当保障无障碍设施正常使用，等等。这些规定对于推动老年宜居社区建设，推动老年人家庭无障碍设施的普及，为老年人创造无障碍居住环境具有非常重要的意义。

根据这些规定，一是要求涉及老年人的工程，应当符合国家规定的工程建设标准。我国已出台与老年人相关的工程建设标准，如国务院建设行政部门和民政部门联合发布的强制性行业标准《老年人建筑设计规范》（JGJ 122－1999）提出，专供老年人使用的居住建筑和公共建筑，应为老年人使用提供方便设施和服务。具备方便残疾人使用的无障碍设施，可兼为老年人使用。并对老年住宅、老年公寓、养老院、托老所等老年人建筑设计进行了规范。从事建筑活动的建设单位、建筑施工企业、勘察单位、设计单位和工程监理单位，从事涉及老年人的工程的，应当遵守国家规定的有关工程建设标准要求。同时，有关主管部门在规划、设计、施工、监理、验收、运行、维护、管理等环节加强相关标准的实施与监督。这方面我国建筑法也有具体规定。二是要求无障碍设施所有人、管理人应当尽到维护和管理职责，保障无障碍设施正常使用。无障碍设施不能作为摆设，要使其物尽其用。

二、法律责任

本条对违反上述规定的行为分别从民事责任、行政责任和刑事责任等方面作了明确规定，并在追究法律责任之前，还明确规定由有关主管部门责令改正。这里的责令改正主要是指对不符合国家标准的工程责令返工、修理，对无障碍设施责令维修。前面已讲到，责令改正是一种行政手段。根据行政处罚法第二十三条的规定，行政机关实施行政处罚时，应当责令当事人改正或者限期改正其违法行为。责令改正并不是一种行政处罚，而是实施行政处罚的一个前置条件，一个必经过程。即实施行政处罚之前，应当首先责令当事人改正违法行为，消除违法行为后果，然后才实施行政处罚，因为实施行政处罚的目的不仅仅是为了罚，而是为了维护公共利益和社会秩序，保护公民、法人或者其他组织的合法权益，纠正违法行为，教育公民、法人自觉守法。

1. 民事责任

民事责任是指公民、法人违反合同或者不履行其他义务的，以及由于过错侵害国家的、集体的财产，侵害他人财产、人身所应承担的法律后果。承担民事责任的形式，在财产关系方面，表现为恢复被违法行为所破坏的财产权利；在人身方面，除恢复人身权利外，还必须赔偿被侵害方因违约或者侵权而受到的财产损失。我国民法通则所规定的承担民事责任的方式有停止侵害，排除妨害，消除危害，返还财产，恢复原状，修理、重作、更换，赔偿损失，支付违约金，消除影响、恢复名誉，赔礼道歉。以上承担民事责任的方式，可以单独适用，也可以合并适用。

本条规定的是因造成损害的民事责任，是一种侵权的民事责任，所以承担民事责任的方式主要是停止侵害、赔偿损失。其中，对工程不符合国家规定标准的，具体可以按照建筑法的规定执行。如建筑法明确规定，承揽工程不符合规定的质量标准造成的损失，建筑施工企业与使用本企业名义的单位或者个人承担连带赔偿责任。建筑施工企业在施工中偷工减料，造成建筑工程质量不符合规定的质量标准的，负责返工、修理，并赔偿因此造成的损失。在建筑物的合理使用寿命内，因建筑工程质量不合格受到损害的，有权向责任者要求赔偿。国务院无障碍环境建设条例也规定，无障碍设施的所有人或者管理人对无障碍设施未进行保护或者及时维修，造成使用人人身、财产损害的，无障碍设施的所有人或者管理人应当承担赔偿责任。

2. 行政责任

根据行政处罚法的规定，行政处罚的种类有：警告；罚款；没收违法所得、没收非法财物；责令停产停业；暂扣或者吊销许可证、暂扣或者吊销执照；行政拘留。警告是处罚中相对比较轻的一种处罚。吊销执业证书是行政机关剥夺违法行为人已获得的从事某种活动的资格的处罚形式，是比较严厉的处罚种类。

本条规定的对有关单位、个人依法给予行政处罚，其中涉及老年人的工程，不符合国家规定标准的行政处罚，应当按照建筑法、行政处罚法等法律的规定执行。建筑法规定，交付竣工验收的建筑工程，必须符合规定的建筑工程质量标准。建筑施工企业在施工中偷工减料的，使用不合格的建筑材料、建筑构配件和设备的，或者有其他不按照工程设计图纸或者施工技术标准施工的行为的，责令改正，处以罚款；情节严重的，责令停业整顿，降低资质等级或者吊销资质证书。建筑设计单位不按照建筑工程质量、安全标准进行设计的，责令改正，处以罚款；造成工程质量事故的，责令停业整顿，降低资质等级或者吊销资质证书，等等。

对于无障碍设施所有人、管理人未尽到维护和管理职责的行政处罚，国务院制定的无障碍环境建设条例也作了具体规定，如城镇新建、改建、扩建道路、公共建筑、公共交通设施、居住建筑、居住区，不符合无障碍设施工程建设标准的，由住房和城乡建设主管部门责令改正，依法给予处罚。无障碍设施的所有人或者管理人对无障碍设施未进行保护或者及时维修，导致无法正常使用的，由有关主管部门责令限期维修。

3. 刑事责任

我国刑法规定了建筑工程重大安全事故罪，以及滥用职权罪、玩忽职守罪等犯罪的刑事责任。其中刑法第一百三十七条规定，建设单位、设计单位、施工单位、工程监理单位违反国家规定，降低工程质量标准，造成重大安全事故的，对直接责任人员，处 5 年以下有期徒刑或者拘役，并处罚金；后果特别严重的，处 5 年以上 10 年以下有期徒刑，并处罚金。构成建筑工程重大安全事故罪，必须具备以下条件：一是本罪主体是单位，即建设单位、设计单位、建筑施工企业或者工程监理单位；二是行为人降低工程质量标准的行为是故意的，而且在客观方面实施了违反国家规定，降低工程质量标准的行为；三是客观上造成了重大安全事故。另外，有可能涉及本条的，还有刑法第三百九十七条规定的国家工作人员滥用职权罪、玩忽职守罪。对于不符合国家标准的涉老工程、无障碍设施所有人和管理人未尽到维护和管理职责，构成上述犯罪的，应当依照刑法的规定，追究相应的刑事责任。

第九章　附　　则

在我国的立法实践中，凡设有章节的法律，通常都设有附则一章。附则是一部法律的附属部分，通常置于法律的最后一部分。按照我国的立法习惯，附则主要是就一部法律中的一些用语的含义、施行日期以及原有法律、法规的处理等作出规定，通常不对实体性内容作出规定，即不对权利与义务作出规定。本章共3条，规定了三方面的内容：一是授权民族自治地方可以制定变通或者补充规定；二是要求本法施行前设立的养老机构不符合本法规定条件的应当限期整改；三是规定了本法的施行日期。

第八十三条　民族自治地方的人民代表大会，可以根据本法的原则，结合当地民族风俗习惯的具体情况，依照法定程序制定变通的或者补充的规定。

【本条主旨】

本条是关于民族自治地方制定变通或者补充规定的规定。

【本条释义】

一、民族区域自治是国家的一项基本政治制度

民族区域自治是在国家统一领导下，各少数民族聚居的地方实行区域自治，设立自治机关，行使自治权。实行民族区域自治，体现了国家充分尊重和保障各少数民族管理本民族内部事务权利的精神，体现了国家坚持实行各民族平等、团结和共同繁荣的原则。实行民族区域自治，对发挥各

族人民当家作主的积极性，发展平等、团结、互助的社会主义民族关系，巩固国家的统一，促进民族自治地方和全国社会主义建设事业的发展都起了巨大的作用。实践证明，坚持实行民族区域自治，必须切实保障民族自治地方根据本地实际情况贯彻执行国家的法律和政策；必须大量培养少数民族的各级干部、各种专业人才和技术工人；民族自治地方必须发扬自力更生、艰苦奋斗精神，努力发展本地方的社会主义建设事业，为国家建设做出贡献；国家根据国民经济和社会发展计划，努力帮助民族自治地方加速经济和文化的发展。在维护民族团结的斗争中，要反对大民族主义，主要是大汉族主义，也要反对地方民族主义。根据我国民族区域自治法的规定，民族自治地方的自治机关必须维护国家的统一，保证宪法和法律在本地方的遵守和执行。民族自治地方的自治机关根据本地方的情况，在不违背宪法和法律的原则下，有权采取特殊政策和灵活措施，加速民族自治地方经济、文化建设事业的发展。

二、民族自治地方的人民代表大会依照法定程序制定变通的或者补充的规定

本条规定赋予民族自治地方的人民代表大会制定变通或者补充规定的权利。理解本条规定，应当注意以下几点：

1. 民族自治地方制定变通或者补充规定的根据是本法规定的原则

本法规定的原则，总的来讲，核心是保障老年人的合法权益。民族自治地方的变通或者补充规定也应当贯彻这一原则，充分体现在民族区域自治地区范围保障老年人合法权益的原则。具体来说，本法规定的一些具体原则，例如为老年人提供社会保障和社会服务的原则，给予老年人社会优待的原则，为老年人参与社会发展创造条件的原则等，也是民族自治地方制定变通或者补充规定应当遵循的原则。

2. 制定变通或者补充规定应当结合当地的民俗习惯

我国是一个统一的多民族国家，56 个中华民族共同创造了光辉灿烂的历史，各民族在长期的历史发展和变迁过程中，保留各自的风俗习惯，这些风俗习惯各不相同、各有特色，理应得到全社会的共同尊重。尤其是在婚姻关系、亲属关系、继承关系等涉及老年人的一些社会事务中，一些少数民族仍然保有自己的特点。为此，各民族自治地区可以对此作出有针对性的规定。

3. 制定变通或者补充规定的主体是各民族自治地区的人民代表大会

人民代表大会制度是我国的根本政治制度。根据我国地方各级人民代表大会和地方各级人民政府组织法的规定，省、自治区、直辖市、自治州、县、自治县、市、市辖区、乡、民族乡、镇设立人民代表大会。地方各级人民代表大会都是地方国家权力机关。省、自治区、直辖市的人民代表大会根据本行政区域的具体情况和实际需要，在不同宪法、法律、行政法规相抵触的前提下，可以制定和颁布地方性法规。省、自治区的人民政府所在地的市和经国务院批准的较大的市的人民代表大会根据本市的具体情况和实际需要，在不同宪法、法律、行政法规和本省、自治区的地方性法规相抵触的前提下，可以制定地方性法规。

4. 制定变通或者补充规定应当依照法定程序

根据我国民族区域自治法的规定，民族自治地方的人民代表大会制定的自治条例和单行条例，报全国人民代表大会常务委员会批准后生效。自治州、自治县的自治条例和单行条例报省、自治区、直辖市的人民代表大会常务委员会批准后生效，并报全国人民代表大会常务委员会和国务院备案。

第八十四条　本法施行前设立的养老机构不符合本法规定条件的，应当限期整改。具体办法由国务院民政部门制定。

【本条主旨】

本条是关于养老机构不符合本法规定应当限期整改的规定。

【本条释义】

一、不符合本法规定条件的养老机构应当限期整改

2012 年老年人权益保障法修订前，我国现有法律、行政法规对各类养

老机构的准入条件没有明确规定，导致一些养老机构无序发展，部分养老机构设施、服务条件低劣，老年人的合法权益难以得到很好的保障。且由于法律、行政法规对行业监管部门没有明确，已经登记的养老机构的行业监管部门主体不明确，民政部门没有法律法规授权，对无照经营，设施、服务条件低劣的养老机构不能依法查处，也不能予以强行取缔，造成养老服务市场一定情况下的混乱无序。修订后的老年人权益保障法关于建立养老机构行政许可制度，对养老机构应当具备的条件作了明确规定。为确保新的法律规定得到有效实施，需要从立法上明确修订后的老年人权益保障法施行前设立的养老机构如何按照新法的要求继续经营的问题。理解本条规定，应当重点把握以下两点：

第一，养老机构应当具备符合本法规定的条件。本法第四十三条对设立养老机构应当具备的条件作了明确规定，其中包括，养老机构应当有自己的名称、住所和章程，有与服务内容和规模相适应的资金，有符合相关资格条件的管理人员、专业技术人员和服务人员，有基本的生活用房、设施设备和活动场地，以及法律、法规规定的其他条件。本法施行后，原则上而言，所有的养老机构，包括先前已经成立的养老机构和新设立的养老机构，都应当符合本法规定的条件。

第二，考虑到修订前后的老年人权益保障法的有序衔接和平稳过渡，本条规定对本法施行前已经设立的养老机构作了一定的特别规定，即对原有养老机构达到本法规定的条件规定了一定的宽限期。这一期限具体由民政部门规定。对原有依法登记设立，但是不符合本法规定的设立条件的养老机构，允许其在主管部门规定的期限内进行整改，整改后达到本法规定的条件的，可以继续提供养老服务；达不到本法规定的条件的，不得继续提供养老服务。

二、国务院民政部门制定养老机构平稳过渡的具体办法

考虑到修订前后的平稳过渡和有序衔接涉及一些具体工作，可以由国务院民政部门通过制定具体办法，便于法律规定得到更好的实施，本条规定明确授权国务院民政部门制定养老机构限期整改的具体办法。国务院民

政部门根据本条授权，可以对本法施行前设立的不符合本法规定条件的养老机构如何实现平稳过渡制定具体办法。具体办法中可以对原有的不符合条件的养老机构如何认定，限期整改的期限一般为多长，整改后主管部门如何认定其是否已经达到本法规定的条件，达不到条件如何处理等一些列问题作出具体规定，从而增强法律规定的可操作性和可执行性。

第八十五条　本法自2013年7月1日起施行。

【本条主旨】

本条是关于本法施行日期的规定。

【本条释义】

法律生效日期的问题，是任何一部法律都要涉及的问题。一部法律通过以后，就产生了从什么时候开始起生效、在什么地域范围内生效、对什么人有效的问题，这些问题就是法律的效力范围问题。法律的效力范围包括时间效力、空间效力和对人的效力三个方面。法律的生效日期是法律的时间效力问题的规定。

法律的时间效力又包括法律从何时起开始生效、到何时终止生效和法律生效后有无溯及力三个问题。我国以前制定的法律中，关于生效日期的规定，有以下几种情况：一是在法律条文中规定该法的生效日期，如种子法第七十八条明确规定，本法自2000年12月1日起施行。二是在法律条文中没有直接规定具体的生效日期，而是规定“本法自公布之日起施行”，但法律何时公布，根据我国宪法关于法律由国家主席公布的规定，则由国家主席发布主席令来确定。目前，国家主席一般都是于全国人大或者全国人大常委会通过法律的当天发布命令公布法律，如2000年12月28日九届全国人民代表大会常务委员会第十九次会议通过的引渡法规定，本法自公布之日起施行。同日，国家主席江泽民发布主席令，公布了该法。三是规定一个法律的生效日期取决于另一个法律的制定和实施时间，这主要是指企业破产法，1986 年 12 月 2 日六届全国人民代表大会常务委员会第十八次会议通过的《中华人民共和国企业破产法（试行）》第四十三条规定，“本法自全民所有制工业企业法实施满三个月之日起试行……”当时，全民所有制工业企业法尚未制定出来，所以企业破产法（试行）最终开始生效的时间是全民所有制工业企业法于 1988 年 8 月 1 日生效后 3 个月的 1988 年 11 月 1 日。

本法采用的是第一种形式，即在法律中明确规定本法的实施日期，本条明确规定本法自 2013 年 7 月 1 日起施行，即本法自 2013 年 7 月 1 日起产生法律效力。本法自颁布（2012 年 12 月 28 日）至实施（2013 年 7 月 1 日）间隔半年左右的时间。这主要是为了使各有关方面利用这段时间做好本法实施的准备工作，比如，清理有关与本法不一致的规定，制定一些实施本法的具体规定，对本法进行必要的学习宣传等，以确保本法的贯彻实施。

第二部分

立法文件

关于《中华人民共和国老年人权益保障法（修订草案）》的说明

——2012年6月26日在第十一届全国人民代表大会常务委员会第二十七次会议上

全国人大内务司法委员会副主任委员　张学忠

全国人民代表大会常务委员会：

根据十一届全国人大常委会立法规划，全国人大内务司法委员会在深入调查研究、广泛征求意见的基础上，组织起草了《中华人民共和国老年人权益保障法（修订草案）》（以下简称草案）。现对草案作如下说明：

一、修改老年人权益保障法的必要性

老年人权益保障法自1996年颁布施行以来，在保障老年人合法权益，促进老龄事业发展，弘扬中华民族敬老、养老、助老美德等方面发挥了重要作用。随着我国经济社会的发展、人口和家庭结构的变化，老年人权益保障出现了一些新情况新问题，需要在法律制度上进一步完善：一是人口老龄化快速发展。1999年，我国60周岁以上老年人口占到总人口的10%，按照国际标准，我国成为老年型国家。此后，我国老龄化快速发展，第六次人口普查显示，截至2010年年底，我国60周岁以上老年人达到1.78亿，占总人口的13.26%。据预测，到“十二五”期末，老年人口将达到2.21亿，平均每年增加860万，老龄化水平提高到16%，到2025年突破3亿，2033年突破4亿。二是困难老人数量增多。目前，我国80岁以上高龄老人超过2000万，失能、半失能老人约3300多万，对社会照料的需求日益增大。三是家庭养老功能明显弱化。目前我国平均每个家庭只有3.1人，家庭小型化加上人口流动性的增强，使城乡“空巢”家庭大幅增加，目前已接近50%。与此同时，我国老龄事业这些年来取得长足进步，在保障老年人权益方面积累了许多经验，国家和地方相继出台了一系列相关政策措施，需要上升为法律制度。新形势新情况要求我们在深入分析现实问题，认真总结实践经验的基础上，及时修改老年人权益保障法。近几年来，历次全国人大会议都有很多代表提出修改老年人权益保障法的议案和建议。有关职能部门、老龄工作者、专家学者、老年人及其组织等社会各有关方面，也通过不同形式反映了修改老年人权益保障法的意见和建议，社会各界对完善养老法律制度越来越关注，修改老年人权益保障法已经具备了较好的社情民意基础。

中共中央、国务院《关于加强老龄工作的决定》指出，老龄问题是关系国计民生和国家长治久安的一个重大社会问题。胡锦涛总书记在中央政治局第28次集体学习讲话时明确要求，应切实应对人口老龄化，制定实施应对人口老龄化的战略和政策体系。适时修改老年人权益保障法，是坚持以人为本，保障和改善民生的必然要求，是实现“老有所养、老有所医、老有所为、老有所学、老有所乐”的法制保障，是贯彻党中央关于积极应对人口老龄化战略部署的重要举措。

二、修改老年人权益保障法的过程和思路

修改老年人权益保障法是十一届全国人大常委会五年立法规划中的一类立法项目。2007年，民政部和全国老龄办启动了老年人权益保障法修改工作。为加快立法步伐，2011年3月，由内务司法委员会牵头组织修订草案起草工作，成立了由内司委、常委会法工委、民政部、全国老龄办、国务院法制办等部门参加的起草小组，着手老年人权益保障法的修改工作。在去年5月至7月进行的全国人大常委会老年人权益保障法执法检查过程中，按照吴邦国委员长“把执法检查与法律的修改完善有机结合起来”的批示精神，执法检查组同时听取和收集了各地对修改老年人权益保障法的意见和建议。8月底9月初，起草小组正式开始论证、起草工作，形成了

修订草案征求意见稿。此后，起草小组通过调研、座谈等多种方式，广泛征求中央和地方有关单位、人大代表、专家学者、老龄工作者、老年人和老年人组织等各方面的意见。在此基础上反复研究修改，形成了《中华人民共和国老年人权益保障法（修订草案)》。

在修法过程中，我们坚持科学立法，民主立法，努力做到以下几点：一是认真总结实践经验，把成熟的具有普遍意义的经验上升为法律，增强法律的适用性。十多年来，我国在健全老年社会保障、发展养老社会服务和优待老年人等方面积累了许多好经验、好做法，草案充分吸收这些新内容，特别是在新增的社会服务和社会优待两章中有集中体现。二是深入研究重点问题，着力解决现实中存在的突出问题，增强法律的针对性。老龄事业发展的经费保障问题，“空巢”老人的精神慰藉问题，养老服务设施建设用地、融资、税费优惠问题，养老机构的发展和规范管理问题等，都是老龄工作中的突出问题，草案在深入了解各地实践的基础上，经过多方研究论证，提出了相应的解决方案，以增强法律的针对性和可操作性。三是科学把握我国人口老龄化的发展趋势，对一些影响长远的问题作出适度超前的规定，增强法律的时代性和前瞻性。这主要体现在草案有关家庭养老支持、老年监护、长期护理保障、老年宜居环境等方面的规定中。对这些重要问题，尽早从立法层面做好顶层设计和前瞻性的制度安排，将为我国未来从容应对人口老龄化赢得战略先机和更多主动权。

起草工作中，我们还注意处理好以下几个关系：一是老年人权益保障法与其他相关法律的关系；二是巩固家庭养老基础性地位与积极发展养老社会保障和社会服务的关系；三是增进老年人福利与经济承受力和可持续发展的关系；四是坚持从国情出发与吸收借鉴国外有益做法的关系。

三、草案的体例结构和修改的主要内容

草案从现行法 6 章 50 条扩展到 9 章 86 条，新增 38 条，修改 38 条，总体来看，修改幅度较大。新增条款多数属于社会服务、社会优待和宜居环境等方面的内容，这些内容在现行法的社会保障一章中有所规定。老年人权益保障法制定之初，由于我国老龄事业尚处在起步探索阶段，在社会保障、社会服务、社会优待、宜居环境建设等方面还缺乏实践，难以分别设专章加以规定。老年人权益保障法实施16年来，我国在养老保险、医疗保险、社会救助、养老服务、社会优待等许多方面都有了长足发展，特别是养老服务和社会优待两个领域正是我国老龄工作实践中最活跃、积累经验最丰富的领域，同时也是未来应对人口老龄化亟须大力发展并可以大有作为的领域。这些新增的内容已经难以囊括在社会保障一章中。鉴于此，我们在草案的社会保障一章中，主要规定老年人养老和医疗的物质保障问题，而有关服务和优待的内容则单独成章加以规定，这种调整既反映了我国实践发展的成果，也有利于区分物质保障和服务保障的不同功能，有利于相关主体明确责任和着力方向。关于老年宜居环境建设，虽然目前我国在这方面的实践还相对滞后，但国际社会十分重视老龄化社会对硬件环境的要求，我国近年来响应世界卫生组织的号召，也积极开展了老年友好型城市和老年宜居社区创建活动。未来我国将有三分之一以上的人口属于老年人，如此庞大的老年人口必然对我国城乡规划、公共基础设施、社区环境和住宅设计等硬件环境提出新要求、新挑战。目前，我国正处在城镇化快速推进过程中，一些地方由于缺乏前瞻性，在城乡规划和建设中，已经出现一些不便于老年人生活的硬件环境缺陷或者隐患，随着失能和高龄老年人的持续增多，这些问题将越来越突出。为此，新增了宜居环境一章。这样，草案形成了目前的9章结构，即总则、家庭赡养与扶养、社会保障、社会服务、社会优待、宜居环境、参与社会发展、法律责任和附则。

（一）关于总则

草案主要增加了以下内容：一是集中规定了老年人享有的基本权利，主要是从国家和社会获得物质帮助，享受社会服务和社会优待，参与社会发展和共享发展成果等权利，这些权利大都体现了老年人的特殊要求。二是规定积极应对人口老龄化是国家的一项长期战略任务。这一规定明确了应对人口老龄化的战略定位，对于我国在“未富先老”的特殊国情条件下实现经济社会可持续发展具有重要意义。三是从经费保障、规划制定和老龄工作机构职责三个层面进一步明确政府发展老龄事业，做好老年人权益保障工作的职责。四是强化了老龄宣传教育，以进一步增强全社会老龄意识，营造敬老、养老、助老的良好氛围。五是增加了有关老龄科研和老龄调查统计制度的规定。六是增加了对参与社会发展做出突出贡献的老年人给予表彰奖励的规定，以鼓励老年人继续为国家建设做贡献。七是规定每年农历九月初九（重阳节）为老年节。目前全国有25个省、自治区、直辖市在相关地方法规中规定了老年节或敬老日。

（二）关于家庭赡养与扶养

一是对家庭养老作了重新定位。将现行法“老年人养老主要依靠家庭”修改为“老年人养老以居家为基础”。二是进一步明确了赡养人对患病和失能老年人给予医疗和照料的义务。三是针对现实中老年人住房等财产权益易受侵害以及老年再婚配偶法定继承权难以保障等问题，进一步加强了对老年人财产权益的保护。四是针对老年人精神赡养需求增多的实际，充实了精神慰藉的规定。五是为保障失能失智老年人的人身财产权益，在深入研究我国民法通则有关监护的规定，并借鉴国外经验的基础上，创设了老年监护制度。六是增加了有关组织应当对不履行义务的赡养人和扶养人予以督促的规定。七是原则规定了国家建立健全家庭养老支持政策，以在新形势下巩固家庭养老的基础性地位。此外，草案还完善了赡养协议的相关规定，增加了禁止对老年人实施家庭暴力的内容。

（三）关于社会保障

在养老和医疗保险方面，草案在社会保险法关于基本养老和基本医疗保险规定的基础上，进一步规定要建立多层次的养老和医疗保险体系，逐步提高保障水平。在护理保障方面，为解决失能老年人长期护理的经费问题，规定国家逐步建立长期护理保障制度，鼓励、引导商业保险公司开展长期护理保险业务，对生活长期不能自理、经济困难的老年人，地方政府应视情况给予护理补贴。在社会救助方面，草案规定对经济困难的老年人，应当给予生活、医疗、居住等多方面的救助和照顾，还对流浪乞讨、遭受遗弃等生活无着的老年人的救助作了专门规定。在社会福利方面，规定国家建立和完善老年人福利制度，并吸收地方的实际做法，规定了高龄津贴制度。此外，草案还补充了养老待遇保障的内容，增加了发展老龄慈善事业以及遗赠扶养协议的规定。

（四）关于社会服务

本章共16条，有12条是新增条文，另外4条也作了较大改动。一是确立了社会养老服务体系的框架，即“以居家为基础、社区为依托、机构为支撑”，这是我国多年实践经验的总结，并在国民经济和社会发展“十二五”规划纲要、社会养老服务体系建设规划等国家重要文件中确认下来。二是总结实践经验，对居家养老服务、社区为老服务作了原则规定。三是明确了政府支持养老服务事业发展的责任：规定各级政府应当逐步增加对养老服务的投入，并在财政、税费、土地、融资等方面采取措施，鼓励、扶持社会力量兴办养老服务设施；针对养老服务设施建设“用地难”的突出问题，草案从城乡规划预留用地、土地取得方式及用途管制等三个层次对养老服务设施用地作了特别规定；强调政府兴办的养老机构应当优先保障孤寡老年人以及低收入的失能、高龄等困难老年人的服务需求；要求国务院有关部门制定相关标准，建立健全养老机构分类管理和养老服务评估制度。四是加强对养老机构的管理，规定了养老机构设立条件、准入许可和变更、终止等制度，明确了相关部门对养老机构的管理职责。五是加强养老服务队伍建设，主要规定了养老服务人才培养、使用、评价和激励制度。六是加强养老机构运营中的纠纷处理和风险防范，规定了签订养老服务协议和支持养老机构投保意外责任保险等内容。七是完善医疗卫生服务，规定各级政府和有关部门应当把老年医疗卫生服务纳入城乡医疗卫生服务规划，鼓励支持医疗机构开设老年病专科或门诊，保障老年人享受基本公共卫生服务，并规定加强老年医学研究和健康教育。此外，草案还对发展老龄产业等作了补充规定。

（五）关于社会优待

草案参考近年来国家出台的相关规定和各地优待老年人的做法，进一步充实了现行法有关老年优待的内容。一是规定县级以上政府及其有关部门应当根据情况制定优待老年人的办法，逐步提高优待水平；确立了对常住在本行政区域内的外埠老年人实行同等优待的原则，倡导全社会优待老年人。二是丰富了现行法有关司法救助、法律援助、医疗服务、参观游览、乘坐公共交通等方面对老年人给予优待和照顾的内容。三是增加了一些新的优待内容，主要是为老年人及时、便利地领取养老金、结算医疗费等方面提供优待，在办理涉及老年人重大人身财产权益事项时提供优待等。

（六）关于宜居环境

本章主要对国家推进老年宜居环境建设作了原则规定，以便为制定相关配套法律法规和政策提供依据。一是明确国家责任，概括规定了老年宜居环境建设的总体要求，即为老年人日常生活和参与社会提供安全、便利、舒适的环境。二是规定了政府加强老年宜居环境建设的主要任务：在制定城乡规划时，要适应老龄化发展需要，统筹考虑适宜老年人生活的各类设施建设；建立和完善有关涉老工程建设标准体系，在规划、设计、施工、监理、验收、运行、维护、管理等环节加强相关标准的实施与监督；加强老年宜居环境建设的宣传教育、科学研究和人才培养。三是在具体环境建设上，重点规定了无障碍环境建设，这主要是考虑到残疾人中有相当一部分是老年人，老年人随着年龄增长所面临的失能或者残疾的风险会逐步提高，无障碍是老年宜居环境的一个基本要求。此外，草案还对老年友好型城市以及老年宜居社区建设作了规定。

（七）关于参与社会发展

本章主要增加了老年人可以依法设立自己的组织并开展活动的内容，并规定在制定涉及老年人权益的法律法规和政策时，应当听取老年人及其组织意见。草案还对老年人劳动保护以及发展老年教育作了补充规定。

（八）关于法律责任

草案根据上述各章的新内容，进一步充实和完善了有关法律责任的规定。一是增加了擅自举办养老机构、养老机构及其工作人员侵害老年人权益以及政府行政管理部门失职渎职的法律责任。二是增加了违反优待义务的法律责任。三是增加了违反涉老工程建设标准和不履行无障碍设施维护管理职责的法律责任。此外，根据人民调解法、行政处罚法、治安管理处罚法、刑法等有关法律的规定，对现行法关于家庭成员纠纷处理，干涉老年人婚姻自由，侮辱、诽谤、虐待、遗弃老年人法律责任的条款作了修改完善。

此外，草案还作了一些文字性修改。

《中华人民共和国老年人权益保障法（修订草案）》和以上说明是否妥当，请审议。

全国人民代表大会法律委员会关于《中华人民共和国老年人权益保障法（修订草案）》审议结果的报告

——2012年12月24日在第十一届全国人民代表大会常务委员会第三十次会议上

全国人大法律委员会主任委员　胡康生

全国人民代表大会常务委员会：

常委会第二十七次会议对老年人权益保障法修订草案进行了初次审议。会后，法制工作委员会将修订草案印发各省（区、市）和中央有关部门、部分高等院校、法学研究机构等单位征求意见。中国人大网站全文公布修订草案向社会征求意见。法律委员会、内务司法委员会和法制工作委员会联合召开座谈会，听取意见。法律委员会、法制工作委员会到一些地方调研。法律委员会于11月23日召开会议，根据常委会组成人员的审议意见和各方面意见，对修订草案进行了逐条审议。内务司法委员会、国务院法制办公室的负责同志列席了会议。12月13日，法律委员会召开会议，再次进行了审议。法律委员会认为，随着我国经济社会的发展、人口老龄化的加剧和家庭结构的变化，老年人权益保障方面出现了新的情况和问题，修订老年人权益保障法十分必要，修订草案经过常委会审议修改，已经比较成熟。同时，提出以下主要修改意见：

一、修订草案第二十四条第一款规定，具备完全民事行为能力的老年人，可以在近亲属或者其他与自己关系密切、愿意承担监护责任的个人、组织中协商确定自己的监护人和监护监督人。有的地方提出，现行民事法律没有规定监护监督人制度，监护监督人如何行使权利还没有实践，可暂不作规定。法律委员会经同内务司法委员会、国务院法制办公室研究，建议删去有关“监护监督人”的规定，并对本条表述作了相应修改。

二、修订草案第二十七条、第二十八条、第二十九条规定了国家通过基本养老保险、基本医疗保险等制度，保障老年人基本生活、基本医疗和护理的需要。同时又规定，鼓励建立和发展补充养老保险、储蓄性养老保险、补充医疗保险、商业健康保险、长期护理保险等。有的常委委员和部门提出，本法应当主要规范与老年人权益有关的基本社会保障制度，对于不属于基本保障性的补充养老保险等内容可以通过相关保险规定来规范。法律委员会经同内务司法委员会、国务院法制办公室研究，建议删去以上相关内容。

三、国家人口和计划生育委员会提出，为了扶助农村计划生育家庭老年人，自2004年以来我国对农村实施计划生育家庭的老年人每月给予一定奖励，“十二五”期间计划将这项措施惠及城市实施计划生育家庭的老年人，建议在本法中对此予以体现。有的常委委员建议增加相关规定。法律委员会经同内务司法委员会、国务院法制办公室研究，赞成上述意见，建议增加规定：“国家建立和完善计划生育家庭老年人扶助制度。”

四、一些常委委员和地方提出，修订草案有关社区养老服务的规定较少，未能充分体现社区在养老服务中应当发挥的作用，可以将建立老年人日间照料场所作为社区提供养老服务的内容。法律委员会经同内务司法委员会、国务院法制办公室研究，建议增加相关的内容。

五、有的常委委员和地方提出，目前有的地方养老机构收费比较混乱，有的养老机构在变更或者终止时对入住的老年人没有给予妥善安置，应当加强对养老机构的监督和管理，促进养老机构规范健康发展。法律委员会经同内务司法委员会、国务院法制办公室研究，建议增加规定：“各级人民政府应当规范养老服务收费项目和标准，加强监督和管理”；养老机构变更或者终止的，“有关部门应当为养老机构妥善安置老年人提供帮助。”

六、修订草案第五十五条第一款和第二款规定：“人民法院、人民检察院、公安机关办理涉及老年人权益保护的案件，应当照顾老年人的身心特点，并可以根据需要指定专门机构或者人员办理。”“老年人因赡养费、扶养费、养老金、抚恤金、医疗费以及婚姻等纠纷提起诉讼的，人民法院应当依法及时立案、审理和执行。”有的常委委员和部门提出，规定司法优待措施应当慎重，以上两款规定既涉及司法机关内部机构的设置，也存在其他特殊群体能否享受同等优待的问题。法律委员会经同内务司法委员会、国务院法制办公室研究认为，司法便民措施可以在实践中继续探索，待条件成熟后在完善相关法律时一并考虑，本法可不作规定，建议删去上述两款规定。

此外，还对修订草案作了一些文字修改。

修订草案二次审议稿已按上述意见作了修改，法律委员会建议提请本次常委会会议审议通过。

修订草案二次审议稿和以上报告是否妥当，请审议。

全国人民代表大会法律委员会关于《中华人民共和国老年人权益保障法（修订草案二次审议稿）》修改意见的报告

——2012 年 12 月 28 日在第十一届全国人民代表大会常务委员会第三十次会议上

全国人大法律委员会主任委员　胡康生

全国人民代表大会常务委员会：

本次常委会会议于 12 月 24 日下午对老年人权益保障法（修订草案二次审议稿）进行了分组审议，普遍认为，修订草案已经比较成熟，建议进一步修改后，提请本次会议通过。同时，有些常委委员还提出了一些修改意见。法律委员会于 12 月 26 日上午召开会议，逐条研究了常委委员的审议意见，对修订草案进行了审议。内务司法委员会、国务院法制办公室的负责同志列席了会议。法律委员会认为，修订草案是可行的，同时提出以下修改意见：

一、修订草案二次审议稿第三十七条第一款规定，地方各级人民政府和有关部门应当采取措施，鼓励专业服务机构及其他组织和个人，为居家的老年人提供生活照料等多种形式的服务。有的常委委员提出，地方各级人民政府还应当采取优惠措施，扶持养老专业服务机构等发展。法律委员会经同内务司法委员会、国务院法制办公室研究，建议将其中“鼓励专业服务机构及其他组织和个人”修改为“鼓励、扶持专业服务机构及其他组织和个人”。

二、修订草案二次审议稿第三十八条第一款中规定：“逐步建立适应老年人需要的生活服务、文化体育活动、日间照料、疾病护理与康复等服务设施和网点。”有的常委委员提出，养老机构的设置也应当立足社区，就近为老年人提供服务。法律委员会经同内务司法委员会、国务院法制办公室研究，建议将上述规定修改为“建立适应老年人需要的生活服务、文化体育活动、日间照料、疾病护理与康复等服务设施和网点，就近为老年人提供服务”。

此外，还对修订草案二次审议稿作了个别文字修改。

修订草案建议表决稿已按上述意见作了修改，法律委员会建议本次常委会会议通过。

修订草案建议表决稿和以上报告是否妥当，请审议。

第三部分

相关法律法规

中华人民共和国婚姻法

（1980 年 9 月 10 日第五届全国人民代表大会第三次会议通过 根据 2001 年 4 月 28 日第九届全国人民代表大会常务委员会第二十一次会议《关于修改〈中华人民共和国婚姻法〉的决定》修正）

第一章　总　　则

第二章　结　　婚

第三章　家庭关系

第四章　离　　婚

第五章　救助措施与法律责任

第六章　附　　则

第一章　总　　则

第一条　本法是婚姻家庭关系的基本准则。

第二条　实行婚姻自由、一夫一妻、男女平等的婚姻制度。

保护妇女、儿童和老人的合法权益。

实行计划生育。

第三条　禁止包办、买卖婚姻和其他干涉婚姻自由的行为。禁止借婚姻索取财物。

禁止重婚。禁止有配偶者与他人同居。禁止家庭暴力。禁止家庭成员间的虐待和遗弃。

第四条　夫妻应当互相忠实，互相尊重；家庭成员间应当敬老爱幼，互相帮助，维护平等、和睦、文明的婚姻家庭关系。

第二章 结 婚

第五条 结婚必须男女双方完全自愿，不许任何一方对他方加以强迫或任何第三者加以干涉。

第六条 结婚年龄，男不得早于二十二周岁，女不得早于二十周岁。晚婚晚育应予鼓励。

第七条 有下列情形之一的，禁止结婚：

（一）直系血亲和三代以内的旁系血亲；

（二）患有医学上认为不应当结婚的疾病。

第八条 要求结婚的男女双方必须亲自到婚姻登记机关进行结婚登记。符合本法规定的，予以登记，发给结婚证。取得结婚证，即确立夫妻关系。未办理结婚登记的，应当补办登记。

第九条 登记结婚后，根据男女双方约定，女方可以成为男方家庭的成员，男方可以成为女方家庭的成员。

第十条 有下列情形之一的，婚姻无效：

（一）重婚的；

（二）有禁止结婚的亲属关系的；

（三）婚前患有医学上认为不应当结婚的疾病，婚后尚未治愈的；

（四）未到法定婚龄的。

第十一条 因胁迫结婚的，受胁迫的一方可以向婚姻登记机关或人民法院请求撤销该婚姻。受胁迫的一方撤销婚姻的请求，应当自结婚登记之日起一年内提出。被非法限制人身自由的当事人请求撤销婚姻的，应当自恢复人身自由之日起一年内提出。

第十二条 无效或被撤销的婚姻，自始无效。当事人不具有夫妻的权利和义务。同居期间所得的财产，由当事人协议处理；协议不成时，由人民法院根据照顾无过错方的原则判决。对重婚导致的婚姻无效的财产处理，不得侵害合法婚姻当事人的财产权益。当事人所生的子女，适用本法有关父母子女的规定。

第三章　家庭关系

第十三条　夫妻在家庭中地位平等。

第十四条　夫妻双方都有各用自己姓名的权利。

第十五条　夫妻双方都有参加生产、工作、学习和社会活动的自由，一方不得对他方加以限制或干涉。

第十六条　夫妻双方都有实行计划生育的义务。

第十七条　夫妻在婚姻关系存续期间所得的下列财产，归夫妻共同所有：

（一）工资、奖金；

（二）生产、经营的收益；

（三）知识产权的收益；

（四）继承或赠与所得的财产，但本法第十八条第三项规定的除外；

（五）其他应当归共同所有的财产。

夫妻对共同所有的财产，有平等的处理权。

第十八条　有下列情形之一的，为夫妻一方的财产：

（一）一方的婚前财产；

（二）一方因身体受到伤害获得的医疗费、残疾人生活补助费等费用；

（三）遗嘱或赠与合同中确定只归夫或妻一方的财产；

（四）一方专用的生活用品；

（五）其他应当归一方的财产。

第十九条　夫妻可以约定婚姻关系存续期间所得的财产以及婚前财产归各自所有、共同所有或部分各自所有、部分共同所有。约定应当采用书面形式。没有约定或约定不明确的，适用本法第十七条、第十八条的规定。

夫妻对婚姻关系存续期间所得的财产以及婚前财产的约定，对双方具有约束力。

夫妻对婚姻关系存续期间所得的财产约定归各自所有的，夫或妻一方对外所负的债务，第三人知道该约定的，以夫或妻一方所有的财产清偿。

第二十条 夫妻有互相扶养的义务。

一方不履行扶养义务时，需要扶养的一方，有要求对方付给扶养费的权利。

第二十一条 父母对子女有抚养教育的义务；子女对父母有赡养扶助的义务。

父母不履行抚养义务时，未成年的或不能独立生活的子女，有要求父母付给抚养费的权利。

子女不履行赡养义务时，无劳动能力的或生活困难的父母，有要求子女付给赡养费的权利。

禁止溺婴、弃婴和其他残害婴儿的行为。

第二十二条 子女可以随父姓，可以随母姓。

第二十三条 父母有保护和教育未成年子女的权利和义务。在未成年子女对国家、集体或他人造成损害时，父母有承担民事责任的义务。

第二十四条 夫妻有相互继承遗产的权利。

父母和子女有相互继承遗产的权利。

第二十五条 非婚生子女享有与婚生子女同等的权利，任何人不得加以危害和歧视。

不直接抚养非婚生子女的生父或生母，应当负担子女的生活费和教育费，直至子女能独立生活为止。

第二十六条 国家保护合法的收养关系。养父母和养子女间的权利和义务，适用本法对父母子女关系的有关规定。

养子女和生父母间的权利和义务，因收养关系的成立而消除。

第二十七条 继父母与继子女间，不得虐待或歧视。

继父或继母和受其抚养教育的继子女间的权利和义务，适用本法对父母子女关系的有关规定。

第二十八条 有负担能力的祖父母、外祖父母，对于父母已经死亡或父母无力抚养的未成年的孙子女、外孙子女，有抚养的义务。有负担能力的孙子女、外孙子女，对于子女已经死亡或子女无力赡养的祖父母、外祖父母，有赡养的义务。

第二十九条　有负担能力的兄、姐，对于父母已经死亡或父母无力抚养的未成年的弟、妹，有扶养的义务。由兄、姐扶养长大的有负担能力的弟、妹，对于缺乏劳动能力又缺乏生活来源的兄、姐，有扶养的义务。

第三十条　子女应当尊重父母的婚姻权利，不得干涉父母再婚以及婚后的生活。子女对父母的赡养义务，不因父母的婚姻关系变化而终止。

第四章　离　　婚

第三十一条　男女双方自愿离婚的，准予离婚。双方必须到婚姻登记机关申请离婚。婚姻登记机关查明双方确实是自愿并对子女和财产问题已有适当处理时，发给离婚证。

第三十二条　男女一方要求离婚的，可由有关部门进行调解或直接向人民法院提出离婚诉讼。

人民法院审理离婚案件，应当进行调解；如感情确已破裂，调解无效，应准予离婚。

有下列情形之一，调解无效的，应准予离婚：

（一）重婚或有配偶者与他人同居的；

（二）实施家庭暴力或虐待、遗弃家庭成员的；

（三）有赌博、吸毒等恶习屡教不改的；

（四）因感情不和分居满二年的；

（五）其他导致夫妻感情破裂的情形。

一方被宣告失踪，另一方提出离婚诉讼的，应准予离婚。

第三十三条　现役军人的配偶要求离婚，须得军人同意，但军人一方有重大过错的除外。

第三十四条　女方在怀孕期间、分娩后一年内或中止妊娠后六个月内，男方不得提出离婚。女方提出离婚的，或人民法院认为确有必要受理男方离婚请求的，不在此限。

第三十五条 离婚后，男女双方自愿恢复夫妻关系的，必须到婚姻登记机关进行复婚登记。

第三十六条 父母与子女间的关系，不因父母离婚而消除。离婚后，子女无论由父或母直接抚养，仍是父母双方的子女。

离婚后，父母对于子女仍有抚养和教育的权利和义务。

离婚后，哺乳期内的子女，以随哺乳的母亲抚养为原则。哺乳期后的子女，如双方因抚养问题发生争执不能达成协议时，由人民法院根据子女的权益和双方的具体情况判决。

第三十七条 离婚后，一方抚养的子女，另一方应负担必要的生活费和教育费的一部或全部，负担费用的多少和期限的长短，由双方协议；协议不成时，由人民法院判决。

关于子女生活费和教育费的协议或判决，不妨碍子女在必要时向父母任何一方提出超过协议或判决原定数额的合理要求。

第三十八条 离婚后，不直接抚养子女的父或母，有探望子女的权利，另一方有协助的义务。

行使探望权利的方式、时间由当事人协议；协议不成时，由人民法院判决。

父或母探望子女，不利于子女身心健康的，由人民法院依法中止探望的权利；中止的事由消失后，应当恢复探望的权利。

第三十九条 离婚时，夫妻的共同财产由双方协议处理；协议不成时，由人民法院根据财产的具体情况，照顾子女和女方权益的原则判决。

夫或妻在家庭土地承包经营中享有的权益等，应当依法予以保护。

第四十条 夫妻书面约定婚姻关系存续期间所得的财产归各自所有，一方因抚育子女、照料老人、协助另一方工作等付出较多义务的，离婚时有权向另一方请求补偿，另一方应当予以补偿。

第四十一条 离婚时，原为夫妻共同生活所负的债务，应当共同偿还。共同财产不足清偿的，或财产归各自所有的，由双方协议清偿；协议不成时，由人民法院判决。

第四十二条　离婚时，如一方生活困难，另一方应从其住房等个人财产中给予适当帮助。具体办法由双方协议；协议不成时，由人民法院判决。

第五章　救助措施与法律责任

第四十三条　实施家庭暴力或虐待家庭成员，受害人有权提出请求，居民委员会、村民委员会以及所在单位应当予以劝阻、调解。

对正在实施的家庭暴力，受害人有权提出请求，居民委员会、村民委员会应当予以劝阻；公安机关应当予以制止。

实施家庭暴力或虐待家庭成员，受害人提出请求的，公安机关应当依照治安管理处罚的法律规定予以行政处罚。

第四十四条　对遗弃家庭成员，受害人有权提出请求，居民委员会、村民委员会以及所在单位应当予以劝阻、调解。

对遗弃家庭成员，受害人提出请求的，人民法院应当依法作出支付扶养费、抚养费、赡养费的判决。

第四十五条　对重婚的，对实施家庭暴力或虐待、遗弃家庭成员构成犯罪的，依法追究刑事责任。受害人可以依照刑事诉讼法的有关规定，向人民法院自诉；公安机关应当依法侦查，人民检察院应当依法提起公诉。

第四十六条　有下列情形之一，导致离婚的，无过错方有权请求损害赔偿：

（一）重婚的；

（二）有配偶者与他人同居的；

（三）实施家庭暴力的；

（四）虐待、遗弃家庭成员的。

第四十七条　离婚时，一方隐藏、转移、变卖、毁损夫妻共同财产，或伪造债务企图侵占另一方财产的，分割夫妻共同财产时，对隐藏、转移、变卖、毁损夫妻共同财产或伪造债务的一方，可以少分或不分。离婚后，另一方发现有上述行为的，可以向人民法院提起诉讼，请求再次分割夫妻共同财产。

人民法院对前款规定的妨害民事诉讼的行为，依照民事诉讼法的规定予以制裁。

第四十八条 对拒不执行有关扶养费、抚养费、赡养费、财产分割、遗产继承、探望子女等判决或裁定的，由人民法院依法强制执行。有关个人和单位应负协助执行的责任。

第四十九条 其他法律对有关婚姻家庭的违法行为和法律责任另有规定的，依照其规定。

第六章 附 则

第五十条 民族自治地方的人民代表大会有权结合当地民族婚姻家庭的具体情况，制定变通规定。自治州、自治县制定的变通规定，报省、自治区、直辖市人民代表大会常务委员会批准后生效。自治区制定的变通规定，报全国人民代表大会常务委员会批准后生效。

第五十一条 本法自1981年1月1日起施行。

1950年5月1日颁行的《中华人民共和国婚姻法》，自本法施行之日起废止。

中华人民共和国继承法

（1985年4月10日第六届全国人民代表大会第三次会议通过
1985年4月10日中华人民共和国主席令第二十四号公布

第一章　总　　则
第二章　法定继承
第三章　遗嘱继承和遗赠
第四章　遗产的处理
第五章　附　　则

第一章　总　　则

第一条　根据《中华人民共和国宪法》规定，为保护公民的私有财产的继承权，制定本法。

第二条　继承从被继承人死亡时开始。

第三条　遗产是公民死亡时遗留的个人合法财产，包括：

（一）公民的收入；

（二）公民的房屋、储蓄和生活用品；

（三）公民的林木、牲畜和家禽；

（四）公民的文物、图书资料；

（五）法律允许公民所有的生产资料；

（六）公民的著作权、专利权中的财产权利；

（七）公民的其他合法财产。

第四条 个人承包应得的个人收益，依照本法规定继承。个人承包，依照法律允许由继承人继续承包的，按照承包合同办理。

第五条 继承开始后，按照法定继承办理；有遗嘱的，按照遗嘱继承或者遗赠办理；有遗赠扶养协议的，按照协议办理。

第六条 无行为能力人的继承权、受遗赠权，由他的法定代理人代为行使。

限制行为能力人的继承权、受遗赠权，由他的法定代理人代为行使，或者征得法定代理人同意后行使。

第七条 继承人有下列行为之一的，丧失继承权：

（一）故意杀害被继承人的；

（二）为争夺遗产而杀害其他继承人的；

（三）遗弃被继承人的，或者虐待被继承人情节严重的；

（四）伪造、篡改或者销毁遗嘱，情节严重的。

第八条 继承权纠纷提起诉讼的期限为二年，自继承人知道或者应当知道其权利被侵犯之日起计算。但是，自继承开始之日起超过二十年的，不得再提起诉讼。

第二章 法定继承

第九条 继承权男女平等。

第十条 遗产按照下列顺序继承：

第一顺序：配偶、子女、父母。

第二顺序：兄弟姐妹、祖父母、外祖父母。

继承开始后，由第一顺序继承人继承，第二顺序继承人不继承。没有第一顺序继承人继承的，由第二顺序继承人继承。

本法所说的子女，包括婚生子女、非婚生子女、养子女和有扶养关系的继子女。

本法所说的父母，包括生父母、养父母和有扶养关系的继父母。

本法所说的兄弟姐妹，包括同父母的兄弟姐妹、同父异母或者同母异父的兄弟姐妹、养兄弟姐妹、有扶养关系的继兄弟姐妹。

第十一条　被继承人的子女先于被继承人死亡的，由被继承人的子女的晚辈直系血亲代位继承。代位继承人一般只能继承他的父亲或者母亲有权继承的遗产份额。

第十二条　丧偶儿媳对公、婆，丧偶女婿对岳父、岳母，尽了主要赡养义务的，作为第一顺序继承人。

第十三条　同一顺序继承人继承遗产的份额，一般应当均等。

对生活有特殊困难的缺乏劳动能力的继承人，分配遗产时，应当予以照顾。

对被继承人尽了主要扶养义务或者与被继承人共同生活的继承人，分配遗产时，可以多分。

有扶养能力和有扶养条件的继承人，不尽扶养义务的，分配遗产时，应当不分或者少分。

继承人协商同意的，也可以不均等。

第十四条　对继承人以外的依靠被继承人扶养的缺乏劳动能力又没有生活来源的人，或者继承人以外的对被继承人扶养较多的人，可以分给他们适当的遗产。

第十五条　继承人应当本着互谅互让、和睦团结的精神，协商处理继承问题。遗产分割的时间、办法和份额，由继承人协商确定。协商不成的，可以由人民调解委员会调解或者向人民法院提起诉讼。

第三章　遗嘱继承和遗赠

第十六条　公民可以依照本法规定立遗嘱处分个人财产，并可以指定遗嘱执行人。

公民可以立遗嘱将个人财产指定由法定继承人的一人或者数人继承。

公民可以立遗嘱将个人财产赠给国家、集体或者法定继承人以外的人。

第十七条 公证遗嘱由遗嘱人经公证机关办理。

自书遗嘱由遗嘱人亲笔书写，签名，注明年、月、日。

代书遗嘱应当有两个以上见证人在场见证，由其中一人代书，注明年、月、日，并由代书人、其他见证人和遗嘱人签名。

以录音形式立的遗嘱，应当有两个以上见证人在场见证。

遗嘱人在危急情况下，可以立口头遗嘱。口头遗嘱应当有两个以上见证人在场见证。危急情况解除后，遗嘱人能够用书面或者录音形式立遗嘱的，所立的口头遗嘱无效。

第十八条 下列人员不能作为遗嘱见证人：

（一）无行为能力人、限制行为能力人；

（二）继承人、受遗赠人；

（三）与继承人、受遗赠人有利害关系的人。

第十九条 遗嘱应当对缺乏劳动能力又没有生活来源的继承人保留必要的遗产份额。

第二十条 遗嘱人可以撤销、变更自己所立的遗嘱。

立有数份遗嘱，内容相抵触的，以最后的遗嘱为准。

自书、代书、录音、口头遗嘱，不得撤销、变更公证遗嘱。

第二十一条 遗嘱继承或者遗赠附有义务的，继承人或者受遗赠人应当履行义务。没有正当理由不履行义务的，经有关单位或者个人请求，人民法院可以取消他接受遗产的权利。

第二十二条 无行为能力人或者限制行为能力人所立的遗嘱无效。

遗嘱必须表示遗嘱人的真实意思，受胁迫、欺骗所立的遗嘱无效。

伪造的遗嘱无效。

遗嘱被篡改的，篡改的内容无效。

第四章　遗产的处理

第二十三条　继承开始后，知道被继承人死亡的继承人应当及时通知其他继承人和遗嘱执行人。继承人中无人知道被继承人死亡或者知道被继承人死亡而不能通知的，由被继承人生前所在单位或者住所地的居民委员会、村民委员会负责通知。

第二十四条　存有遗产的人，应当妥善保管遗产，任何人不得侵吞或者争抢。

第二十五条　继承开始后，继承人放弃继承的，应当在遗产处理前，作出放弃继承的表示。没有表示的，视为接受继承。

受遗赠人应当在知道受遗赠后两个月内，作出接受或者放弃受遗赠的表示。到期没有表示的，视为放弃受遗赠。

第二十六条　夫妻在婚姻关系存续期间所得的共同所有的财产，除有约定的以外，如果分割遗产，应当先将共同所有的财产的一半分出为配偶所有，其余的为被继承人的遗产。

遗产在家庭共有财产之中的，遗产分割时，应当先分出他人的财产。

第二十七条　有下列情形之一的，遗产中的有关部分按照法定继承办理：

（一）遗嘱继承人放弃继承或者受遗赠人放弃受遗赠的；

（二）遗嘱继承人丧失继承权的；

（三）遗嘱继承人、受遗赠人先于遗嘱人死亡的；

（四）遗嘱无效部分所涉及的遗产；

（五）遗嘱未处分的遗产。

第二十八条　遗产分割时，应当保留胎儿的继承份额。胎儿出生时是死体的，保留的份额按照法定继承办理。

第二十九条　遗产分割应当有利于生产和生活需要，不损害遗产的效用。

不宜分割的遗产，可以采取折价、适当补偿或者共有等方法处理。

第三十条 夫妻一方死亡后另一方再婚的，有权处分所继承的财产，任何人不得干涉。

第三十一条 公民可以与扶养人签订遗赠扶养协议。按照协议，扶养人承担该公民生养死葬的义务，享有受遗赠的权利。

公民可以与集体所有制组织签订遗赠扶养协议。按照协议，集体所有制组织承担该公民生养死葬的义务，享有受遗赠的权利。

第三十二条 无人继承又无人受遗赠的遗产，归国家所有；死者生前是集体所有制组织成员的，归所在集体所有制组织所有。

第三十三条 继承遗产应当清偿被继承人依法应当缴纳的税款和债务，缴纳税款和清偿债务以他的遗产实际价值为限。超过遗产实际价值部分，继承人自愿偿还的不在此限。

继承人放弃继承的，对被继承人依法应当缴纳的税款和债务可以不负偿还责任。

第三十四条 执行遗赠不得妨碍清偿遗赠人依法应当缴纳的税款和债务。

第五章 附 则

第三十五条 民族自治地方的人民代表大会可以根据本法的原则，结合当地民族财产继承的具体情况，制定变通的或者补充的规定。自治区的规定，报全国人民代表大会常务委员会备案。自治州、自治县的规定，报省或者自治区的人民代表大会常务委员会批准后生效，并报全国人民代表大会常务委员会备案。

第三十六条 中国公民继承在中华人民共和国境外的遗产或者继承在中华人民共和国境内的外国人的遗产，动产适用被继承人住所地法律，不动产适用不动产所在地法律。

外国人继承在中华人民共和国境内的遗产或者继承在中华人民共和国

境外的中国公民的遗产，动产适用被继承人住所地法律，不动产适用不动产所在地法律。

中华人民共和国与外国订有条约、协定的，按照条约、协定办理。

第三十七条　本法自 1985 年 10 月 1 日起施行。

中华人民共和国社会保险法

（2010 年 10 月 28 日第十一届全国人民代表大会常务委员会第十七次会议通过　2010 年 10 月 28 日中华人民共和国主席令第三十五号公布）

第一章　总　　则

第二章　基本养老保险

第三章　基本医疗保险

第四章　工伤保险

第五章　失业保险

第六章　生育保险

第七章　社会保险费征缴

第八章　社会保险基金

第九章　社会保险经办

第十章　社会保险监督

第十一章　法律责任

第十二章　附　　则

第一章　总　　则

第一条　为了规范社会保险关系，维护公民参加社会保险和享受社会保险待遇的合法权益，使公民共享发展成果，促进社会和谐稳定，根据宪法，制定本法。

第二条　国家建立基本养老保险、基本医疗保险、工伤保险、失业保险、生育保险等社会保险制度，保障公民在年老、疾病、工伤、失业、生育等情况下依法从国家和社会获得物质帮助的权利。

第三条　社会保险制度坚持广覆盖、保基本、多层次、可持续的方针，社会保险水平应当与经济社会发展水平相适应。

第四条　中华人民共和国境内的用人单位和个人依法缴纳社会保险费，有权查询缴费记录、个人权益记录，要求社会保险经办机构提供社会保险咨询等相关服务。

个人依法享受社会保险待遇，有权监督本单位为其缴费情况。

第五条　县级以上人民政府将社会保险事业纳入国民经济和社会发展规划。

国家多渠道筹集社会保险资金。县级以上人民政府对社会保险事业给予必要的经费支持。

国家通过税收优惠政策支持社会保险事业。

第六条　国家对社会保险基金实行严格监管。

国务院和省、自治区、直辖市人民政府建立健全社会保险基金监督管理制度，保障社会保险基金安全、有效运行。

县级以上人民政府采取措施，鼓励和支持社会各方面参与社会保险基金的监督。

第七条　国务院社会保险行政部门负责全国的社会保险管理工作，国务院其他有关部门在各自的职责范围内负责有关的社会保险工作。

县级以上地方人民政府社会保险行政部门负责本行政区域的社会保险管理工作，县级以上地方人民政府其他有关部门在各自的职责范围内负责有关的社会保险工作。

第八条　社会保险经办机构提供社会保险服务，负责社会保险登记、个人权益记录、社会保险待遇支付等工作。

第九条　工会依法维护职工的合法权益，有权参与社会保险重大事项的研究，参加社会保险监督委员会，对与职工社会保险权益有关的事项进行监督。

第二章 基本养老保险

第十条 职工应当参加基本养老保险，由用人单位和职工共同缴纳基本养老保险费。

无雇工的个体工商户、未在用人单位参加基本养老保险的非全日制从业人员以及其他灵活就业人员可以参加基本养老保险，由个人缴纳基本养老保险费。

公务员和参照公务员法管理的工作人员养老保险的办法由国务院规定。

第十一条 基本养老保险实行社会统筹与个人账户相结合。

基本养老保险基金由用人单位和个人缴费以及政府补贴等组成。

第十二条 用人单位应当按照国家规定的本单位职工工资总额的比例缴纳基本养老保险费，记入基本养老保险统筹基金。

职工应当按照国家规定的本人工资的比例缴纳基本养老保险费，记入个人账户。

无雇工的个体工商户、未在用人单位参加基本养老保险的非全日制从业人员以及其他灵活就业人员参加基本养老保险的，应当按照国家规定缴纳基本养老保险费，分别记入基本养老保险统筹基金和个人账户。

第十三条 国有企业、事业单位职工参加基本养老保险前，视同缴费年限期间应当缴纳的基本养老保险费由政府承担。

基本养老保险基金出现支付不足时，政府给予补贴。

第十四条 个人账户不得提前支取，记账利率不得低于银行定期存款利率，免征利息税。个人死亡的，个人账户余额可以继承。

第十五条 基本养老金由统筹养老金和个人账户养老金组成。

基本养老金根据个人累计缴费年限、缴费工资、当地职工平均工资、个人账户金额、城镇人口平均预期寿命等因素确定。

第十六条 参加基本养老保险的个人，达到法定退休年龄时累计缴费满十五年的，按月领取基本养老金。

参加基本养老保险的个人，达到法定退休年龄时累计缴费不足十五年的，可以缴费至满十五年，按月领取基本养老金；也可以转入新型农村社会养老保险或者城镇居民社会养老保险，按照国务院规定享受相应的养老保险待遇。

第十七条　参加基本养老保险的个人，因病或者非因工死亡的，其遗属可以领取丧葬补助金和抚恤金；在未达到法定退休年龄时因病或者非因工致残完全丧失劳动能力的，可以领取病残津贴。所需资金从基本养老保险基金中支付。

第十八条　国家建立基本养老金正常调整机制。根据职工平均工资增长、物价上涨情况，适时提高基本养老保险待遇水平。

第十九条　个人跨统筹地区就业的，其基本养老保险关系随本人转移，缴费年限累计计算。个人达到法定退休年龄时，基本养老金分段计算、统一支付。具体办法由国务院规定。

第二十条　国家建立和完善新型农村社会养老保险制度。

新型农村社会养老保险实行个人缴费、集体补助和政府补贴相结合。

第二十一条　新型农村社会养老保险待遇由基础养老金和个人账户养老金组成。

参加新型农村社会养老保险的农村居民，符合国家规定条件的，按月领取新型农村社会养老保险待遇。

第二十二条　国家建立和完善城镇居民社会养老保险制度。

省、自治区、直辖市人民政府根据实际情况，可以将城镇居民社会养老保险和新型农村社会养老保险合并实施。

第三章　基本医疗保险

第二十三条　职工应当参加职工基本医疗保险，由用人单位和职工按照国家规定共同缴纳基本医疗保险费。

无雇工的个体工商户、未在用人单位参加职工基本医疗保险的非全日制从业人员以及其他灵活就业人员可以参加职工基本医疗保险，由个人按照国家规定缴纳基本医疗保险费。

第二十四条 国家建立和完善新型农村合作医疗制度。

新型农村合作医疗的管理办法，由国务院规定。

第二十五条 国家建立和完善城镇居民基本医疗保险制度。

城镇居民基本医疗保险实行个人缴费和政府补贴相结合。

享受最低生活保障的人、丧失劳动能力的残疾人、低收入家庭六十周岁以上的老年人和未成年人等所需个人缴费部分，由政府给予补贴。

第二十六条 职工基本医疗保险、新型农村合作医疗和城镇居民基本医疗保险的待遇标准按照国家规定执行。

第二十七条 参加职工基本医疗保险的个人，达到法定退休年龄时累计缴费达到国家规定年限的，退休后不再缴纳基本医疗保险费，按照国家规定享受基本医疗保险待遇；未达到国家规定年限的，可以缴费至国家规定年限。

第二十八条 符合基本医疗保险药品目录、诊疗项目、医疗服务设施标准以及急诊、抢救的医疗费用，按照国家规定从基本医疗保险基金中支付。

第二十九条 参保人员医疗费用中应当由基本医疗保险基金支付的部分，由社会保险经办机构与医疗机构、药品经营单位直接结算。

社会保险行政部门和卫生行政部门应当建立异地就医医疗费用结算制度，方便参保人员享受基本医疗保险待遇。

第三十条 下列医疗费用不纳入基本医疗保险基金支付范围：

（一）应当从工伤保险基金中支付的；

（二）应当由第三人负担的；

（三）应当由公共卫生负担的；

（四）在境外就医的。

医疗费用依法应当由第三人负担，第三人不支付或者无法确定第三人的，由基本医疗保险基金先行支付。基本医疗保险基金先行支付后，有权向第三人追偿。

第三十一条　社会保险经办机构根据管理服务的需要，可以与医疗机构、药品经营单位签订服务协议，规范医疗服务行为。

医疗机构应当为参保人员提供合理、必要的医疗服务。

第三十二条　个人跨统筹地区就业的，其基本医疗保险关系随本人转移，缴费年限累计计算。

第四章　工伤保险

第三十三条　职工应当参加工伤保险，由用人单位缴纳工伤保险费，职工不缴纳工伤保险费。

第三十四条　国家根据不同行业的工伤风险程度确定行业的差别费率，并根据使用工伤保险基金、工伤发生率等情况在每个行业内确定费率档次。行业差别费率和行业内费率档次由国务院社会保险行政部门制定，报国务院批准后公布施行。

社会保险经办机构根据用人单位使用工伤保险基金、工伤发生率和所属行业费率档次等情况，确定用人单位缴费费率。

第三十五条　用人单位应当按照本单位职工工资总额，根据社会保险经办机构确定的费率缴纳工伤保险费。

第三十六条　职工因工作原因受到事故伤害或者患职业病，且经工伤认定的，享受工伤保险待遇；其中，经劳动能力鉴定丧失劳动能力的，享受伤残待遇。

工伤认定和劳动能力鉴定应当简捷、方便。

第三十七条　职工因下列情形之一导致本人在工作中伤亡的，不认定为工伤：

（一）故意犯罪；

（二）醉酒或者吸毒；

（三）自残或者自杀；

（四）法律、行政法规规定的其他情形。

第三十八条 因工伤发生的下列费用，按照国家规定从工伤保险基金中支付：

（一）治疗工伤的医疗费用和康复费用；

（二）住院伙食补助费；

（三）到统筹地区以外就医的交通食宿费；

（四）安装配置伤残辅助器具所需费用；

（五）生活不能自理的，经劳动能力鉴定委员会确认的生活护理费；

（六）一次性伤残补助金和一至四级伤残职工按月领取的伤残津贴；

（七）终止或者解除劳动合同时，应当享受的一次性医疗补助金；

（八）因工死亡的，其遗属领取的丧葬补助金、供养亲属抚恤金和因工死亡补助金；

（九）劳动能力鉴定费。

第三十九条 因工伤发生的下列费用，按照国家规定由用人单位支付：

（一）治疗工伤期间的工资福利；

（二）五级、六级伤残职工按月领取的伤残津贴；

（三）终止或者解除劳动合同时，应当享受的一次性伤残就业补助金。

第四十条 工伤职工符合领取基本养老金条件的，停发伤残津贴，享受基本养老保险待遇。基本养老保险待遇低于伤残津贴的，从工伤保险基金中补足差额。

第四十一条 职工所在用人单位未依法缴纳工伤保险费，发生工伤事故的，由用人单位支付工伤保险待遇。用人单位不支付的，从工伤保险基金中先行支付。

从工伤保险基金中先行支付的工伤保险待遇应当由用人单位偿还。用人单位不偿还的，社会保险经办机构可以依照本法第六十三条的规定追偿。

第四十二条 由于第三人的原因造成工伤，第三人不支付工伤医疗费用或者无法确定第三人的，由工伤保险基金先行支付。工伤保险基金先行支付后，有权向第三人追偿。

第四十三条　工伤职工有下列情形之一的，停止享受工伤保险待遇：

（一）丧失享受待遇条件的；

（二）拒不接受劳动能力鉴定的；

（三）拒绝治疗的。

第五章　失业保险

第四十四条　职工应当参加失业保险，由用人单位和职工按照国家规定共同缴纳失业保险费。

第四十五条　失业人员符合下列条件的，从失业保险基金中领取失业保险金：

（一）失业前用人单位和本人已经缴纳失业保险费满一年的；

（二）非因本人意愿中断就业的；

（三）已经进行失业登记，并有求职要求的。

第四十六条　失业人员失业前用人单位和本人累计缴费满一年不足五年的，领取失业保险金的期限最长为十二个月；累计缴费满五年不足十年的，领取失业保险金的期限最长为十八个月；累计缴费十年以上的，领取失业保险金的期限最长为二十四个月。重新就业后，再次失业的，缴费时间重新计算，领取失业保险金的期限与前次失业应当领取而尚未领取的失业保险金的期限合并计算，最长不超过二十四个月。

第四十七条　失业保险金的标准，由省、自治区、直辖市人民政府确定，不得低于城市居民最低生活保障标准。

第四十八条　失业人员在领取失业保险金期间，参加职工基本医疗保险，享受基本医疗保险待遇。

失业人员应当缴纳的基本医疗保险费从失业保险基金中支付，个人不缴纳基本医疗保险费。

第四十九条　失业人员在领取失业保险金期间死亡的，参照当地对在职职工死亡的规定，向其遗属发给一次性丧葬补助金和抚恤金。所需资金从失业保险基金中支付。

个人死亡同时符合领取基本养老保险丧葬补助金、工伤保险丧葬补助金和失业保险丧葬补助金条件的，其遗属只能选择领取其中的一项。

第五十条 用人单位应当及时为失业人员出具终止或者解除劳动关系的证明，并将失业人员的名单自终止或者解除劳动关系之日起十五日内告知社会保险经办机构。

失业人员应当持本单位为其出具的终止或者解除劳动关系的证明，及时到指定的公共就业服务机构办理失业登记。

失业人员凭失业登记证明和个人身份证明，到社会保险经办机构办理领取失业保险金的手续。失业保险金领取期限自办理失业登记之日起计算。

第五十一条 失业人员在领取失业保险金期间有下列情形之一的，停止领取失业保险金，并同时停止享受其他失业保险待遇：

（一）重新就业的；

（二）应征服兵役的；

（三）移居境外的；

（四）享受基本养老保险待遇的；

（五）无正当理由，拒不接受当地人民政府指定部门或者机构介绍的适当工作或者提供的培训的。

第五十二条 职工跨统筹地区就业的，其失业保险关系随本人转移，缴费年限累计计算。

第六章 生育保险

第五十三条 职工应当参加生育保险，由用人单位按照国家规定缴纳生育保险费，职工不缴纳生育保险费。

第五十四条 用人单位已经缴纳生育保险费的，其职工享受生育保险待遇；职工未就业配偶按照国家规定享受生育医疗费用待遇。所需资金从生育保险基金中支付。

生育保险待遇包括生育医疗费用和生育津贴。

第五十五条　生育医疗费用包括下列各项：

（一）生育的医疗费用；

（二）计划生育的医疗费用；

（三）法律、法规规定的其他项目费用。

第五十六条　职工有下列情形之一的，可以按照国家规定享受生育津贴：

（一）女职工生育享受产假；

（二）享受计划生育手术休假；

（三）法律、法规规定的其他情形。

生育津贴按照职工所在用人单位上年度职工月平均工资计发。

第七章　社会保险费征缴

第五十七条　用人单位应当自成立之日起三十日内凭营业执照、登记证书或者单位印章，向当地社会保险经办机构申请办理社会保险登记。社会保险经办机构应当自收到申请之日起十五日内予以审核，发给社会保险登记证件。

用人单位的社会保险登记事项发生变更或者用人单位依法终止的，应当自变更或者终止之日起三十日内，到社会保险经办机构办理变更或者注销社会保险登记。

工商行政管理部门、民政部门和机构编制管理机关应当及时向社会保险经办机构通报用人单位的成立、终止情况，公安机关应当及时向社会保险经办机构通报个人的出生、死亡以及户口登记、迁移、注销等情况。

第五十八条　用人单位应当自用工之日起三十日内为其职工向社会保险经办机构申请办理社会保险登记。未办理社会保险登记的，由社会保险经办机构核定其应当缴纳的社会保险费。

自愿参加社会保险的无雇工的个体工商户、未在用人单位参加社会保险的非全日制从业人员以及其他灵活就业人员，应当向社会保险经办机构申请办理社会保险登记。

国家建立全国统一的个人社会保障号码。个人社会保障号码为公民身份号码。

第五十九条 县级以上人民政府加强社会保险费的征收工作。

社会保险费实行统一征收，实施步骤和具体办法由国务院规定。

第六十条 用人单位应当自行申报、按时足额缴纳社会保险费，非因不可抗力等法定事由不得缓缴、减免。职工应当缴纳的社会保险费由用人单位代扣代缴，用人单位应当按月将缴纳社会保险费的明细情况告知本人。

无雇工的个体工商户、未在用人单位参加社会保险的非全日制从业人员以及其他灵活就业人员，可以直接向社会保险费征收机构缴纳社会保险费。

第六十一条 社会保险费征收机构应当依法按时足额征收社会保险费，并将缴费情况定期告知用人单位和个人。

第六十二条 用人单位未按规定申报应当缴纳的社会保险费数额的，按照该单位上月缴费额的百分之一百一十确定应当缴纳数额；缴费单位补办申报手续后，由社会保险费征收机构按照规定结算。

第六十三条 用人单位未按时足额缴纳社会保险费的，由社会保险费征收机构责令其限期缴纳或者补足。

用人单位逾期仍未缴纳或者补足社会保险费的，社会保险费征收机构可以向银行和其他金融机构查询其存款账户；并可以申请县级以上有关行政部门作出划拨社会保险费的决定，书面通知其开户银行或者其他金融机构划拨社会保险费。用人单位账户余额少于应当缴纳的社会保险费的，社会保险费征收机构可以要求该用人单位提供担保，签订延期缴费协议。

用人单位未足额缴纳社会保险费且未提供担保的，社会保险费征收机构可以申请人民法院扣押、查封、拍卖其价值相当于应当缴纳社会保险费的财产，以拍卖所得抵缴社会保险费。

第八章　社会保险基金

第六十四条　社会保险基金包括基本养老保险基金、基本医疗保险基金、工伤保险基金、失业保险基金和生育保险基金。各项社会保险基金按照社会保险险种分别建账，分账核算，执行国家统一的会计制度。

社会保险基金专款专用，任何组织和个人不得侵占或者挪用。

基本养老保险基金逐步实行全国统筹，其他社会保险基金逐步实行省级统筹，具体时间、步骤由国务院规定。

第六十五条　社会保险基金通过预算实现收支平衡。

县级以上人民政府在社会保险基金出现支付不足时，给予补贴。

第六十六条　社会保险基金按照统筹层次设立预算。社会保险基金预算按照社会保险项目分别编制。

第六十七条　社会保险基金预算、决算草案的编制、审核和批准，依照法律和国务院规定执行。

第六十八条　社会保险基金存入财政专户，具体管理办法由国务院规定。

第六十九条　社会保险基金在保证安全的前提下，按照国务院规定投资运营实现保值增值。

社会保险基金不得违规投资运营，不得用于平衡其他政府预算，不得用于兴建、改建办公场所和支付人员经费、运行费用、管理费用，或者违反法律、行政法规规定挪作其他用途。

第七十条　社会保险经办机构应当定期向社会公布参加社会保险情况以及社会保险基金的收入、支出、结余和收益情况。

第七十一条　国家设立全国社会保障基金，由中央财政预算拨款以及国务院批准的其他方式筹集的资金构成，用于社会保障支出的补充、调剂。全国社会保障基金由全国社会保障基金管理运营机构负责管理运营，在保证安全的前提下实现保值增值。

全国社会保障基金应当定期向社会公布收支、管理和投资运营的情况。国务院财政部门、社会保险行政部门、审计机关对全国社会保障基金的收支、管理和投资运营情况实施监督。

第九章　社会保险经办

第七十二条　统筹地区设立社会保险经办机构。社会保险经办机构根据工作需要，经所在地的社会保险行政部门和机构编制管理机关批准，可以在本统筹地区设立分支机构和服务网点。

社会保险经办机构的人员经费和经办社会保险发生的基本运行费用、管理费用，由同级财政按照国家规定予以保障。

第七十三条　社会保险经办机构应当建立健全业务、财务、安全和风险管理制度。

社会保险经办机构应当按时足额支付社会保险待遇。

第七十四条　社会保险经办机构通过业务经办、统计、调查获取社会保险工作所需的数据，有关单位和个人应当及时、如实提供。

社会保险经办机构应当及时为用人单位建立档案，完整、准确地记录参加社会保险的人员、缴费等社会保险数据，妥善保管登记、申报的原始凭证和支付结算的会计凭证。

社会保险经办机构应当及时、完整、准确地记录参加社会保险的个人缴费和用人单位为其缴费，以及享受社会保险待遇等个人权益记录，定期将个人权益记录单免费寄送本人。

用人单位和个人可以免费向社会保险经办机构查询、核对其缴费和享受社会保险待遇记录，要求社会保险经办机构提供社会保险咨询等相关服务。

第七十五条　全国社会保险信息系统按照国家统一规划，由县级以上人民政府按照分级负责的原则共同建设。

第十章　社会保险监督

第七十六条　各级人民代表大会常务委员会听取和审议本级人民政府对社会保险基金的收支、管理、投资运营以及监督检查情况的专项工作报告，组织对本法实施情况的执法检查等，依法行使监督职权。

第七十七条　县级以上人民政府社会保险行政部门应当加强对用人单位和个人遵守社会保险法律、法规情况的监督检查。

社会保险行政部门实施监督检查时，被检查的用人单位和个人应当如实提供与社会保险有关的资料，不得拒绝检查或者谎报、瞒报。

第七十八条　财政部门、审计机关按照各自职责，对社会保险基金的收支、管理和投资运营情况实施监督。

第七十九条　社会保险行政部门对社会保险基金的收支、管理和投资运营情况进行监督检查，发现存在问题的，应当提出整改建议，依法作出处理决定或者向有关行政部门提出处理建议。社会保险基金检查结果应当定期向社会公布。

社会保险行政部门对社会保险基金实施监督检查，有权采取下列措施：

（一）查阅、记录、复制与社会保险基金收支、管理和投资运营相关的资料，对可能被转移、隐匿或者灭失的资料予以封存；

（二）询问与调查事项有关的单位和个人，要求其对与调查事项有关的问题作出说明、提供有关证明材料；

（三）对隐匿、转移、侵占、挪用社会保险基金的行为予以制止并责令改正。

第八十条　统筹地区人民政府成立由用人单位代表、参保人员代表，以及工会代表、专家等组成的社会保险监督委员会，掌握、分析社会保险基金的收支、管理和投资运营情况，对社会保险工作提出咨询意见和建议，实施社会监督。

社会保险经办机构应当定期向社会保险监督委员会汇报社会保险基金的收支、管理和投资运营情况。社会保险监督委员会可以聘请会计师事务所对社会保险基金的收支、管理和投资运营情况进行年度审计和专项审计。审计结果应当向社会公开。

社会保险监督委员会发现社会保险基金收支、管理和投资运营中存在问题的，有权提出改正建议；对社会保险经办机构及其工作人员的违法行为，有权向有关部门提出依法处理建议。

第八十一条 社会保险行政部门和其他有关行政部门、社会保险经办机构、社会保险费征收机构及其工作人员，应当依法为用人单位和个人的信息保密，不得以任何形式泄露。

第八十二条 任何组织或者个人有权对违反社会保险法律、法规的行为进行举报、投诉。

社会保险行政部门、卫生行政部门、社会保险经办机构、社会保险费征收机构和财政部门、审计机关对属于本部门、本机构职责范围的举报、投诉，应当依法处理；对不属于本部门、本机构职责范围的，应当书面通知并移交有权处理的部门、机构处理。有权处理的部门、机构应当及时处理，不得推诿。

第八十三条 用人单位或者个人认为社会保险费征收机构的行为侵害自己合法权益的，可以依法申请行政复议或者提起行政诉讼。

用人单位或者个人对社会保险经办机构不依法办理社会保险登记、核定社会保险费、支付社会保险待遇、办理社会保险转移接续手续或者侵害其他社会保险权益的行为，可以依法申请行政复议或者提起行政诉讼。

个人与所在用人单位发生社会保险争议的，可以依法申请调解、仲裁，提起诉讼。用人单位侵害个人社会保险权益的，个人也可以要求社会保险行政部门或者社会保险费征收机构依法处理。

第十一章　法律责任

第八十四条　用人单位不办理社会保险登记的，由社会保险行政部门责令限期改正；逾期不改正的，对用人单位处应缴社会保险费数额一倍以上三倍以下的罚款，对其直接负责的主管人员和其他直接责任人员处五百元以上三千元以下的罚款。

第八十五条　用人单位拒不出具终止或者解除劳动关系证明的，依照《中华人民共和国劳动合同法》的规定处理。

第八十六条　用人单位未按时足额缴纳社会保险费的，由社会保险费征收机构责令限期缴纳或者补足，并自欠缴之日起，按日加收万分之五的滞纳金；逾期仍不缴纳的，由有关行政部门处欠缴数额一倍以上三倍以下的罚款。

第八十七条　社会保险经办机构以及医疗机构、药品经营单位等社会保险服务机构以欺诈、伪造证明材料或者其他手段骗取社会保险基金支出的，由社会保险行政部门责令退回骗取的社会保险金，处骗取金额二倍以上五倍以下的罚款；属于社会保险服务机构的，解除服务协议；直接负责的主管人员和其他直接责任人员有执业资格的，依法吊销其执业资格。

第八十八条　以欺诈、伪造证明材料或者其他手段骗取社会保险待遇的，由社会保险行政部门责令退回骗取的社会保险金，处骗取金额二倍以上五倍以下的罚款。

第八十九条　社会保险经办机构及其工作人员有下列行为之一的，由社会保险行政部门责令改正；给社会保险基金、用人单位或者个人造成损失的，依法承担赔偿责任；对直接负责的主管人员和其他直接责任人员依法给予处分：

（一）未履行社会保险法定职责的；

（二）未将社会保险基金存入财政专户的；

（三）克扣或者拒不按时支付社会保险待遇的；

（四）丢失或者篡改缴费记录、享受社会保险待遇记录等社会保险数据、个人权益记录的；

（五）有违反社会保险法律、法规的其他行为的。

第九十条 社会保险费征收机构擅自更改社会保险费缴费基数、费率，导致少收或者多收社会保险费的，由有关行政部门责令其追缴应当缴纳的社会保险费或者退还不应当缴纳的社会保险费；对直接负责的主管人员和其他直接责任人员依法给予处分。

第九十一条 违反本法规定，隐匿、转移、侵占、挪用社会保险基金或者违规投资运营的，由社会保险行政部门、财政部门、审计机关责令追回；有违法所得的，没收违法所得；对直接负责的主管人员和其他直接责任人员依法给予处分。

第九十二条 社会保险行政部门和其他有关行政部门、社会保险经办机构、社会保险费征收机构及其工作人员泄露用人单位和个人信息的，对直接负责的主管人员和其他直接责任人员依法给予处分；给用人单位或者个人造成损失的，应当承担赔偿责任。

第九十三条 国家工作人员在社会保险管理、监督工作中滥用职权、玩忽职守、徇私舞弊的，依法给予处分。

第九十四条 违反本法规定，构成犯罪的，依法追究刑事责任。

第十二章 附 则

第九十五条 进城务工的农村居民依照本法规定参加社会保险。

第九十六条 征收农村集体所有的土地，应当足额安排被征地农民的社会保险费，按照国务院规定将被征地农民纳入相应的社会保险制度。

第九十七条 外国人在中国境内就业的，参照本法规定参加社会保险。

第九十八条 本法自2011年7月1日起施行。

农村五保供养工作条例

（2006年1月21日国务院令第456号公布　自2006年3月1日起施行）

第一章　总　　则
第二章　供养对象
第三章　供养内容
第四章　供养形式
第五章　监督管理
第六章　法律责任
第七章　附　　则

第一章　总　　则

第一条　为了做好农村五保供养工作，保障农村五保供养对象的正常生活，促进农村社会保障制度的发展，制定本条例。

第二条　本条例所称农村五保供养，是指依照本条例规定，在吃、穿、住、医、葬方面给予村民的生活照顾和物质帮助。

第三条　国务院民政部门主管全国的农村五保供养工作；县级以上地方各级人民政府民政部门主管本行政区域内的农村五保供养工作。

乡、民族乡、镇人民政府管理本行政区域内的农村五保供养工作。

村民委员会协助乡、民族乡、镇人民政府开展农村五保供养工作。

第四条　国家鼓励社会组织和个人为农村五保供养对象和农村五保供

养工作提供捐助和服务。

第五条 国家对在农村五保供养工作中做出显著成绩的单位和个人，给予表彰和奖励。

第二章 供养对象

第六条 老年、残疾或者未满16周岁的村民，无劳动能力、无生活来源又无法定赡养、抚养、扶养义务人，或者其法定赡养、抚养、扶养义务人无赡养、抚养、扶养能力的，享受农村五保供养待遇。

第七条 享受农村五保供养待遇，应当由村民本人向村民委员会提出申请；因年幼或者智力残疾无法表达意愿的，由村民小组或者其他村民代为提出申请。经村民委员会民主评议，对符合本条例第六条规定条件的，在本村范围内公告；无重大异议的，由村民委员会将评议意见和有关材料报送乡、民族乡、镇人民政府审核。

乡、民族乡、镇人民政府应当自收到评议意见之日起20日内提出审核意见，并将审核意见和有关材料报送县级人民政府民政部门审批。县级人民政府民政部门应当自收到审核意见和有关材料之日起20日内作出审批决定。对批准给予农村五保供养待遇的，发给《农村五保供养证书》；对不符合条件不予批准的，应当书面说明理由。

乡、民族乡、镇人民政府应当对申请人的家庭状况和经济条件进行调查核实；必要时，县级人民政府民政部门可以进行复核。申请人、有关组织或者个人应当配合、接受调查，如实提供有关情况。

第八条 农村五保供养对象不再符合本条例第六条规定条件的，村民委员会或者敬老院等农村五保供养服务机构（以下简称农村五保供养服务机构）应当向乡、民族乡、镇人民政府报告，由乡、民族乡、镇人民政府审核并报县级人民政府民政部门核准后，核销其《农村五保供养证书》。

农村五保供养对象死亡，丧葬事宜办理完毕后，村民委员会或者农村五保供养服务机构应当向乡、民族乡、镇人民政府报告，由乡、民族乡、镇人民政府报县级人民政府民政部门核准后，核销其《农村五保供养证书》。

第三章　供养内容

第九条　农村五保供养包括下列供养内容：

（一）供给粮油、副食品和生活用燃料；

（二）供给服装、被褥等生活用品和零用钱；

（三）提供符合基本居住条件的住房；

（四）提供疾病治疗，对生活不能自理的给予照料；

（五）办理丧葬事宜。

农村五保供养对象未满16周岁或者已满16周岁仍在接受义务教育的，应当保障他们依法接受义务教育所需费用。

农村五保供养对象的疾病治疗，应当与当地农村合作医疗和农村医疗救助制度相衔接。

第十条　农村五保供养标准不得低于当地村民的平均生活水平，并根据当地村民平均生活水平的提高适时调整。

农村五保供养标准，可以由省、自治区、直辖市人民政府制定，在本行政区域内公布执行，也可以由设区的市级或者县级人民政府制定，报所在的省、自治区、直辖市人民政府备案后公布执行。

国务院民政部门、国务院财政部门应当加强对农村五保供养标准制定工作的指导。

第十一条　农村五保供养资金，在地方人民政府财政预算中安排。有农村集体经营等收入的地方，可以从农村集体经营等收入中安排资金，用于补助和改善农村五保供养对象的生活。农村五保供养对象将承包土地交由他人代耕的，其收益归该农村五保供养对象所有。具体办法由省、自治区、直辖市人民政府规定。

中央财政对财政困难地区的农村五保供养，在资金上给予适当补助。

农村五保供养资金，应当专门用于农村五保供养对象的生活，任何组织或者个人不得贪污、挪用、截留或者私分。

第四章 供养形式

第十二条 农村五保供养对象可以在当地的农村五保供养服务机构集中供养，也可以在家分散供养。农村五保供养对象可以自行选择供养形式。

第十三条 集中供养的农村五保供养对象，由农村五保供养服务机构提供供养服务；分散供养的农村五保供养对象，可以由村民委员会提供照料，也可以由农村五保供养服务机构提供有关供养服务。

第十四条 各级人民政府应当把农村五保供养服务机构建设纳入经济社会发展规划。

县级人民政府和乡、民族乡、镇人民政府应当为农村五保供养服务机构提供必要的设备、管理资金，并配备必要的工作人员。

第十五条 农村五保供养服务机构应当建立健全内部民主管理和服务管理制度。

农村五保供养服务机构工作人员应当经过必要的培训。

第十六条 农村五保供养服务机构可以开展以改善农村五保供养对象生活条件为目的的农副业生产。地方各级人民政府及其有关部门应当对农村五保供养服务机构开展农副业生产给予必要的扶持。

第十七条 乡、民族乡、镇人民政府应当与村民委员会或者农村五保供养服务机构签订供养服务协议，保证农村五保供养对象享受符合要求的供养。

村民委员会可以委托村民对分散供养的农村五保供养对象提供照料。

第五章 监督管理

第十八条 县级以上人民政府应当依法加强对农村五保供养工作的监

督管理。县级以上地方各级人民政府民政部门和乡、民族乡、镇人民政府应当制定农村五保供养工作的管理制度，并负责督促实施。

第十九条 财政部门应当按时足额拨付农村五保供养资金，确保资金到位，并加强对资金使用情况的监督管理。

审计机关应当依法加强对农村五保供养资金使用情况的审计。

第二十条 农村五保供养待遇的申请条件、程序、民主评议情况以及农村五保供养的标准和资金使用情况等，应当向社会公告，接受社会监督。

第二十一条 农村五保供养服务机构应当遵守治安、消防、卫生、财务会计等方面的法律、法规和国家有关规定，向农村五保供养对象提供符合要求的供养服务，并接受地方人民政府及其有关部门的监督管理。

第六章 法律责任

第二十二条 违反本条例规定，有关行政机关及其工作人员有下列行为之一的，对直接负责的主管人员以及其他直接责任人员依法给予行政处分；构成犯罪的，依法追究刑事责任：

（一）对符合农村五保供养条件的村民不予批准享受农村五保供养待遇的，或者对不符合农村五保供养条件的村民批准其享受农村五保供养待遇的；

（二）贪污、挪用、截留、私分农村五保供养款物的；

（三）有其他滥用职权、玩忽职守、徇私舞弊行为的。

第二十三条 违反本条例规定，村民委员会组成人员贪污、挪用、截留农村五保供养款物的，依法予以罢免；构成犯罪的，依法追究刑事责任。

违反本条例规定，农村五保供养服务机构工作人员私分、挪用、截留农村五保供养款物的，予以辞退；构成犯罪的，依法追究刑事责任。

第二十四条 违反本条例规定，村民委员会或者农村五保供养服务机构对农村五保供养对象提供的供养服务不符合要求的，由乡、民族乡、镇人民政府责令限期改正；逾期不改正的，乡、民族乡、镇人民政府有权终止供养服务协议；造成损失的，依法承担赔偿责任。

第七章　附　　则

第二十五条　《农村五保供养证书》由国务院民政部门规定式样，由省、自治区、直辖市人民政府民政部门监制。

第二十六条　本条例自2006年3月1日起施行。1994年1月23日国务院发布的《农村五保供养工作条例》同时废止。

城市居民最低生活保障条例

（1999年9月28日国务院令第271号公布　自1999年10月1日起施行）

第一条　为了规范城市居民最低生活保障制度，保障城市居民基本生活，制定本条例。

第二条　持有非农业户口的城市居民，凡共同生活的家庭成员人均收入低于当地城市居民最低生活保障标准的，均有从当地人民政府获得基本生活物质帮助的权利。

前款所称收入，是指共同生活的家庭成员的全部货币收入和实物收入，包括法定赡养人、扶养人或者抚养人应当给付的赡养费、扶养费或者抚养费，不包括优抚对象按照国家规定享受的抚恤金、补助金。

第三条　城市居民最低生活保障制度遵循保障城市居民基本生活的原则，坚持国家保障与社会帮扶相结合、鼓励劳动自救的方针。

第四条　城市居民最低生活保障制度实行地方各级人民政府负责制。县级以上地方各级人民政府民政部门具体负责本行政区域内城市居民最低生活保障的管理工作；财政部门按照规定落实城市居民最低生活保障资金；统计、物价、审计、劳动保障和人事等部门分工负责，在各自的职责范围内负责城市居民最低生活保障的有关工作。

县级人民政府民政部门以及街道办事处和镇人民政府（以下统称管理审批机关）负责城市居民最低生活保障的具体管理审批工作。

居民委员会根据管理审批机关的委托，可以承担城市居民最低生活保障的日常管理、服务工作。

国务院民政部门负责全国城市居民最低生活保障的管理工作。

第五条 城市居民最低生活保障所需资金，由地方人民政府列入财政预算，纳入社会救济专项资金支出项目，专项管理，专款专用。

国家鼓励社会组织和个人为城市居民最低生活保障提供捐赠、资助；所提供的捐赠资助，全部纳入当地城市居民最低生活保障资金。

第六条 城市居民最低生活保障标准，按照当地维持城市居民基本生活所必需的衣、食、住费用，并适当考虑水电燃煤（燃气）费用以及未成年人的义务教育费用确定。

直辖市、设区的市的城市居民最低生活保障标准，由市人民政府民政部门会同财政、统计、物价等部门制定，报本级人民政府批准并公布执行；县（县级市）的城市居民最低生活保障标准，由县（县级市）人民政府民政部门会同财政、统计、物价等部门制定，报本级人民政府批准并报上一级人民政府备案后公布执行。

城市居民最低生活保障标准需要提高时，依照前两款的规定重新核定。

第七条 申请享受城市居民最低生活保障待遇，由户主向户籍所在地的街道办事处或者镇人民政府提出书面申请，并出具有关证明材料，填写《城市居民最低生活保障待遇审批表》。城市居民最低生活保障待遇，由其所在地的街道办事处或者镇人民政府初审，并将有关材料和初审意见报送县级人民政府民政部门审批。

管理审批机关为审批城市居民最低生活保障待遇的需要，可以通过入户调查、邻里访问以及信函索证等方式对申请人的家庭经济状况和实际生活水平进行调查核实。申请人及有关单位、组织或者个人应当接受调查，如实提供有关情况。

第八条 县级人民政府民政部门经审查，对符合享受城市居民最低生活保障待遇条件的家庭，应当区分下列不同情况批准其享受城市居民最低生活保障待遇：

（一）对无生活来源、无劳动能力又无法定赡养人、扶养人或者抚养人的城市居民，批准其按照当地城市居民最低生活保障标准全额享受；

（二）对尚有一定收入的城市居民，批准其按照家庭人均收入低于当地城市居民最低生活保障标准的差额享受。

县级人民政府民政部门经审查，对不符合享受城市居民最低生活保障待遇条件的，应当书面通知申请人，并说明理由。

管理审批机关应当自接到申请人提出申请之日起的30日内办结审批手续。

城市居民最低生活保障待遇由管理审批机关以货币形式按月发放；必要时，也可以给付实物。

第九条　对经批准享受城市居民最低生活保障待遇的城市居民，由管理审批机关采取适当形式以户为单位予以公布，接受群众监督。任何人对不符合法定条件而享受城市居民最低生活保障待遇的，都有权向管理审批机关提出意见；管理审批机关经核查，对情况属实的，应当予以纠正。

第十条　享受城市居民最低生活保障待遇的城市居民家庭人均收入情况发生变化的，应当及时通过居民委员会告知管理审批机关，办理停发、减发或者增发城市居民最低生活保障待遇的手续。

管理审批机关应当对享受城市居民最低生活保障待遇的城市居民的家庭收入情况定期进行核查。

在就业年龄内有劳动能力但尚未就业的城市居民，在享受城市居民最低生活保障待遇期间，应当参加其所在的居民委员会组织的公益性社区服务劳动。

第十一条　地方各级人民政府及其有关部门，应当对享受城市居民最低生活保障待遇的城市居民在就业、从事个体经营等方面给予必要的扶持和照顾。

第十二条　财政部门、审计部门依法监督城市居民最低生活保障资金的使用情况。

第十三条　从事城市居民最低生活保障管理审批工作的人员有下列行为之一的，给予批评教育，依法给予行政处分；构成犯罪的，依法追究刑事责任：

（一）对符合享受城市居民最低生活保障待遇条件的家庭拒不签署同意享受城市居民最低生活保障待遇意见的，或者对不符合享受城市居民最低低生活保障待遇条件的家庭故意签署同意享受城市居民最低生活保障待遇意见的；

（二）玩忽职守、徇私舞弊，或者贪污、挪用、扣压、拖欠城市居民最低生活保障款物的。

第十四条 享受城市居民最低生活保障待遇的城市居民有下列行为之一的，由县级人民政府民政部门给予批评教育或者警告，追回其冒领的城市居民最低生活保障款物；情节恶劣的，处冒领金额1倍以上3倍以下的罚款：

（一）采取虚报、隐瞒、伪造等手段，骗取享受城市居民最低生活保障待遇的；

（二）在享受城市居民最低生活保障待遇期间家庭收入情况好转，不按规定告知管理审批机关，继续享受城市居民最低生活保障待遇的。

第十五条 城市居民对县级人民政府民政部门作出的不批准享受城市居民最低生活保障待遇或者减发、停发城市居民最低生活保障款物的决定或者给予的行政处罚不服的，可以依法申请行政复议；对复议决定仍不服的，可以依法提起行政诉讼。

第十六条 省、自治区、直辖市人民政府可以根据本条例，结合本行政区域城市居民最低生活保障工作的实际情况，规定实施的办法和步骤。

第十七条 本条例自1999年10月1日起施行。

社会救助暂行办法

（2014年2月21日国务院令第649号公布　自2014年5月1日起施行）

第一章　总　　则
第二章　最低生活保障
第三章　特困人员供养
第四章　受灾人员救助
第五章　医疗救助
第六章　教育救助
第七章　住房救助
第八章　就业救助
第九章　临时救助
第十章　社会力量参与
第十一章　监督管理
第十二章　法律责任
第十三章　附　　则

第一章　总　　则

第一条　为了加强社会救助，保障公民的基本生活，促进社会公平，维护社会和谐稳定，根据宪法，制定本办法。

第二条　社会救助制度坚持托底线、救急难、可持续，与其他社会保障制度相衔接，社会救助水平与经济社会发展水平相适应。

社会救助工作应当遵循公开、公平、公正、及时的原则。

第三条 国务院民政部门统筹全国社会救助体系建设。国务院民政、卫生计生、教育、住房城乡建设、人力资源社会保障等部门，按照各自职责负责相应的社会救助管理工作。

县级以上地方人民政府民政、卫生计生、教育、住房城乡建设、人力资源社会保障等部门，按照各自职责负责本行政区域内相应的社会救助管理工作。

前两款所列行政部门统称社会救助管理部门。

第四条 乡镇人民政府、街道办事处负责有关社会救助的申请受理、调查审核，具体工作由社会救助经办机构或者经办人员承担。

村民委员会、居民委员会协助做好有关社会救助工作。

第五条 县级以上人民政府应当将社会救助纳入国民经济和社会发展规划，建立健全政府领导、民政部门牵头、有关部门配合、社会力量参与的社会救助工作协调机制，完善社会救助资金、物资保障机制，将政府安排的社会救助资金和社会救助工作经费纳入财政预算。

社会救助资金实行专项管理，分账核算，专款专用，任何单位或者个人不得挤占挪用。社会救助资金的支付，按照财政国库管理的有关规定执行。

第六条 县级以上人民政府应当按照国家统一规划建立社会救助管理信息系统，实现社会救助信息互联互通、资源共享。

第七条 国家鼓励、支持社会力量参与社会救助。

第八条 对在社会救助工作中作出显著成绩的单位、个人，按照国家有关规定给予表彰、奖励。

第二章 最低生活保障

第九条 国家对共同生活的家庭成员人均收入低于当地最低生活保障标准，且符合当地最低生活保障家庭财产状况规定的家庭，给予最低生活保障。

第十条 最低生活保障标准，由省、自治区、直辖市或者设区的市级人民政府按照当地居民生活必需的费用确定、公布，并根据当地经济社会发展水平和物价变动情况适时调整。

最低生活保障家庭收入状况、财产状况的认定办法，由省、自治区、直辖市或者设区的市级人民政府按照国家有关规定制定。

第十一条 申请最低生活保障，按照下列程序办理：

（一）由共同生活的家庭成员向户籍所在地的乡镇人民政府、街道办事处提出书面申请；家庭成员申请有困难的，可以委托村民委员会、居民委员会代为提出申请。

（二）乡镇人民政府、街道办事处应当通过入户调查、邻里访问、信函索证、群众评议、信息核查等方式，对申请人的家庭收入状况、财产状况进行调查核实，提出初审意见，在申请人所在村、社区公示后报县级人民政府民政部门审批。

（三）县级人民政府民政部门经审查，对符合条件的申请予以批准，并在申请人所在村、社区公布；对不符合条件的申请不予批准，并书面向申请人说明理由。

第十二条 对批准获得最低生活保障的家庭，县级人民政府民政部门按照共同生活的家庭成员人均收入低于当地最低生活保障标准的差额，按月发给最低生活保障金。

对获得最低生活保障后生活仍有困难的老年人、未成年人、重度残疾人和重病患者，县级以上地方人民政府应当采取必要措施给予生活保障。

第十三条 最低生活保障家庭的人口状况、收入状况、财产状况发生变化的，应当及时告知乡镇人民政府、街道办事处。

县级人民政府民政部门以及乡镇人民政府、街道办事处应当对获得最低生活保障家庭的人口状况、收入状况、财产状况定期核查。

最低生活保障家庭的人口状况、收入状况、财产状况发生变化的，县级人民政府民政部门应当及时决定增发、减发或者停发最低生活保障金；决定停发最低生活保障金的，应当书面说明理由。

第三章 特困人员供养

第十四条 国家对无劳动能力、无生活来源且无法定赡养、抚养、扶养义务人，或者其法定赡养、抚养、扶养义务人无赡养、抚养、扶养能力的老年人、残疾人以及未满16周岁的未成年人，给予特困人员供养。

第十五条 特困人员供养的内容包括：

（一）提供基本生活条件；

（二）对生活不能自理的给予照料；

（三）提供疾病治疗；

（四）办理丧葬事宜。

特困人员供养标准，由省、自治区、直辖市或者设区的市级人民政府确定、公布。

特困人员供养应当与城乡居民基本养老保险、基本医疗保障、最低生活保障、孤儿基本生活保障等制度相衔接。

第十六条 申请特困人员供养，由本人向户籍所在地的乡镇人民政府、街道办事处提出书面申请；本人申请有困难的，可以委托村民委员会、居民委员会代为提出申请。

特困人员供养的审批程序适用本办法第十一条规定。

第十七条 乡镇人民政府、街道办事处应当及时了解掌握居民的生活情况，发现符合特困供养条件的人员，应当主动为其依法办理供养。

第十八条 特困供养人员不再符合供养条件的，村民委员会、居民委员会或者供养服务机构应当告知乡镇人民政府、街道办事处，由乡镇人民政府、街道办事处审核并报县级人民政府民政部门核准后，终止供养并予以公示。

第十九条 特困供养人员可以在当地的供养服务机构集中供养，也可以在家分散供养。特困供养人员可以自行选择供养形式。

第四章 受灾人员救助

第二十条 国家建立健全自然灾害救助制度，对基本生活受到自然灾害严重影响的人员，提供生活救助。

自然灾害救助实行属地管理，分级负责。

第二十一条 设区的市级以上人民政府和自然灾害多发、易发地区的县级人民政府应当根据自然灾害特点、居民人口数量和分布等情况，设立自然灾害救助物资储备库，保障自然灾害发生后救助物资的紧急供应。

第二十二条 自然灾害发生后，县级以上人民政府或者人民政府的自然灾害救助应急综合协调机构应当根据情况紧急疏散、转移、安置受灾人员，及时为受灾人员提供必要的食品、饮用水、衣被、取暖、临时住所、医疗防疫等应急救助。

第二十三条 灾情稳定后，受灾地区县级以上人民政府应当评估、核定并发布自然灾害损失情况。

第二十四条 受灾地区人民政府应当在确保安全的前提下，对住房损毁严重的受灾人员进行过渡性安置。

第二十五条 自然灾害危险消除后，受灾地区人民政府民政等部门应当及时核实本行政区域内居民住房恢复重建补助对象，并给予资金、物资等救助。

第二十六条 自然灾害发生后，受灾地区人民政府应当为因当年冬寒或者次年春荒遇到生活困难的受灾人员提供基本生活救助。

第五章 医疗救助

第二十七条 国家建立健全医疗救助制度，保障医疗救助对象获得基本医疗卫生服务。

第二十八条 下列人员可以申请相关医疗救助：

（一）最低生活保障家庭成员；

（二）特困供养人员；

（三）县级以上人民政府规定的其他特殊困难人员。

第二十九条 医疗救助采取下列方式：

（一）对救助对象参加城镇居民基本医疗保险或者新型农村合作医疗的个人缴费部分，给予补贴；

（二）对救助对象经基本医疗保险、大病保险和其他补充医疗保险支付后，个人及其家庭难以承担的符合规定的基本医疗自负费用，给予补助。

医疗救助标准，由县级以上人民政府按照经济社会发展水平和医疗救助资金情况确定、公布。

第三十条 申请医疗救助的，应当向乡镇人民政府、街道办事处提出，经审核、公示后，由县级人民政府民政部门审批。最低生活保障家庭成员和特困供养人员的医疗救助，由县级人民政府民政部门直接办理。

第三十一条 县级以上人民政府应当建立健全医疗救助与基本医疗保险、大病保险相衔接的医疗费用结算机制，为医疗救助对象提供便捷服务。

第三十二条 国家建立疾病应急救助制度，对需要急救但身份不明或者无力支付急救费用的急重危伤病患者给予救助。符合规定的急救费用由疾病应急救助基金支付。

疾病应急救助制度应当与其他医疗保障制度相衔接。

第六章 教育救助

第三十三条 国家对在义务教育阶段就学的最低生活保障家庭成员、特困供养人员，给予教育救助。

对在高中教育（含中等职业教育）、普通高等教育阶段就学的最低生活保障家庭成员、特困供养人员，以及不能入学接受义务教育的残疾儿童，根据实际情况给予适当教育救助。

第三十四条　教育救助根据不同教育阶段需求，采取减免相关费用、发放助学金、给予生活补助、安排勤工助学等方式实施，保障教育救助对象基本学习、生活需求。

第三十五条　教育救助标准，由省、自治区、直辖市人民政府根据经济社会发展水平和教育救助对象的基本学习、生活需求确定、公布。

第三十六条　申请教育救助，应当按照国家有关规定向就读学校提出，按规定程序审核、确认后，由学校按照国家有关规定实施。

第七章　住房救助

第三十七条　国家对符合规定标准的住房困难的最低生活保障家庭、分散供养的特困人员，给予住房救助。

第三十八条　住房救助通过配租公共租赁住房、发放住房租赁补贴、农村危房改造等方式实施。

第三十九条　住房困难标准和救助标准，由县级以上地方人民政府根据本行政区域经济社会发展水平、住房价格水平等因素确定、公布。

第四十条　城镇家庭申请住房救助的，应当经由乡镇人民政府、街道办事处或者直接向县级人民政府住房保障部门提出，经县级人民政府民政部门审核家庭收入、财产状况和县级人民政府住房保障部门审核家庭住房状况并公示后，对符合申请条件的申请人，由县级人民政府住房保障部门优先给予保障。

农村家庭申请住房救助的，按照县级以上人民政府有关规定执行。

第四十一条　各级人民政府按照国家规定通过财政投入、用地供应等措施为实施住房救助提供保障。

第八章 就业救助

第四十二条 国家对最低生活保障家庭中有劳动能力并处于失业状态的成员，通过贷款贴息、社会保险补贴、岗位补贴、培训补贴、费用减免、公益性岗位安置等办法，给予就业救助。

第四十三条 最低生活保障家庭有劳动能力的成员均处于失业状态的，县级以上地方人民政府应当采取有针对性的措施，确保该家庭至少有一人就业。

第四十四条 申请就业救助的，应当向住所地街道、社区公共就业服务机构提出，公共就业服务机构核实后予以登记，并免费提供就业岗位信息、职业介绍、职业指导等就业服务。

第四十五条 最低生活保障家庭中有劳动能力但未就业的成员，应当接受人力资源社会保障等有关部门介绍的工作；无正当理由，连续3次拒绝接受介绍的与其健康状况、劳动能力等相适应的工作的，县级人民政府民政部门应当决定减发或者停发其本人的最低生活保障金。

第四十六条 吸纳就业救助对象的用人单位，按照国家有关规定享受社会保险补贴、税收优惠、小额担保贷款等就业扶持政策。

第九章 临时救助

第四十七条 国家对因火灾、交通事故等意外事件，家庭成员突发重大疾病等原因，导致基本生活暂时出现严重困难的家庭，或者因生活必需支出突然增加超出家庭承受能力，导致基本生活暂时出现严重困难的最低生活保障家庭，以及遭遇其他特殊困难的家庭，给予临时救助。

第四十八条 申请临时救助的，应当向乡镇人民政府、街道办事处提出，经审核、公示后，由县级人民政府民政部门审批；救助金额较小的，县级人民政府民政部门可以委托乡镇人民政府、街道办事处审批。情况紧急的，可以按照规定简化审批手续。

第四十九条 临时救助的具体事项、标准，由县级以上地方人民政府确定、公布。

第五十条 国家对生活无着的流浪、乞讨人员提供临时食宿、急病救治、协助返回等救助。

第五十一条 公安机关和其他有关行政机关的工作人员在执行公务时发现流浪、乞讨人员的，应当告知其向救助管理机构求助。对其中的残疾人、未成年人、老年人和行动不便的其他人员，应当引导、护送到救助管理机构；对突发急病人员，应当立即通知急救机构进行救治。

第十章 社会力量参与

第五十二条 国家鼓励单位和个人等社会力量通过捐赠、设立帮扶项目、创办服务机构、提供志愿服务等方式，参与社会救助。

第五十三条 社会力量参与社会救助，按照国家有关规定享受财政补贴、税收优惠、费用减免等政策。

第五十四条 县级以上地方人民政府可以将社会救助中的具体服务事项通过委托、承包、采购等方式，向社会力量购买服务。

第五十五条 县级以上地方人民政府应当发挥社会工作服务机构和社会工作者作用，为社会救助对象提供社会融入、能力提升、心理疏导等专业服务。

第五十六条 社会救助管理部门及相关机构应当建立社会力量参与社会救助的机制和渠道，提供社会救助项目、需求信息，为社会力量参与社会救助创造条件、提供便利。

第十一章　监督管理

第五十七条　县级以上人民政府及其社会救助管理部门应当加强对社会救助工作的监督检查，完善相关监督管理制度。

第五十八条　申请或者已获得社会救助的家庭，应当按照规定如实申报家庭收入状况、财产状况。

县级以上人民政府民政部门根据申请或者已获得社会救助家庭的请求、委托，可以通过户籍管理、税务、社会保险、不动产登记、工商登记、住房公积金管理、车船管理等单位和银行、保险、证券等金融机构，代为查询、核对其家庭收入状况、财产状况；有关单位和金融机构应当予以配合。

县级以上人民政府民政部门应当建立申请和已获得社会救助家庭经济状况信息核对平台，为审核认定社会救助对象提供依据。

第五十九条　县级以上人民政府社会救助管理部门和乡镇人民政府、街道办事处在履行社会救助职责过程中，可以查阅、记录、复制与社会救助事项有关的资料，询问与社会救助事项有关的单位、个人，要求其对相关情况作出说明，提供相关证明材料。有关单位、个人应当如实提供。

第六十条　申请社会救助，应当按照本办法的规定提出；申请人难以确定社会救助管理部门的，可以先向社会救助经办机构或者县级人民政府民政部门求助。社会救助经办机构或者县级人民政府民政部门接到求助后，应当及时办理或者转交其他社会救助管理部门办理。

乡镇人民政府、街道办事处应当建立统一受理社会救助申请的窗口，及时受理、转办申请事项。

第六十一条　履行社会救助职责的工作人员对在社会救助工作中知悉的公民个人信息，除按照规定应当公示的信息外，应当予以保密。

第六十二条　县级以上人民政府及其社会救助管理部门应当通过报刊、广播、电视、互联网等媒体，宣传社会救助法律、法规和政策。

县级人民政府及其社会救助管理部门应当通过公共查阅室、资料索取点、信息公告栏等便于公众知晓的途径，及时公开社会救助资金、物资的管理和使用等情况，接受社会监督。

第六十三条 履行社会救助职责的工作人员行使职权，应当接受社会监督。

任何单位、个人有权对履行社会救助职责的工作人员在社会救助工作中的违法行为进行举报、投诉。受理举报、投诉的机关应当及时核实、处理。

第六十四条 县级以上人民政府财政部门、审计机关依法对社会救助资金、物资的筹集、分配、管理和使用实施监督。

第六十五条 申请或者已获得社会救助的家庭或者人员，对社会救助管理部门作出的具体行政行为不服的，可以依法申请行政复议或者提起行政诉讼。

第十二章　法律责任

第六十六条 违反本办法规定，有下列情形之一的，由上级行政机关或者监察机关责令改正；对直接负责的主管人员和其他直接责任人员依法给予处分：

（一）对符合申请条件的救助申请不予受理的；

（二）对符合救助条件的救助申请不予批准的；

（三）对不符合救助条件的救助申请予以批准的；

（四）泄露在工作中知悉的公民个人信息，造成后果的；

（五）丢失、篡改接受社会救助款物、服务记录等数据的；

（六）不按照规定发放社会救助资金、物资或者提供相关服务的；

（七）在履行社会救助职责过程中有其他滥用职权、玩忽职守、徇私舞弊行为的。

第六十七条 违反本办法规定，截留、挤占、挪用、私分社会救助资金、物资的，由有关部门责令追回；有违法所得的，没收违法所得；对直接负责的主管人员和其他直接责任人员依法给予处分。

第六十八条 采取虚报、隐瞒、伪造等手段，骗取社会救助资金、物资或者服务的，由有关部门决定停止社会救助，责令退回非法获取的救助资金、物资，可以处非法获取的救助款额或者物资价值1倍以上3倍以下的罚款；构成违反治安管理行为的，依法给予治安管理处罚。

第六十九条 违反本办法规定，构成犯罪的，依法追究刑事责任。

第十三章 附 则

第七十条 本办法自2014年5月1日起施行。

城市生活无着的流浪乞讨人员救助管理办法

（2003年6月20日国务院令第381号公布　自2003年8月1日起施行）

第一条　为了对在城市生活无着的流浪、乞讨人员（以下简称流浪乞讨人员）实行救助，保障其基本生活权益，完善社会救助制度，制定本办法。

第二条　县级以上城市人民政府应当根据需要设立流浪乞讨人员救助站。救助站对流浪乞讨人员的救助是一项临时性社会救助措施。

第三条　县级以上城市人民政府应当采取积极措施及时救助流浪乞讨人员，并应当将救助工作所需经费列入财政预算，予以保障。

国家鼓励、支持社会组织和个人救助流浪乞讨人员。

第四条　县级以上人民政府民政部门负责流浪乞讨人员的救助工作，并对救助站进行指导、监督。

公安、卫生、交通、铁道、城管等部门应当在各自的职责范围内做好相关工作。

第五条　公安机关和其他有关行政机关的工作人员在执行职务时发现流浪乞讨人员的，应当告知其向救助站求助；对其中的残疾人、未成年人、老年人和行动不便的其他人员，还应当引导、护送到救助站。

第六条　向救助站求助的流浪乞讨人员，应当如实提供本人的姓名等基本情况并将随身携带物品在救助站登记，向救助站提出求助需求。

救助站对属于救助对象的求助人员，应当及时提供救助，不得拒绝；

对不属于救助对象的求助人员，应当说明不予救助的理由。

第七条 救助站应当根据受助人员的需要提供下列救助：

（一）提供符合食品卫生要求的食物；

（二）提供符合基本条件的住处；

（三）对在站内突发急病的，及时送医院救治；

（四）帮助与其亲属或者所在单位联系；

（五）对没有交通费返回其住所地或者所在单位的，提供乘车凭证。

第八条 救助站为受助人员提供的住处，应当按性别分室住宿，女性受助人员应当由女性工作人员管理。

第九条 救助站应当保障受助人员在站内的人身安全和随身携带物品的安全，维护站内秩序。

第十条 救助站不得向受助人员、其亲属或者所在单位收取费用，不得以任何借口组织受助人员从事生产劳动。

第十一条 救助站应当劝导受助人员返回其住所地或者所在单位，不得限制受助人员离开救助站。救助站对受助的残疾人、未成年人、老年人应当给予照顾；对查明住址的，及时通知其亲属或者所在单位领回；对无家可归的，由其户籍所在地人民政府妥善安置。

第十二条 受助人员住所地的县级人民政府应当采取措施，帮助受助人员解决生产、生活困难，教育遗弃残疾人、未成年人、老年人的近亲属或者其他监护人履行抚养、赡养义务。

第十三条 救助站应当建立、健全站内管理的各项制度，实行规范化管理。

第十四条 县级以上人民政府民政部门应当加强对救助站工作人员的教育、培训和监督。

救助站工作人员应当自觉遵守国家的法律法规、政策和有关规章制度，不准拘禁或者变相拘禁受助人员；不准打骂、体罚、虐待受助人员或者唆使他人打骂、体罚、虐待受助人员；不准敲诈、勒索、侵吞受助人员的财物；不准克扣受助人员的生活供应品；不准扣压受助人员的证件、申诉控告材料；不准任用受助人员担任管理工作；不准使用受助人员为工作人员干私活；不准调戏妇女。

违反前款规定，构成犯罪的，依法追究刑事责任；尚不构成犯罪的，依法给予纪律处分。

第十五条　救助站不履行救助职责的，求助人员可以向当地民政部门举报；民政部门经查证属实的，应当责令救助站及时提供救助，并对直接责任人员依法给予纪律处分。

第十六条　受助人员应当遵守法律法规。受助人员违反法律法规的，应当依法处理。

受助人员应当遵守救助站的各项规章制度。

第十七条　本办法的实施细则由国务院民政部门制定。

第十八条　本办法自2003年8月1日起施行。1982年5月12日国务院发布的《城市流浪乞讨人员收容遣送办法》同时废止。

养老机构设立许可办法

（2013年6月28日民政部令第48号　自2013年7月1日起施行）

第一章　总　　则
第二章　条件和程序
第三章　许可管理
第四章　监督检查
第五章　法律责任
第六章　附　　则

第一章　总　　则

第一条　为了规范养老机构设立许可，促进养老机构健康发展，根据《中华人民共和国老年人权益保障法》和有关法律、行政法规，制定本办法。

第二条　养老机构设立许可的申请、受理、审查、决定和监督检查，适用本办法。

第三条　本办法所称养老机构，是指为老年人提供集中居住和照料服务的机构。

第四条　国务院民政部门负责全国养老机构设立许可工作。

县级以上地方人民政府民政部门负责本行政区域内养老机构设立许可工作。

第五条　实施养老机构设立许可，应当遵循公开、公平、公正原则。

第二章　条件和程序

第六条　设立养老机构，应当符合下列条件：

（一）有名称、住所、机构章程和管理制度；

（二）有符合养老机构相关规范和技术标准，符合国家环境保护、消防安全、卫生防疫等要求的基本生活用房、设施设备和活动场地；

（三）有与开展服务相适应的管理人员、专业技术人员和服务人员；

（四）有与服务内容和规模相适应的资金；

（五）床位数在 10 张以上；

（六）法律、法规规定的其他条件。

第七条　依法成立的组织或者具有完全民事行为能力的自然人可以向养老机构住所地县级以上人民政府民政部门申请设立养老机构。

第八条　县、不设区的市、直辖市的区人民政府民政部门实施本行政区域内养老机构的设立许可。

设区的市人民政府民政部门实施住所在市辖区的养老机构的设立许可。

设区的市人民政府民政部门可以委托市辖区人民政府民政部门实施许可。

第九条　省级以上人民政府投资兴办的发挥实训、示范功能的养老机构，可以到同级人民政府民政部门申请设立许可。

前款规定的许可事项，可以委托下一级人民政府民政部门实施许可。

第十条　外国的组织、个人独资或者与中国的组织、个人合资、合作设立养老机构的，香港、澳门、台湾地区的组织、个人以及华侨独资或者与内地（大陆）的组织、个人合资、合作设立养老机构的，由住所地省级人民政府民政部门或者其委托的设区的市级人民政府（行政公署）民政部门实施许可。

法律、法规对投资者另有规定的，从其规定。

第十一条 许可机关根据申请人筹建养老机构的需要和条件，在设立条件、提交材料等方面提供指导和支持。

第十二条 申请设立养老机构，应当向许可机关提交下列文件、资料：

（一）设立申请书；

（二）申请人、拟任法定代表人或者主要负责人的资格证明文件；

（三）符合登记规定的机构名称、章程和管理制度；

（四）建设单位的竣工验收合格证明，卫生防疫、环境保护部门的验收报告或者审查意见，以及公安消防部门出具的建设工程消防设计审核、消防验收合格意见，或者消防备案凭证；

（五）服务场所的自有产权证明或者房屋租赁合同；

（六）管理人员、专业技术人员、服务人员的名单、身份证明文件和健康状况证明；

（七）资金来源证明文件、验资证明和资产评估报告；

（八）依照法律、法规、规章规定，需要提供的其他材料。

第十三条 许可机关应当自受理设立申请之日起20个工作日内，对申请人提交的文件、材料进行书面审查并实地查验。符合条件的，颁发养老机构设立许可证（以下简称设立许可证）；不符合条件的，应当书面通知申请人并说明理由。

第十四条 养老机构应当取得许可并依法登记。未获得许可和依法登记前，养老机构不得以任何名义收取费用、收住老年人。

第三章 许可管理

第十五条 设立许可证应当载明机构名称、住所、法定代表人或者主要负责人、服务范围、有效期限等事项。

设立许可证分为正本和副本，正本和副本具有同等法律效力。设立许可证的式样由国务院民政部门统一规定。

第十六条　设立许可证有效期5年。设立许可证有效期届满30日前，养老机构应当持设立许可证、登记证书副本、养老服务提供情况报告到原许可机关申请换发许可证。

许可机关应当在有效期限届满前按照设立条件作出是否准予延续的决定，逾期未做决定的，视为准予延续。

第十七条　养老机构设立分支机构，应当依照本办法第八条、第九条和第十条的规定，到分支机构住所地的县级以上人民政府民政部门办理申请设立许可手续。相关法律、行政法规对分支机构另有规定的，从其规定。

第十八条　养老机构变更名称、法定代表人或者主要负责人、服务范围的，应当到原许可机关办理变更手续。

养老机构变更住所的，应当重新办理申请设立许可手续。

第十九条　养老机构自行解散，或者无法继续提供服务的，应当终止，并将设立许可证交回原许可机关，办理注销手续。

终止服务的养老机构应当按照有关规定进行清算。

第二十条　养老机构因分立、合并、改建、扩建等原因暂停服务的，或者因解散等原因终止服务的，应当向原许可机关提出申请，并提交老年人安置方案，经批准后实施。未经批准，不得擅自暂停或者终止服务。

第二十一条　许可机关应当建立健全养老机构设立许可信息管理制度，及时公布养老机构设立许可相关信息。

第四章　监督检查

第二十二条　许可机关依法对养老机构的名称、住所、法定代表人或者主要负责人、服务范围等设立许可证载明事项的变化情况进行监督检查，养老机构应当接受和配合监督检查。

许可机关实施养老机构设立许可和对有关事项进行监督检查，不得收取任何费用。

第二十三条 有下列情形之一的，许可机关或者其上级机关，根据利害关系人的请求或者依据职权，可以撤销许可：

（一）许可机关工作人员滥用职权、玩忽职守作出准予许可决定的；

（二）超越法定职权作出准予许可决定的；

（三）违反法定程序作出准予许可决定的；

（四）对不符合法定条件的养老机构准予许可的；

（五）依法可以撤销许可的其他情形。

许可机关发现养老机构以欺骗、贿赂等不正当手段取得许可的，应当予以撤销。

许可机关依法撤销许可后，应当告知相关登记管理机关。

第二十四条 养老机构有下列情形之一的，许可机关应当注销许可，并予以公告：

（一）设立许可证有效期届满未延续的；

（二）养老机构依法终止的；

（三）许可被依法撤销、撤回的；

（四）被登记管理机关依法吊销登记证书的；

（五）因不可抗力导致许可事项无法实施的；

（六）法律、法规规定的应当注销许可的其他情形。

许可机关依法注销许可后，应当告知相关登记管理机关。

第二十五条 任何单位和个人对违反本办法的行为，有权向许可机关举报，许可机关应当及时核实、处理。

第五章 法律责任

第二十六条 养老机构有下列情形之一的，许可机关应当依法给予警告，并处以 3 万元以下罚款；构成犯罪的，依法追究刑事责任：

（一）未依法履行变更、终止手续的；

（二）涂改、倒卖、出租、出借、转让设立许可证的。

第二十七条 未经许可设立养老机构的，由许可机关责令改正；造成人身、财产损害的，依法承担民事责任；违反治安管理规定的，由公安机关依照《中华人民共和国治安管理处罚法》的有关规定予以处罚；构成犯罪的，依法追究刑事责任。

第二十八条 许可机关及其工作人员在养老机构设立许可申请、受理、审查、决定和监督检查中滥用职权、玩忽职守、徇私舞弊的，由上级机关责令改正；造成严重后果的，对直接负责的主管人员和其他直接责任人员依法给予处分；构成犯罪的，依法追究刑事责任。

第六章 附 则

第二十九条 本办法实施前设立的养老机构，符合本办法规定条件的，应当按照本办法的规定办理有关手续。

本办法实施前设立的养老机构，不符合设立条件的，应当在本办法实施后 1 年内完成整改，其中农村五保供养服务机构应当在实施后 2 年内完成整改。

第三十条 城乡社区日间照料和互助型养老场所等不适用本办法。

第三十一条 本办法自 2013 年 7 月 1 日起施行。

养老机构管理办法

（2013 年 6 月 28 日民政部令第 49 号公布　自 2013 年 7 月 1 日起施行）

第一章　总　　则
第二章　服务内容
第三章　内部管理
第四章　监督检查
第五章　法律责任
第六章　附　　则

第一章　总　　则

第一条　为了规范对养老机构的管理，促进养老事业健康发展，根据《中华人民共和国老年人权益保障法》和有关法律、行政法规，制定本办法。

第二条　本办法所称养老机构是指依照《养老机构设立许可办法》设立并依法办理登记的为老年人提供集中居住和照料服务的机构。

第三条　国务院民政部门负责全国养老机构的指导、监督和管理，县级以上地方人民政府民政部门负责本行政区域内养老机构的指导、监督和管理。其他有关部门依照职责分工对养老机构实施监督。

第四条　养老机构应当依法保障收住老年人的合法权益。

入住养老机构的老年人应当遵守养老机构的规章制度。

第五条 县级以上地方人民政府民政部门应当根据本级人民政府经济社会发展规划和相关规划，会同有关部门编制养老机构建设规划，并组织实施。

第六条 政府投资兴办的养老机构，应当优先保障孤老优抚对象和经济困难的孤寡、失能、高龄等老年人的服务需求。

第七条 民政部门应当会同有关部门采取措施，鼓励、支持企业事业单位、社会组织或者个人兴办、运营养老机构。

鼓励公民、法人或者其他组织为养老机构提供捐赠和志愿服务。

第八条 民政部门对在养老机构服务和管理工作中做出显著成绩的单位和个人，依照国家有关规定给予表彰和奖励。

第二章 服务内容

第九条 养老机构按照服务协议为收住的老年人提供生活照料、康复护理、精神慰藉、文化娱乐等服务。

第十条 养老机构提供的服务应当符合养老机构基本规范等有关国家标准或者行业标准和规范。

第十一条 养老机构为老年人提供服务，应当与接受服务的老年人或者其代理人签订服务协议。

服务协议应当载明下列事项：

（一）养老机构的名称、住所、法定代表人或者主要负责人、联系方式；

（二）老年人及其代理人和老年人指定的经常联系人的姓名、住址、身份证明、联系方式；

（三）服务内容和服务方式；

（四）收费标准以及费用支付方式；

（五）服务期限和地点；

（六）当事人的权利和义务；

（七）协议变更、解除与终止的条件；

（八）违约责任；

（九）意外伤害责任认定和争议解决方式；

（十）当事人协商一致的其他内容。

服务协议示范文本由国务院民政部门另行制定。

第十二条 养老机构应当提供满足老年人日常生活需求的吃饭、穿衣、如厕、洗澡、室内外活动等服务。

养老机构应当提供符合老年人居住条件的住房，并配备适合老年人安全保护要求的设施、设备及用具，定期对老年人活动场所和物品进行消毒和清洗。

养老机构提供的饮食应当符合卫生要求、有利于老年人营养平衡、符合民族风俗习惯。

第十三条 养老机构应当建立入院评估制度，做好老年人健康状况评估，并根据服务协议和老年人的生活自理能力，实施分级分类服务。

养老机构应当为老年人建立健康档案，组织定期体检，做好疾病预防工作。

养老机构可以通过设立医疗机构或者采取与周边医疗机构合作的方式，为老年人提供医疗服务。养老机构设立医疗机构的，应当依法取得医疗机构执业许可证，按照医疗机构管理相关法律法规进行管理。

第十四条 养老机构在老年人突发危重疾病时，应当及时通知代理人或者经常联系人并转送医疗机构救治；发现老年人为疑似传染病病人或者精神障碍患者时，应当依照传染病防治、精神卫生等相关法律法规的规定处理。

第十五条 养老机构应当根据需要为老年人提供情绪疏导、心理咨询、危机干预等精神慰藉服务。

第十六条 养老机构应当开展适合老年人的文化、体育、娱乐活动，丰富老年人的精神文化生活。

养老机构开展文化、体育、娱乐活动时，应当为老年人提供必要的安全防护措施。

第三章　内部管理

第十七条　养老机构应当按照国家有关规定建立健全安全、消防、卫生、财务、档案管理等规章制度，制定服务标准和工作流程，并予以公开。

第十八条　养老机构应当配备与服务和运营相适应的工作人员，并依法与其签订聘用合同或者劳动合同。

养老机构中从事医疗、康复、社会工作等服务的专业技术人员，应当持有关部门颁发的专业技术等级证书上岗；养老护理人员应当接受专业技能培训，经考核合格后持证上岗。

养老机构应当定期组织工作人员进行职业道德教育和业务培训。

第十九条　养老机构应当依照其登记类型、经营性质、设施设备条件、管理水平、服务质量、护理等级等因素确定服务项目的收费标准。

养老机构应当在醒目位置公示各类服务项目收费标准和收费依据，并遵守国家和地方政府价格管理有关规定。

第二十条　养老机构应当按照国家有关规定接受、使用捐赠物资，接受志愿服务。

第二十一条　养老机构应当实行24小时值班，做好老年人安全保障工作。

第二十二条　养老机构应当依法履行消防安全职责，健全消防安全管理制度，实行消防工作责任制，配置、维护消防设施、器材，开展日常防火检查，定期组织灭火和应急疏散消防安全培训。

第二十三条　养老机构应当制定突发事件应急预案。

突发事件发生后，养老机构应当立即启动应急处理程序，根据突发事件应对管理职责分工向有关部门报告，并将应急处理结果报实施许可的民政部门和住所地民政部门。

第二十四条　鼓励养老机构投保责任保险，降低机构运营风险。

第二十五条　养老机构应当建立老年人信息档案，妥善保存相关原始资料。

养老机构应当保护老年人的个人信息。

第二十六条 养老机构应当经常听取老年人的意见和建议，发挥老年人对养老机构服务和管理的监督促进作用。

第二十七条 养老机构因变更或者终止等原因暂停、终止服务的，应当于暂停或者终止服务60日前，向实施许可的民政部门提交老年人安置方案，方案中应当明确收住老年人的数量、安置计划及实施日期等事项，经批准后方可实施。

民政部门应当自接到安置方案之日起20日内完成审核工作。

民政部门应当督促养老机构实施安置方案，并及时为其妥善安置老年人提供帮助。

第四章 监督检查

第二十八条 民政部门应当按照实施许可权限，通过书面检查或者实地查验等方式对养老机构进行监督检查，并向社会公布检查结果。上级民政部门可以委托下级民政部门进行监督检查。

养老机构应当于每年3月31日之前向实施许可的民政部门提交上一年度的工作报告。年度工作报告内容包括服务范围、服务质量、运营管理等情况。

第二十九条 民政部门应当建立养老机构评估制度，定期对养老机构的人员、设施、服务、管理、信誉等情况进行综合评价。

养老机构评估工作可以委托第三方实施，评估结果应当向社会公布。

第三十条 民政部门应当定期开展养老服务行业统计工作，养老机构应当及时准确报送相关信息。

第三十一条 民政部门应当建立对养老机构管理的举报和投诉制度。

民政部门接到举报、投诉后，应当及时核实、处理。

第三十二条 上级民政部门应当加强对下级民政部门的指导和监督，及时纠正养老机构管理中的违规违法行为。

第五章　法律责任

第三十三条　养老机构有下列行为之一的，由实施许可的民政部门责令改正；情节严重的，处以3万元以下的罚款；构成犯罪的，依法追究刑事责任：

（一）未与老年人或者其代理人签订服务协议，或者协议不符合规定的；

（二）未按照国家有关标准和规定开展服务的；

（三）配备人员的资格不符合规定的；

（四）向负责监督检查的民政部门隐瞒有关情况、提供虚假材料或者拒绝提供反映其活动情况真实材料的；

（五）利用养老机构的房屋、场地、设施开展与养老服务宗旨无关的活动的；

（六）歧视、侮辱、虐待或遗弃老年人以及其他侵犯老年人合法权益行为的；

（七）擅自暂停或者终止服务的；

（八）法律、法规、规章规定的其他违法行为。

第三十四条　民政部门及其工作人员违反本办法有关规定，由上级行政机关责令改正；情节严重的，对直接负责的主管人员和其他责任人员依法给予行政处分；构成犯罪的，依法追究刑事责任。

第六章　附　　则

第三十五条　国家对光荣院、农村五保供养服务机构等养老机构的管理有特别规定的，依照其规定办理。

第三十六条　本办法自2013年7月1日起施行。

最高人民法院关于贯彻执行《中华人民共和国继承法》若干问题的意见

（1985 年 9 月 11 日　法〔民〕发〔1985〕22 号）

第六届全国人民代表大会第三次会议通过的《中华人民共和国继承法》，是我国公民处理继承问题的准则，是人民法院正确、及时审理继承案件的依据。人民法院贯彻执行继承法，要根据社会主义的法制原则，坚持继承权男女平等，贯彻互相扶助和权利义务相一致的精神，依法保护公民的私有财产的继承权。

为了正确贯彻执行继承法，我们根据继承法的有关规定和审判实践经验，对审理继承案件中具体适用继承法的一些问题，提出以下意见，供各级人民法院在审理继承案件时试行。

一、关于总则部分

1. 继承从被继承人生理死亡或被宣告死亡时开始。

失踪人被宣告死亡的，以法院判决中确定的失踪人的死亡日期，为继承开始的时间。

2. 相互有继承关系的几个人在同一事件中死亡，如不能确定死亡先后时间的，推定没有继承人的人先死亡。死亡人各自都有继承人的，如几个死亡人辈分不同，推定长辈先死亡；几个死亡人辈分相同，推定同时死亡，彼此不发生继承，由他们各自的继承人分别继承。

3. 公民可继承的其他合法财产包括有价证券和履行标的为财物的债权等。

4. 承包人死亡时尚未取得承包收益的，可把死者生前对承包所投入的资金和所付出的劳动及其增值和孳息，由发包单位或者接续承包合同的人合理折价、补偿，其价额作为遗产。

5. 被继承人生前与他人订有遗赠扶养协议，同时又立有遗嘱的，继承开始后，如果遗赠扶养协议与遗嘱没有抵触，遗产分别按协议和遗嘱处理；如果有抵触，按协议处理，与协议抵触的遗嘱全部或部分无效。

6. 遗嘱继承人依遗嘱取得遗产后，仍有权依继承法第十三条的规定取得遗嘱未处分的遗产。

7. 不满六周岁的儿童、精神病患者，可以认定其为无行为能力人。

已满六周岁，不满十八周岁的未成年人，应当认定其为限制行为能力人。

8. 法定代理人代理被代理人行使继承权、受遗赠权，不得损害被代理人的利益。法定代理人一般不能代理被代理人放弃继承权、受遗赠权。明显损害被代理人利益的，应认定其代理行为无效。

9. 在遗产继承中，继承人之间因是否丧失继承权发生纠纷，诉讼到人民法院的，由人民法院根据继承法第七条的规定，判决确认其是否丧失继承权。

10. 继承人虐待被继承人情节是否严重，可以从实施虐待行为的时间、手段、后果和社会影响等方面认定。

虐待被继承人情节严重的，不论是否追究刑事责任，均可确认其丧失继承权。

11. 继承人故意杀害被继承人的，不论是既遂还是未遂，均应确认其丧失继承权。

12. 继承人有继承法第七条第（一）项或第（二）项所列之行为，而被继承人以遗嘱将遗产指定由该继承人继承的，可确认遗嘱无效，并按继承法第七条的规定处理。

13. 继承人虐待被继承人情节严重的，或者遗弃被继承人的，如以后确有悔改表现，而且被虐待人、被遗弃人生前又表示宽恕，可不确认其丧失继承权。

14. 继承人伪造、篡改或者销毁遗嘱，侵害了缺乏劳动能力又无生活来源的继承人的利益，并造成其生活困难的，应认定其行为情节严重。

15. 在诉讼时效期间内，因不可抗拒的事由致继承人无法主张继承权利的，人民法院可按中止诉讼时效处理。

16. 继承人在知道自己的权利受到侵犯之日起的二年之内，其遗产继承权纠纷确在人民调解委员会进行调解期间，可按中止诉讼时效处理。

17. 继承人因遗产继承纠纷向人民法院提起诉讼，诉讼时效即为中断。

18. 自继承开始之日起的第十八年后至第二十年期间内，继承人才知道自己的权利被侵犯的，其提起诉讼的权利，应当在继承开始之日起的二十年之内行使，超过二十年的，不得再行提起诉讼。

二、关于法定继承部分

19. 被收养人对养父母尽了赡养义务，同时又对生父母扶养较多的，除可依继承法第十条的规定继承养父母的遗产外，还可依继承法第十四条的规定分得生父母的适当的遗产。

20. 在旧社会形成的一夫多妻家庭中，子女与生母以外的父亲的其他配偶之间形成扶养关系的，互有继承权。

21. 继子女继承了继父母遗产的，不影响其继承生父母的遗产。

继父母继承了继子女遗产的，不影响其继承生子女的遗产。

22. 收养他人为养孙子女，视为养父母与养子女的关系的，可互为第一顺序继承人。

23. 养子女与生子女之间、养子女与养子女之间，系养兄弟姐妹，可互为第二顺序继承人。

被收养人与其亲兄弟姐妹之间的权利义务关系，因收养关系的成立而消除，不能互为第二顺序继承人。

24. 继兄弟姐妹之间的继承权，因继兄弟姐妹之间的扶养关系而发生。没有扶养关系的，不能互为第二顺序继承人。

继兄弟姐妹之间相互继承了遗产的，不影响其继承亲兄弟姐妹的遗产。

25. 被继承人的孙子女、外孙子女、曾孙子女、外曾孙子女都可以代位继承，代位继承人不受辈数的限制。

26. 被继承人的养子女、已形成扶养关系的继子女的生子女可代位继承；被继承人亲生子女的养子女可代位继承；被继承人养子女的养子女可代位继承；与被继承人已形成扶养关系的继子女的养子女也可以代位继承。

27. 代位继承人缺乏劳动能力又没有生活来源，或者对被继承人尽过主要赡养义务的，分配遗产时，可以多分。

28. 继承人丧失继承权的，其晚辈直系血亲不得代位继承。如该代位继承人缺乏劳动能力又没有生活来源，或对被继承人尽赡养义务较多的，可适当分给遗产。

29. 丧偶儿媳对公婆、丧偶女婿对岳父、岳母，无论其是否再婚，依继承法第十二条规定作为第一顺序继承人时，不影响其子女代位继承。

30. 对被继承人生活提供了主要经济来源，或在劳务等方面给予了主要扶助的，应当认定其尽了主要赡养义务或主要扶养义务。

31. 依继承法第十四条规定可以分给适当遗产的人，分给他们遗产时，按具体情况可多于或少于继承人。

32. 依继承法第十四条规定可以分给适当遗产的人，在其依法取得被继承人遗产的权利受到侵犯时，本人有权以独立的诉讼主体的资格向人民法院提起诉讼。但在遗产分割时，明知而未提出请求的，一般不予受理；不知而未提出请求，在二年以内起诉的，应予受理。

33. 继承人有扶养能力和扶养条件，愿意尽扶养义务，但被继承人因有固定收入和劳动能力，明确表示不要求其扶养的，分配遗产时，一般不应因此而影响其继承份额。

34. 有扶养能力和扶养条件的继承人虽然与被继承人共同生活，但对需要扶养的被继承人不尽扶养义务，分配遗产时，可以少分或者不分。

三、关于遗嘱继承部分

35. 继承法实施前订立的，形式上稍有欠缺的遗嘱，如内容合法，又有充分证据证明确为遗嘱人真实意思表示的，可以认定遗嘱有效。

36. 继承人、受遗赠人的债权人、债务人，共同经营的合伙人，也应当视为与继承人、受遗赠人有利害关系，不能作为遗嘱的见证人。

37. 遗嘱人未保留缺乏劳动能力又没有生活来源的继承人的遗产份额，遗产处理时，应当为该继承人留下必要的遗产，所剩余的部分，才可参照遗嘱确定的分配原则处理。

继承人是否缺乏劳动能力又没有生活来源，应按遗嘱生效时该继承人的具体情况确定。

38. 遗嘱人以遗嘱处分了属于国家、集体或他人所有的财产，遗嘱的这部分，应认定无效。

39. 遗嘱人生前的行为与遗嘱的意思表示相反，而使遗嘱处分的财产在继承开始前灭失，部分灭失或所有权转移、部分转移的，遗嘱视为被撤销或部分被撤销。

40. 公民在遗书中涉及死后个人财产处分的内容，确为死者真实意思的表示，有本人签名并注明了年、月、日，又无相反证据的，可按自书遗嘱对待。

41. 遗嘱人立遗嘱时必须有行为能力。无行为能力人所立的遗嘱，即使其本人后来有了行为能力，仍属无效遗嘱。遗嘱人立遗嘱时有行为能力，后来丧失了行为能力，不影响遗嘱的效力。

42. 遗嘱人以不同形式立有数份内容相抵触的遗嘱，其中有公证遗嘱的，以最后所立公证遗嘱为准；没有公证遗嘱的，以最后所立的遗嘱为准。

43. 附义务的遗嘱继承或遗赠，如义务能够履行，而继承人、受遗赠人无正当理由不履行，经受益人或其他继承人请求，人民法院可以取消他接受附义务那部分遗产的权利，由提出请求的继承人或受益人负责按遗嘱人的意愿履行义务，接受遗产。

四、关于遗产的处理部分

44. 人民法院在审理继承案件时，如果知道有继承人而无法通知的，分割遗产时，要保留其应继承的遗产，并确定该遗产的保管人或保管单位。

45. 应当为胎儿保留的遗产份额没有保留的应从继承人所继承的遗产中扣回。

为胎儿保留的遗产份额，如胎儿出生后死亡的，由其继承人继承；如胎儿出生时就是死体的，由被继承人的继承人继承。

46. 继承人因放弃继承权，致其不能履行法定义务的，放弃继承权的行为无效。

47. 继承人放弃继承应当以书面形式向其他继承人表示。用口头方式表示放弃继承，本人承认，或有其他充分证据证明的，也应当认定其有效。

48. 在诉讼中，继承人向人民法院以口头方式表示放弃继承的，要制作笔录，由放弃继承的人签名。

49. 继承人放弃继承的意思表示，应当在继承开始后、遗产分割前作出。遗产分割后表示放弃的不再是继承权，而是所有权。

50. 遗产处理前或在诉讼进行中，继承人对放弃继承反悔的，由人民法院根据其提出的具体理由，决定是否承认。遗产处理后，继承人对放弃继承反悔的，不予承认。

51. 放弃继承的效力，追溯到继承开始的时间。

52. 继承开始后，继承人没有表示放弃继承，并于遗产分割前死亡的，其继承遗产的权利转移给他的合法继承人。

53. 继承开始后，受遗赠人表示接受遗赠，并于遗产分割前死亡的，其接受遗赠的权利转移给他的继承人。

54. 由国家或集体组织供给生活费用的烈属和享受社会救济的城市居民，其遗产仍应准许合法继承人继承。

55. 集体组织对“五保户”实行“五保”时，双方有扶养协议的，按协议处理；没有扶养协议，死者有遗嘱继承人或法定继承人要求继承的，按遗嘱继承或法定继承处理，但集体组织有权要求扣回“五保”费用。

56. 扶养人或集体组织与公民订有遗赠扶养协议，扶养人或集体组织无正当理由不履行，致协议解除的，不能享有受遗赠的权利，其支付的供养费用一般不予补偿；遗赠人无正当理由不履行，致协议解除的，则应偿还扶养人或集体组织已支付的供养费用。

57. 遗产因无人继承收归国家或集体组织所有时，按继承法第十四条规定可以分给遗产的人提出取得遗产的要求，人民法院应视情况适当分给遗产。

58. 人民法院在分割遗产中的房屋、生产资料和特定职业所需要的财产时，应依据有利于发挥其使用效益和继承人的实际需要，兼顾各继承人的利益进行处理。

59. 人民法院对故意隐匿、侵吞或争抢遗产的继承人，可以酌情减少其应继承的遗产。

60. 继承诉讼开始后，如继承人、受遗赠人中有既不愿参加诉讼，又不表示放弃实体权利的，应追加为共同原告；已明确表示放弃继承的，不再列为当事人。

61. 继承人中有缺乏劳动能力又没有生活来源的人，即使遗产不足清偿债务，也应为其保留适当遗产，然后再按继承法第三十三条和民事诉讼法第一百八十条的规定清偿债务。

62. 遗产已被分割而未清偿债务时，如有法定继承又有遗嘱继承和遗赠的，首先由法定继承人用其所得遗产清偿债务；不足清偿时，剩余的债务由遗嘱继承人和受遗赠人按比例用所得遗产偿还；如果只有遗嘱继承和遗赠的，由遗嘱继承人和受遗赠人按比例用所得遗产偿还。

五、关于附则部分

63. 涉外继承，遗产为动产的，适用被继承人住所地法律，即适用被继承人生前最后住所地国家的法律。

64. 继承法施行前，人民法院已经审结的继承案件，继承法施行后，按审判监督程序提起再审的，适用审结时的有关政策、法律。

人民法院对继承法生效前已经受理、生效时尚未审结的继承案件，适用继承法。但不得再以超过诉讼时效为由驳回起诉。

最高人民法院关于适用《中华人民共和国婚姻法》若干问题的解释（一）

（2001 年 12 月 25 日　法释〔2001〕30 号）

为了正确审理婚姻家庭纠纷案件，根据《中华人民共和国婚姻法》（以下简称婚姻法、《中华人民共和国民事诉讼法》等法律的规定，对人民法院适用婚姻法的有关问题作出如下解释：

第一条　婚姻法第三条、第三十二条、第四十三条、第四十五条、第四十六条所称的“家庭暴力”，是指行为人以殴打、捆绑、残害、强行限制人身自由或者其他手段，给其家庭成员的身体、精神等方面造成一定伤害后果的行为。持续性、经常性的家庭暴力，构成虐待。

第二条　婚姻法第三条、第三十二条、第四十六条规定的“有配偶者与他人同居”的情形，是指有配偶者与婚外异性，不以夫妻名义，持续、稳定地共同居住。

第三条　当事人仅以婚姻法第四条为依据提起诉讼的，人民法院不予受理；已经受理的，裁定驳回起诉。

第四条　男女双方根据婚姻法第八条规定补办结婚登记的，婚姻关系的效力从双方均符合婚姻法所规定的结婚的实质要件时起算。

第五条　未按婚姻法第八条规定办理结婚登记而以夫妻名义共同生活的男女，起诉到人民法院要求离婚的，应当区别对待：

（一）1994 年 2 月 1 日民政部《婚姻登记管理条例》公布实施以前，男女双方已经符合结婚实质要件的，按事实婚姻处理；

（二）1994 年 2 月 1 日民政部《婚姻登记管理条例》公布实施以后，

男女双方符合结婚实质要件的，人民法院应当告知其在案件受理前补办结婚登记；未补办结婚登记的，按解除同居关系处理。

第六条 未按婚姻法第八条规定办理结婚登记而以夫妻名义共同生活的男女，一方死亡，另一方以配偶身份主张享有继承权的，按照本解释第五条的原则处理。

第七条 有权依据婚姻法第十条规定向人民法院就已办理结婚登记的婚姻申请宣告婚姻无效的主体，包括婚姻当事人及利害关系人。利害关系人包括：

（一）以重婚为由申请宣告婚姻无效的，为当事人的近亲属及基层组织。

（二）以未到法定婚龄为由申请宣告婚姻无效的，为未达法定婚龄者的近亲属。

（三）以有禁止结婚的亲属关系为由申请宣告婚姻无效的，为当事人的近亲属。

（四）以婚前患有医学上认为不应当结婚的疾病，婚后尚未治愈为由申请宣告婚姻无效的，为与患病者共同生活的近亲属。

第八条 当事人依据婚姻法第十条规定向人民法院申请宣告婚姻无效的，申请时，法定的无效婚姻情形已经消失的，人民法院不予支持。

第九条 人民法院审理宣告婚姻无效案件，对婚姻效力的审理不适用调解，应当依法作出判决；有关婚姻效力的判决一经作出，即发生法律效力。

涉及财产分割和子女抚养的，可以调解。调解达成协议的，另行制作调解书。对财产分割和子女抚养问题的判决不服的，当事人可以上诉。

第十条 婚姻法第十一条所称的“胁迫”，是指行为人以给另一方当事人或者其近亲属的生命、身体健康、名誉、财产等方面造成损害为要挟，迫使另一方当事人违背真实意愿结婚的情况。

因受胁迫而请求撤销婚姻的，只能是受胁迫一方的婚姻关系当事人本人。

第十一条 人民法院审理婚姻当事人因受胁迫而请求撤销婚姻的案

件，应当适用简易程序或者普通程序。

第十二条 婚姻法第十一条规定的“一年”，不适用诉讼时效中止、中断或者延长的规定。

第十三条 婚姻法第十二条所规定的自始无效，是指无效或者可撤销婚姻在依法被宣告无效或被撤销时，才确定该婚姻自始不受法律保护。

第十四条 人民法院根据当事人的申请，依法宣告婚姻无效或者撤销婚姻的，应当收缴双方的结婚证书并将生效的判决书寄送当地婚姻登记管理机关。

第十五条 被宣告无效或被撤销的婚姻，当事人同居期间所得的财产，按共同共有处理。但有证据证明为当事人一方所有的除外。

第十六条 人民法院审理重婚导致的无效婚姻案件时，涉及财产处理的，应当准许合法婚姻当事人作为有独立请求权的第三人参加诉讼。

第十七条 婚姻法第十七条关于“夫或妻对夫妻共同所有的财产，有平等的处理权”的规定，应当理解为：

（一）夫或妻在处理夫妻共同财产上的权利是平等的。因日常生活需要而处理夫妻共同财产的，任何一方均有权决定。

（二）夫或妻非因日常生活需要对夫妻共同财产做重要处理决定，夫妻双方应当平等协商，取得一致意见。他人有理由相信其为夫妻双方共同意思表示的，另一方不得以不同意或不知道为由对抗善意第三人。

第十八条 婚姻法第十九条所称“第三人知道该约定的”，夫妻一方对此负有举证责任。

第十九条 婚姻法第十八条规定为夫妻一方所有的财产，不因婚姻关系的延续而转化为夫妻共同财产。但当事人另有约定的除外。

第二十条 婚姻法第二十一条规定的“不能独立生活的子女”，是指尚在校接受高中及其以下学历教育，或者丧失或未完全丧失劳动能力等非因主观原因而无法维持正常生活的成年子女。

第二十一条 婚姻法第二十一条所称“抚养费”，包括子女生活费、教育费、医疗费等费用。

第二十二条 人民法院审理离婚案件，符合第三十二条第二款规定

“应准予离婚”情形的，不应当因当事人有过错而判决不准离婚。

第二十三条　婚姻法第三十三条所称的“军人一方有重大过错”，可以依据婚姻法第三十二条第二款前三项规定及军人有其他重大过错导致夫妻感情破裂的情形予以判断。

第二十四条　人民法院作出的生效的离婚判决中未涉及探望权，当事人就探望权问题单独提起诉讼的，人民法院应予受理。

第二十五条　当事人在履行生效判决、裁定或者调解书的过程中，请求中止行使探望权的，人民法院在征询双方当事人意见后，认为需要中止行使探望权的，依法作出裁定。中止探望的情形消失后，人民法院应当根据当事人的申请通知其恢复探望权的行使。

第二十六条　未成年子女、直接抚养子女的父或母及其他对未成年子女负担抚养、教育义务的法定监护人，有权向人民法院提出中止探望权的请求。

第二十七条　婚姻法第四十二条所称“一方生活困难”，是指依靠个人财产和离婚时分得的财产无法维持当地基本生活水平。

一方离婚后没有住处的，属于生活困难。

离婚时，一方以个人财产中的住房对生活困难者进行帮助的形式，可以是房屋的居住权或者房屋的所有权。

第二十八条　婚姻法第四十六条规定的“损害赔偿”，包括物质损害赔偿和精神损害赔偿。涉及精神损害赔偿的，适用最高人民法院《关于确定民事侵权精神损害赔偿责任若干问题的解释》的有关规定。

第二十九条　承担婚姻法第四十六条规定的损害赔偿责任的主体，为离婚诉讼当事人中无过错方的配偶。

人民法院判决不准离婚的案件，对于当事人基于婚姻法第四十六条提出的损害赔偿请求，不予支持。

在婚姻关系存续期间，当事人不起诉离婚而单独依据该条规定提起损害赔偿请求的，人民法院不予受理。

第三十条　人民法院受理离婚案件时，应当将婚姻法第四十六条等规定中当事人的有关权利义务，书面告知当事人。在适用婚姻法第四十六条时，应当区分以下不同情况：

（一）符合婚姻法第四十六条规定的无过错方作为原告基于该条规定向人民法院提起损害赔偿请求的，必须在离婚诉讼的同时提出。

（二）符合婚姻法第四十六条规定的无过错方作为被告的离婚诉讼案件，如果被告不同意离婚也不基于该条规定提起损害赔偿请求的，可以在离婚后一年内就此单独提起诉讼。

（三）无过错方作为被告的离婚诉讼案件，一审时被告未基于婚姻法第四十六条规定提出损害赔偿请求，二审期间提出的，人民法院应当进行调解，调解不成的，告知当事人在离婚后一年内另行起诉。

第三十一条　当事人依据婚姻法第四十七条的规定向人民法院提起诉讼，请求再次分割夫妻共同财产的诉讼时效为两年，从当事人发现之次日起计算。

第三十二条　婚姻法第四十八条关于对拒不执行有关探望子女等判决和裁定的，由人民法院依法强制执行的规定，是指对拒不履行协助另一方行使探望权的有关个人和单位采取拘留、罚款等强制措施，不能对子女的人身、探望行为进行强制执行。

第三十三条　婚姻法修改后正在审理的一、二审婚姻家庭纠纷案件，一律适用修改后的婚姻法。此前最高人民法院作出的相关司法解释如与本解释相抵触，以本解释为准。

第三十四条　本解释自公布之日起施行。

最高人民法院关于适用《中华人民共和国婚姻法》若干问题的解释（二）

（2003年12月26日　法释〔2003〕19号）

为正确审理婚姻家庭纠纷案件，根据《中华人民共和国婚姻法》（以下简称婚姻法）、《中华人民共和国民事诉讼法》等相关法律规定，对人民法院适用婚姻法的有关问题作出如下解释：

第一条　当事人起诉请求解除同居关系的，人民法院不予受理。但当事人请求解除的同居关系，属于婚姻法第三条、第三十二条、第四十六条规定的“有配偶者与他人同居”的，人民法院应当受理并依法予以解除。

当事人因同居期间财产分割或者子女抚养纠纷提起诉讼的，人民法院应当受理。

第二条　人民法院受理申请宣告婚姻无效案件后，经审查确属无效婚姻的，应当依法作出宣告婚姻无效的判决。原告申请撤诉的，不予准许。

第三条　人民法院受理离婚案件后，经审查确属无效婚姻的，应当将婚姻无效的情形告知当事人，并依法作出宣告婚姻无效的判决。

第四条　人民法院审理无效婚姻案件，涉及财产分割和子女抚养的，应当对婚姻效力的认定和其他纠纷的处理分别制作裁判文书。

第五条　夫妻一方或者双方死亡后一年内，生存一方或者利害关系人依据婚姻法第十条的规定申请宣告婚姻无效的，人民法院应当受理。

第六条　利害关系人依据婚姻法第十条的规定，申请人民法院宣告婚姻无效的，利害关系人为申请人，婚姻关系当事人双方为被申请人。

夫妻一方死亡的，生存一方为被申请人。

夫妻双方均已死亡的，不列被申请人。

第七条 人民法院就同一婚姻关系分别受理了离婚和申请宣告婚姻无效案件的，对于离婚案件的审理，应当待申请宣告婚姻无效案件作出判决后进行。

前款所指的婚姻关系被宣告无效后，涉及财产分割和子女抚养的，应当继续审理。

第八条 离婚协议中关于财产分割的条款或者当事人因离婚就财产分割达成的协议，对男女双方具有法律约束力。

当事人因履行上述财产分割协议发生纠纷提起诉讼的，人民法院应当受理。

第九条 男女双方协议离婚后一年内就财产分割问题反悔，请求变更或者撤销财产分割协议的，人民法院应当受理。

人民法院审理后，未发现订立财产分割协议时存在欺诈、胁迫等情形的，应当依法驳回当事人的诉讼请求。

第十条 当事人请求返还按照习俗给付的彩礼的，如果查明属于以下情形，人民法院应当予以支持：

（一）双方未办理结婚登记手续的；

（二）双方办理结婚登记手续但确未共同生活的；

（三）婚前给付并导致给付人生活困难的。

适用前款第（二）、（三）项的规定，应当以双方离婚为条件。

第十一条 婚姻关系存续期间，下列财产属于婚姻法第十七条规定的“其他应当归共同所有的财产”：

（一）一方以个人财产投资取得的收益；

（二）男女双方实际取得或者应当取得的住房补贴、住房公积金；

（三）男女双方实际取得或者应当取得的养老保险金、破产安置补偿费。

第十二条 婚姻法第十七条第三项规定的“知识产权的收益”，是指婚姻关系存续期间，实际取得或者已经明确可以取得的财产性收益。

第十三条 军人的伤亡保险金、伤残补助金、医药生活补助费属于个人财产。

第十四条 人民法院审理离婚案件，涉及分割发放到军人名下的复员费、自主择业费等一次性费用的，以夫妻婚姻关系存续年限乘以年平均值，所得数额为夫妻共同财产。

前款所称年平均值，是指将发放到军人名下的上述费用总额按具体年限均分得出的数额。其具体年限为人均寿命七十岁与军人入伍时实际年龄的差额。

第十五条 夫妻双方分割共同财产中的股票、债券、投资基金份额等有价证券以及未上市股份有限公司股份时，协商不成或者按市价分配有困难的，人民法院可以根据数量按比例分配。

第十六条 人民法院审理离婚案件，涉及分割夫妻共同财产中以一方名义在有限责任公司的出资额，另一方不是该公司股东的，按以下情形分别处理：

（一）夫妻双方协商一致将出资额部分或者全部转让给该股东的配偶，过半数股东同意、其他股东明确表示放弃优先购买权的，该股东的配偶可以成为该公司股东；

（二）夫妻双方就出资额转让份额和转让价格等事项协商一致后，过半数股东不同意转让，但愿意以同等价格购买该出资额的，人民法院可以对转让出资所得财产进行分割。过半数股东不同意转让，也不愿意以同等价格购买该出资额的，视为其同意转让，该股东的配偶可以成为该公司股东。

用于证明前款规定的过半数股东同意的证据，可以是股东会决议，也可以是当事人通过其他合法途径取得的股东的书面声明材料。

第十七条 人民法院审理离婚案件，涉及分割夫妻共同财产中以一方名义在合伙企业中的出资，另一方不是该企业合伙人的，当夫妻双方协商一致，将其合伙企业中的财产份额全部或者部分转让给对方时，按以下情形分别处理：

（一）其他合伙人一致同意的，该配偶依法取得合伙人地位；

（二）其他合伙人不同意转让，在同等条件下行使优先受让权的，可以对转让所得的财产进行分割；

（三）其他合伙人不同意转让，也不行使优先受让权，但同意该合伙人退伙或者退还部分财产份额的，可以对退还的财产进行分割；

（四）其他合伙人既不同意转让，也不行使优先受让权，又不同意该合伙人退伙或者退还部分财产份额的，视为全体合伙人同意转让，该配偶依法取得合伙人地位。

第十八条 夫妻以一方名义投资设立独资企业的，人民法院分割夫妻在该独资企业中的共同财产时，应当按照以下情形分别处理：

（一）一方主张经营该企业的，对企业资产进行评估后，由取得企业一方给予另一方相应的补偿；

（二）双方均主张经营该企业的，在双方竞价基础上，由取得企业的一方给予另一方相应的补偿；

（三）双方均不愿意经营该企业的，按照《中华人民共和国个人独资企业法》等有关规定办理。

第十九条 由一方婚前承租、婚后用共同财产购买的房屋，房屋权属证书登记在一方名下的，应当认定为夫妻共同财产。

第二十条 双方对夫妻共同财产中的房屋价值及归属无法达成协议时，人民法院按以下情形分别处理：

（一）双方均主张房屋所有权并且同意竞价取得的，应当准许；

（二）一方主张房屋所有权的，由评估机构按市场价格对房屋作出评估，取得房屋所有权的一方应当给予另一方相应的补偿；

（三）双方均不主张房屋所有权的，根据当事人的申请拍卖房屋，就所得价款进行分割。

第二十一条 离婚时双方对尚未取得所有权或者尚未取得完全所有权的房屋有争议且协商不成的，人民法院不宜判决房屋所有权的归属，应当根据实际情况判决由当事人使用。

当事人就前款规定的房屋取得完全所有权后，有争议的，可以另行向人民法院提起诉讼。

第二十二条　当事人结婚前，父母为双方购置房屋出资的，该出资应当认定为对自己子女的个人赠与，但父母明确表示赠与双方的除外。

当事人结婚后，父母为双方购置房屋出资的，该出资应当认定为对夫妻双方的赠与，但父母明确表示赠与一方的除外。

第二十三条　债权人就一方婚前所负个人债务向债务人的配偶主张权利的，人民法院不予支持。但债权人能够证明所负债务用于婚后家庭共同生活的除外。

第二十四条　债权人就婚姻关系存续期间夫妻一方以个人名义所负债务主张权利的，应当按夫妻共同债务处理。但夫妻一方能够证明债权人与债务人明确约定为个人债务，或者能够证明属于婚姻法第十九条第三款规定情形的除外。

第二十五条　当事人的离婚协议或者人民法院的判决书、裁定书、调解书已经对夫妻财产分割问题作出处理的，债权人仍有权就夫妻共同债务向男女双方主张权利。

一方就共同债务承担连带清偿责任后，基于离婚协议或者人民法院的法律文书向另一方主张追偿的，人民法院应当支持。

第二十六条　夫或妻一方死亡的，生存一方应当对婚姻关系存续期间的共同债务承担连带清偿责任。

第二十七条　当事人在婚姻登记机关办理离婚登记手续后，以婚姻法第四十六条规定为由向人民法院提出损害赔偿请求的，人民法院应当受理。但当事人在协议离婚时已经明确表示放弃该项请求，或者在办理离婚登记手续一年后提出的，不予支持。

第二十八条　夫妻一方申请对配偶的个人财产或者夫妻共同财产采取保全措施的，人民法院可以在采取保全措施可能造成损失的范围内，根据实际情况，确定合理的财产担保数额。

第二十九条　本解释自 2004 年 4 月 1 日起施行。

本解释施行后，人民法院新受理的一审婚姻家庭纠纷案件，适用本解释。

本解释施行后，此前最高人民法院作出的相关司法解释与本解释相抵触的，以本解释为准。

最高人民法院关于适用《中华人民共和国婚姻法》若干问题的解释（三）

（2011 年 8 月 9 日　法释〔2011〕18 号）

为正确审理婚姻家庭纠纷案件，根据《中华人民共和国婚姻法》、《中华人民共和国民事诉讼法》等相关法律规定，对人民法院适用婚姻法的有关问题作出如下解释：

第一条　当事人以婚姻法第十条规定以外的情形申请宣告婚姻无效的，人民法院应当判决驳回当事人的申请。

当事人以结婚登记程序存在瑕疵为由提起民事诉讼，主张撤销结婚登记的，告知其可以依法申请行政复议或者提起行政诉讼。

第二条　夫妻一方向人民法院起诉请求确认亲子关系不存在，并已提供必要证据予以证明，另一方没有相反证据又拒绝做亲子鉴定的，人民法院可以推定请求确认亲子关系不存在一方的主张成立。

当事人一方起诉请求确认亲子关系，并提供必要证据予以证明，另一方没有相反证据又拒绝做亲子鉴定的，人民法院可以推定请求确认亲子关系一方的主张成立。

第三条　婚姻关系存续期间，父母双方或者一方拒不履行抚养子女义务，未成年或者不能独立生活的子女请求支付抚养费的，人民法院应予支持。

第四条　婚姻关系存续期间，夫妻一方请求分割共同财产的，人民法院不予支持，但有下列重大理由且不损害债权人利益的除外：

（一）一方有隐藏、转移、变卖、毁损、挥霍夫妻共同财产或者伪造夫妻共同债务等严重损害夫妻共同财产利益行为的；

（二）一方负有法定扶养义务的人患重大疾病需要医治，另一方不同意支付相关医疗费用的。

第五条 夫妻一方个人财产在婚后产生的收益，除孳息和自然增值外，应认定为夫妻共同财产。

第六条 婚前或者婚姻关系存续期间，当事人约定将一方所有的房产赠与另一方，赠与方在赠与房产变更登记之前撤销赠与，另一方请求判令继续履行的，人民法院可以按照合同法第一百八十六条的规定处理。

第七条 婚后由一方父母出资为子女购买的不动产，产权登记在出资人子女名下的，可按照婚姻法第十八条第（三）项的规定，视为只对自己子女一方的赠与，该不动产应认定为夫妻一方的个人财产。

由双方父母出资购买的不动产，产权登记在一方子女名下的，该不动产可认定为双方按照各自父母的出资份额按份共有，但当事人另有约定的除外。

第八条 无民事行为能力人的配偶有虐待、遗弃等严重损害无民事行为能力一方的人身权利或者财产权益行为，其他有监护资格的人可以依照特别程序要求变更监护关系；变更后的监护人代理无民事行为能力一方提起离婚诉讼的，人民法院应予受理。

第九条 夫以妻擅自中止妊娠侵犯其生育权为由请求损害赔偿的，人民法院不予支持；夫妻双方因是否生育发生纠纷，致使感情确已破裂，一方请求离婚的，人民法院经调解无效，应依照婚姻法第三十二条第三款第（五）项的规定处理。

第十条 夫妻一方婚前签订不动产买卖合同，以个人财产支付首付款并在银行贷款，婚后用夫妻共同财产还贷，不动产登记于首付款支付方名下的，离婚时该不动产由双方协议处理。

依前款规定不能达成协议的，人民法院可以判决该不动产归产权登记一方，尚未归还的贷款为产权登记一方的个人债务。双方婚后共同还贷支付的款项及其相对应财产增值部分，离婚时应根据婚姻法第三十九条第一款规定的原则，由产权登记一方对另一方进行补偿。

第十一条 一方未经另一方同意出售夫妻共同共有的房屋，第三人善意购买、支付合理对价并办理产权登记手续，另一方主张追回该房屋的，人民法院不予支持。

夫妻一方擅自处分共同共有的房屋造成另一方损失，离婚时另一方请求赔偿损失的，人民法院应予支持。

第十二条 婚姻关系存续期间，双方用夫妻共同财产出资购买以一方父母名义参加房改的房屋，产权登记在一方父母名下，离婚时另一方主张按照夫妻共同财产对该房屋进行分割的，人民法院不予支持。购买该房屋时的出资，可以作为债权处理。

第十三条 离婚时夫妻一方尚未退休、不符合领取养老保险金条件，另一方请求按照夫妻共同财产分割养老保险金的，人民法院不予支持；婚后以夫妻共同财产缴付养老保险费，离婚时一方主张将养老金账户中婚姻关系存续期间个人实际缴付部分作为夫妻共同财产分割的，人民法院应予支持。

第十四条 当事人达成的以登记离婚或者到人民法院协议离婚为条件的财产分割协议，如果双方协议离婚未成，一方在离婚诉讼中反悔的，人民法院应当认定该财产分割协议没有生效，并根据实际情况依法对夫妻共同财产进行分割。

第十五条 婚姻关系存续期间，夫妻一方作为继承人依法可以继承的遗产，在继承人之间尚未实际分割，起诉离婚时另一方请求分割的，人民法院应当告知当事人在继承人之间实际分割遗产后另行起诉。

第十六条 夫妻之间订立借款协议，以夫妻共同财产出借给一方从事个人经营活动或用于其他个人事务的，应视为双方约定处分夫妻共同财产的行为，离婚时可按照借款协议的约定处理。

第十七条 夫妻双方均有婚姻法第四十六条规定的过错情形，一方或者双方向对方提出离婚损害赔偿请求的，人民法院不予支持。

第十八条 离婚后，一方以尚有夫妻共同财产未处理为由向人民法院起诉请求分割的，经审查该财产确属离婚时未涉及的夫妻共同财产，人民法院应当依法予以分割。

第十九条 本解释施行后，最高人民法院此前作出的相关司法解释与本解释相抵触的，以本解释为准。

中国老龄事业发展“十二五”规划

（2011 年 9 月 17 日　国务院国发〔2011〕28 号）

为积极应对人口老龄化，加快发展老龄事业，根据《中华人民共和国国民经济和社会发展第十二个五年规划纲要》、《中华人民共和国老年人权益保障法》和《中共中央国务院关于加强老龄工作的决定》（中发〔2000〕13 号），制定本规划。

一、背　　景

（一）“十一五”期间取得的主要成就

“十一五”时期是老龄事业快速发展的五年。养老保障体系逐步完善，覆盖范围进一步扩大，企业职工基本养老保险制度实现全覆盖，企业退休人员养老金水平连续五年提高，基本养老保险实现了省级统筹，新型农村社会养老保险开始试点并逐步扩大范围。职工和城镇居民基本医疗保险制度实现全覆盖，新型农村合作医疗参合率稳步提高。老年社会福利和社会救助制度逐步建立，城乡计划生育家庭养老保障支持政策逐步形成。老龄服务体系建设扎实推进，在城市深入开展并逐步向农村延伸，养老服务机构和老年活动设施建设取得较大进步。老年教育、文化、体育事业较快发展，老年精神文化生活更加丰富。全社会老龄意识明显增强，敬老爱老助老社会氛围日益浓厚，老年人权益得到较好保障。老龄领域的科学研究、国际交流与合作取得了新的进展。广大老年群众坚持老有所为，积极参与经济社会建设和公益活动，在构建社会主义和谐社会中发挥了重要作用。

（二）“十二五”时期老龄事业面临的形势

“十二五”时期是我国全面建设小康社会的关键时期，也是老龄事业发展的重要机遇期。

长期以来，党和政府十分关心老年群众，不断采取积极措施，推动老龄事业发展进步，取得举世瞩目的成就，为老龄事业持续发展奠定了很好的基础。但是，在快速发展的老龄化进程中，老龄事业和老龄工作相对滞后的矛盾日益突出。主要表现在：社会养老保障制度尚不完善，公益性老龄服务设施、服务网络建设滞后，老龄服务市场发育不全、供给不足，老年社会管理工作相对薄弱，侵犯老年人权益的现象仍时有发生。对此，我们必须高度重视，认真解决。

“十二五”时期，随着第一个老年人口增长高峰到来，我国人口老龄化进程将进一步加快。从 2011 年到 2015 年，全国 60 岁以上老年人将由 1.78 亿增加到 2.21 亿，平均每年增加老年人 860 万；老年人口比重将由 13.3% 增加到 16%，平均每年递增 0.54 个百分点。老龄化进程与家庭小型化、空巢化相伴随，与经济社会转型期的矛盾相交织，社会养老保障和养老服务的需求将急剧增加。未来 20 年，我国人口老龄化日益加重，到 2030 年全国老年人口规模将会翻一番，老龄事业发展任重道远。我们必须深刻认识发展老龄事业的重要性和紧迫性，充分利用当前经济社会平稳较快发展和社会扶养比较低的有利时机，着力解决老龄工作领域的突出矛盾和问题，从物质、精神、服务、政策、制度和体制机制等方面打好应对人口老龄化挑战的基础。

二、指导思想、发展目标和基本原则

（一）指导思想

高举中国特色社会主义伟大旗帜，以邓小平理论和“三个代表”重要思想为指导，深入贯彻落实科学发展观，适应人口老龄化新形势，以科学发展为主题，以改革创新为动力，建立健全老龄战略规划体系、社会养老保障体系、老年健康支持体系、老龄服务体系、老年宜居环境体系和老年群众工作体系，服务经济社会改革发展大局，努力实现老有所养、老有所医、老有所教、老有所学、老有所为、老有所乐的工作目标，让广大老年人共享改革发展成果。

（二）主要发展目标

——建立应对人口老龄化战略体系基本框架，制定实施老龄事业中长期发展规划。

——健全覆盖城乡居民的社会养老保障体系，初步实现全国老年人人人享有基本养老保障。

——健全老年人基本医疗保障体系，基层医疗卫生机构为辖区内65岁及以上老年人开展健康管理服务，普遍建立健康档案。

——建立以居家为基础、社区为依托、机构为支撑的养老服务体系，居家养老和社区养老服务网络基本健全，全国每千名老年人拥有养老床位数达到30张。

——全面推行城乡建设涉老工程技术标准规范、无障碍设施改造和新建小区老龄设施配套建设规划标准。

——增加老年文化、教育和体育健身活动设施，进一步扩大各级各类老年大学（学校）办学规模。

——加强老年社会管理工作。各地成立老龄工作委员会，80%以上退休人员纳入社区管理服务对象，基层老龄协会覆盖面达到80%以上，老年志愿者数量达到老年人口的10%以上。

（三）基本原则

1. 老龄事业与经济社会发展相适应。紧紧围绕全面建设小康社会和构建社会主义和谐社会宏伟目标，确立老龄事业在改革发展大局中的重要地位，促进老龄事业与经济社会协调发展。

2. 立足当前与着眼长远相结合。从我国的基本国情出发，把着力解决当前的突出矛盾和应对人口老龄化长期挑战紧密联系，注重体制机制创新和法规制度建设，统筹兼顾，综合施策，实现全面、协调、可持续发展。

3. 政府引导与社会参与相结合。按照社会主义市场经济的要求，积极发展老龄服务业。加强政策指导、资金支持、市场培育和监督管理，发挥市场机制在资源配置上的基础性作用，充分调动社会各方面力量积极参与老龄事业发展。

4. 家庭养老与社会养老相结合。充分发挥家庭和社区功能，着力巩固家庭养老地位，优先发展社会养老服务，构建居家为基础、社区为依托、机构为支撑的社会养老服务体系，创建中国特色的新型养老模式。

5. 统筹协调与分类指导相结合。注重城乡、区域协调发展，加大对农村和中西部地区的政策支持力度，资源配置向基层、特别是农村和中西部地区倾斜。充分发挥各地优势和群众的创造性，因地制宜地开展老龄工作，发展老龄事业。

6. 道德规范与法律约束相结合。广泛开展孝亲敬老道德教育，加强老龄法制工作，为老龄工作和老龄事业的全面发展提供动力和保证。

三、主要任务

（一）老年社会保障

1. 加快推进养老保险制度建设。实现新型农村社会养老保险和城镇居民养老保险制度全覆盖。完善实施城镇职工基本养老保险制度，全面落实城镇职工基本养老保险省级统筹，实现基础养老金全国统筹，做好城镇职工基本养老保险关系转移接续工作。逐步推进城乡养老保障制度有效衔接，推动机关事业单位养老保险制度改革。建立随工资增长、物价上涨等因素调整退休人员基本养老金待遇的正常机制。发展企业年金和职业年金。发挥商业保险补充性作用。

2. 完善基本医疗保险制度。进一步完善职工基本医疗保险、城镇居民基本医疗保险、新型农村合作医疗制度。逐步提高城镇居民医保和新农合人均筹资标准及保障水平，减轻老年人等参保人员的医疗费用负担。提高职工医保、城镇居民医保、新农合基金最高支付限额和政策范围内住院费用支付比例，全面推进门诊统筹。做好各项制度间的衔接，逐步提高统筹层次，加快实现医保关系转移接续和医疗费用异地就医结算。全面推进基本医疗费用即时结算，改革付费方式。积极发展商业健康保险，完善补充医疗保险制度。

3. 加大老年社会救助力度。完善城乡最低生活保障制度，将符合条件的老年人全部纳入最低生活保障范围。根据经济社会发展水平，适时调整最低生活保障和农村五保供养标准。完善城乡医疗救助制度，着力解决贫困老年人的基本医疗保障问题。完善临时救助制度，保障因灾因病等支出性生活困难老年人的基本生活。

4. 完善老年社会福利制度。积极探索中国特色社会福利的发展模式，发展适度普惠型的老年社会福利事业，研究制定政府为特殊困难老年人群购买服务的相关政策。进一步完善老年人优待办法，积极为老年人提供各种形式的照顾和优先、优待服务，逐步提高老年人的社会福利水平。有条件的地方可发放高龄老年人生活补贴和家庭经济困难的老年人养老服务补贴。

（二）老年医疗卫生保健

1. 推进老年医疗卫生服务网点和队伍建设。将老年医疗卫生服务纳入各地卫生事业发展规划，加强老年病医院、护理院、老年康复医院和综合医院老年病科建设，有条件的三级综合医院应当设立老年病科。基层医疗卫生机构积极开展老年人医疗、护理、卫生保健、健康监测等服务，为老年人提供居家康复护理服务。基层医疗卫生机构应加强人员队伍建设，切实提高开展老年人卫生服务的能力。

2. 开展老年疾病预防工作。基层医疗卫生机构要为辖区内 65 岁及以上老年人开展健康管理服务，建立健康档案。组织老年人定期进行生活方式和健康状况评估，开展体格检查，及时发现健康风险因素，促进老年疾病早发现、早诊断和早治疗。开展老年疾病防控知识的宣传，做好老年人常见病、慢性病的健康指导和综合干预。

3. 发展老年保健事业。广泛开展老年健康教育，普及保健知识，增强老年人运动健身和心理健康意识。注重老年精神关怀和心理慰藉，提供疾病预防、心理健康、自我保健及伤害预防、自救等健康指导和心理健康指导服务，重点关注高龄、空巢、患病等老年人的心理健康状况。鼓励为老年人家庭成员提供专项培训和支持，充分发挥家庭成员的精神关爱和心理支持作用。老年性痴呆、抑郁等精神疾病的早期识别率达到40%。

（三）老年家庭建设

1. 改善老年人居住条件。引导开发老年宜居住宅和代际亲情住宅，鼓励家庭成员与老年人共同生活或就近居住。推动和扶持老年人家庭无障碍改造。

2. 完善家庭养老支持政策。完善老年人口户籍迁移管理政策，为老年人随赡养人迁徙提供条件。健全家庭养老保障和照料服务扶持政策，完善农村计划生育家庭奖励扶助制度和计划生育家庭特别扶助制度，落实城镇独生子女父母年老奖励政策，建立奖励扶助金动态调整机制。

3. 弘扬孝亲敬老传统美德。强化尊老敬老道德建设，提倡亲情互助，营造温馨和谐的家庭氛围，发挥家庭养老的基础作用。努力建设老年温馨家庭，提高老年人居家养老的幸福指数。

（四）老龄服务

1. 重点发展居家养老服务。建立健全县（市、区）、乡镇（街道）和社区（村）三级服务网络，城市街道和社区基本实现居家养老服务网络全覆盖；80%以上的乡镇和50%以上的农村社区建立包括老龄服务在内的社区综合服务设施和站点。加快居家养老服务信息系统建设，做好居家养老服务信息平台试点工作，并逐步扩大试点范围。培育发展居家养老服务中介组织，引导和支持社会力量开展居家养老服务。鼓励社会服务企业发挥自身优势，开发居家养老服务项目，创新服务模式。大力发展家庭服务业，并将养老服务特别是居家老年护理服务作为重点发展任务。积极拓展居家养老服务领域，实现从基本生活照料向医疗健康、辅具配置、精神慰藉、法律服务、紧急救援等方面延伸。

2. 大力发展社区照料服务。把日间照料中心、托老所、星光老年之家、互助式社区养老服务中心等社区养老设施，纳入小区配套建设规划。本着就近、就便和实用的原则，开展全托、日托、临托等多种形式的老年社区照料服务。

3. 统筹发展机构养老服务。按照统筹规划、合理布局的原则，加大财政投入和社会筹资力度，推进供养型、养护型、医护型养老机构建设。积极推进养老机构运营机制改革与完善，探索多元化、社会化的投资建设和管理模式。进一步完善和落实优惠政策，鼓励社会力量参与公办养老机构建设和运行管理。“十二五”期间，新增各类养老床位 342 万张。

4. 优先发展护理康复服务。在规划、完善医疗卫生服务体系和社会养老服务体系中，加强老年护理院和康复医疗机构建设。政府重点投资兴建和鼓励社会资本兴办具有长期医疗护理、康复促进、临终关怀等功能的养老机构。根据《护理院基本标准》加强规范管理。地（市）级以上城市至少要有一所专业性养老护理机构。研究探索老年人长期护理制度，鼓励、引导商业保险公司开展长期护理保险业务。

5. 切实加强养老服务行业监管。进一步完善养老机构行政管理的法律法规，建立养老机构准入、退出与监管制度，做好养老机构登记注册和日常检查、监督管理工作。寄宿制养老机构等关系老年人安全和健康的重要场所，要列入消防安全和卫生许可制度重点管理范围。

（五）老年人生活环境

1. 加快老年活动场所和便利化设施建设。在城乡规划建设中，充分考虑老年人需求，加强街道、社区“老年人生活圈”配套设施建设，着力改善老年人的生活环境。通过新建和资源整合，缓解老年生活基础设施不足的矛盾。利用公园、绿地、广场等公共空间，开辟老年人运动健身场所。

2. 完善涉老工程建设技术标准体系和实施监督制度。按照适应老龄化的要求，对现行老龄设施工程建设技术标准规范进行全面梳理、审定、修订和完善，在规划、设计、施工、监理、验收等各个环节加强技术标准的实施与监督，形成有效规范的约束机制。

3. 加快推进无障碍设施建设。突出高龄和失能老年人居家养老服务设施、环境的无障碍改造，推行无障碍进社区、进家庭。加快对居住小区、园林绿地、道路、建筑物等与老年人日常生活密切相关的设施无障碍改造步伐，方便老年人出行和参与社会生活。研究制定《无障碍环境建设条例》，继续开展全国无障碍建设城市创建工作。

4. 推动建设老年友好型城市和老年宜居社区。创新老年型社会新思维，树立老年友好环境建设和家庭发展的新理念。研究编制建设老年友好型城市、老年宜居社区指南，发挥典型示范作用。

（六）老龄产业

1. 完善老龄产业政策。把老龄产业纳入经济社会发展总体规划，列入国家扶持行业目录。研究制定、落实引导和扶持老龄产业发展的信贷、投资等支持政策。鼓励社会资本投入老龄产业。引导老年人合理消费，培育壮大老年用品消费市场。

2. 促进老年用品、用具和服务产品开发。重视康复辅具、电子呼救等老年特需产品的研究开发。拓展适合老年人多样化需求的特色护理、家庭服务、健身休养、文化娱乐、金融理财等服务项目。培育一批生产老年用品、用具和提供老年服务的龙头企业，打造一批老龄产业知名品牌。

3. 加强老年旅游服务工作。积极开发符合老年需求、适合老年人年龄特点的旅游产品。完善旅游景区、宾馆饭店、旅游道路的老年服务设施建设。完善针对老年人旅游的导游讲解、线路安排等特色服务。规范老年人旅游服务市场秩序。

4. 引导老龄产业健康发展。研究制定老年产品用品质量标准，加强老龄产业市场监督管理。发挥老龄产业行业协会和中介组织的积极作用，加强信息服务和行业自律。疏通老龄产业发展融资渠道。

（七）老年人精神文化生活

1. 加强老年教育工作。创新老年教育体制机制，探索老年教育新模式，丰富教学内容。加大对老年大学（学校）建设的财政投入，积极支持社会力量参与发展老年教育，扩大各级各类老年大学办学规模。充分发挥党支部、基层自治组织和老年群众组织的作用，做好新形势下老年思想教育工作。

2. 加强老年文化工作。加强农村文化设施建设，完善城市社区文化设施。鼓励创作老年题材的文艺作品，增加老年公共文化产品供给。鼓励和支持各级广播电台、电视台积极开设专栏，加大老年文化传播和老龄工作宣传力度。支持老年群众组织开展各种文化娱乐活动，丰富老年人的精神文化生活。

3. 加强老年体育健身工作。在城乡建设、旧城改造和社区建设中，要安排老年体育健身活动场所。加强老年体育组织建设，积极组织老年人参加全民健身活动。经常参加体育健身的老年人达到50%以上。举办第二届全国老年人体育健身大会。

4. 扩大老年人社会参与。注重开发老年人力资源，支持老年人以适当方式参与经济发展和社会公益活动。贯彻落实《中共中央办公厅国务院办公厅转发〈中央组织部、中央宣传部、中央统战部、人事部、科技部、劳动保障部、解放军总政治部、中国科协关于进一步发挥离退休专业技术人员作用的意见〉的通知》（中办发〔2005〕9号），健全政策措施，搭建服务平台，支持广大离退休专业技术人员更好地发挥作用。重视发挥老年人在社区服务、关心教育下一代、调解邻里纠纷和家庭矛盾、维护社会治安等方面的积极作用。不断探索“老有所为”的新形式，积极做好“银龄行动”组织工作，广泛开展老年志愿服务活动，老年志愿者数量达到老年人口的10%以上。

（八）老年社会管理

1. 加强基层老龄工作机构和老年群众组织建设。各地要建立老龄工作委员会，城乡社区（村、居）要健全老龄工作机制。加强基层老年协会规范化建设，充分发挥老年人自我管理、自我教育、自我服务的积极作用。“十二五”期间，成立老年协会的城镇社区达到95%以上，农村社区（行政村）达到80%以上。

2. 做好离退休人员管理服务工作。充分利用社区资源面向全体老年人开展服务，切实把为离退休老年人服务工作纳入社区服务范围。推进街道（乡镇）、社区劳动保障工作平台建设，为退休人员提供方便、快捷、高效、优质的服务。“十二五”期末，纳入社区管理服务的企业退休人员比例达到80%以上。

（九）老年人权益保障

1. 加强老龄法制建设。推进老年人权益保障法制化进程，做好修订《中华人民共和国老年人权益保障法》的相关工作，开展执法检查和普法教育，提高老年人权益保障法制化水平。

2. 健全老年维权机制。弘扬孝亲敬老美德，促进家庭和睦、代际和顺。加强弱势老年人社会保护工作，把高龄、孤独、空巢、失能和行为能力不健全的老年人列为社会维权服务重点对象。加强对养老机构服务质量的检查、监督，维护老年人的生活质量与生命尊严，杜绝歧视、虐待老年人现象。

3. 做好老年人法律服务工作。拓展老年人维权法律援助渠道，扩大法律援助覆盖面。重点在涉及老年人医疗、保险、救助、赡养、住房、婚姻等方面，为老年人提供及时、便利、高效、优质的法律服务。加大对侵害老年人权益案件的处理力度，切实保障老年人的合法权益。

4. 加强青少年尊老敬老的传统美德教育。在义务教育中，增加孝亲敬老教育内容，开展形式多样的尊老敬老社会实践活动，营造良好的校园文化环境。

（十）老龄科研

1. 抓好重点科研项目。开展应对人口老龄化战略研究，制定国家老龄事业中长期发展规划。做好老年人生活状况追踪调查，开展区域性应对人口老龄化战略研究工作，为制定老龄政策提供决策依据。

2. 加强老龄学科教育和专业人才培养。按照老龄事业发展规划和重点发展领域，统筹部署职业教育、高等教育学科专业设置，培养技能型、应用型、复合型人才，做好人力资源支撑，服务老龄事业发展。

3. 推进信息化建设。建立老龄事业信息化协同推进机制，建立老龄信息采集、分析数据平台，健全城乡老年人生活状况跟踪监测系统。

（十一）老龄国际交流与合作

广泛开展双边、多边国际交流，增进相互了解。积极发挥我国在国际老龄领域的重要影响，深化国际合作。密切跟踪联合国大会老龄问题工作组对建构老年人权利国际保护机制的动向，积极发挥作用，引导相关进程朝有利方向发展。积极研究借鉴国外应对人口老龄化理念和经验，做好联合国人口基金第七周期老龄项目。完成《国际老龄行动计划》在中国执行情况的检查评估。

四、保障措施

（一）加强组织领导

各级政府要高度重视老龄问题，加强老龄工作。把发展老龄事业纳入重要议事日程，列入经济社会发展总体规划，及时解决老龄工作中的矛盾和问题。健全党政主导、老龄委协调、部门尽责、社会参与、全民关怀的大老龄工作格局。

（二）加大改革创新力度

进一步解放思想，坚持改革，在体制机制、政策制度、工作思路和发展模式等方面加大创新力度，围绕涉老社会保障制度的配套衔接、老龄事业投入机制、政府购买服务方式、老龄服务市场准入与日常监管、民办养老机构扶持政策、社区养老服务资源的综合开发利用、老龄社会组织规范化建设等比较突出的矛盾和问题，深入开展调查研究，逐步完善政策法规制度，创新体制机制。

（三）建立多元长效投入机制

各级政府要根据经济发展状况和老龄工作实际，多渠道筹资，不断加大老龄事业投入。进一步完善实施促进老龄事业发展的税收政策，政策引导与体制创新并重，调动社会资本投入老龄事业的积极性。大力发展老龄慈善事业。

（四）加强人才队伍建设

加强老龄工作队伍的思想建设、组织建设、作风建设和业务能力建设。加快养老服务业人才培养，特别是养老护理员、老龄产业管理人员的培养。根据国家职业标准，组织开展养老护理人员职业培训和职业资格认证工作。有条件的普通高校和职业学校，在相关专业开设老年学、老年护理学、老年心理学等课程。大力发展为老服务志愿者队伍和社会工作者队伍。

（五）建立监督检查评估机制

本规划由全国老龄工作委员会负责协调、督促、检查有关部门执行，2015 年对规划的执行情况进行全面评估。

社会养老服务体系建设规划
（2011—2015年）

（2011年12月16日　国务院办公厅国办发〔2011〕60号）

为积极应对人口老龄化，建立起与人口老龄化进程相适应、与经济社会发展水平相协调的社会养老服务体系，实现党的十七大确立的“老有所养”的战略目标和十七届五中全会提出的“优先发展社会养老服务”的要求，根据《中华人民共和国国民经济和社会发展第十二个五年规划纲要》和《中国老龄事业发展“十二五”规划》，制定本规划。

一、规划背景

（一）现状和问题

自1999年我国步入老龄化社会以来，人口老龄化加速发展，老年人口基数大、增长快并日益呈现高龄化、空巢化趋势，需要照料的失能、半失能老人数量剧增。第六次全国人口普查显示，我国60岁及以上老年人口已达1.78亿，占总人口的13.26%，加强社会养老服务体系建设的任务十分繁重。

近年来，在党和政府的高度重视下，各地出台政策措施，加大资金支持力度，使我国的社会养老服务体系建设取得了长足发展。养老机构数量不断增加，服务规模不断扩大，老年人的精神文化生活日益丰富。截至2010年年底，全国各类收养性养老机构已达4万个，养老床位达314.9万张。社区养老服务设施进一步改善，社区日间照料服务逐步拓展，已建成含日间照料功能的综合性社区服务中心1.2万个，留宿照料床位1.2万张，日间照料床位4.7万张。以保障三无、五保、高龄、独居、空巢、失能和低收入老人为重点，借助专业化养老服务组织，提供生活照料、家政服务、康复护理、医疗保健等服务的居家养老服务网络初步形成。养老服务的运作模式、服务内容、操作规范等也不断探索创新，积累了有益的经验。

但是，我国社会养老服务体系建设仍然处于起步阶段，还存在着与新形势、新任务、新需求不相适应的问题，主要表现在：缺乏统筹规划，体系建设缺乏整体性和连续性；社区养老服务和养老机构床位严重不足，供需矛盾突出；设施简陋、功能单一，难以提供照料护理、医疗康复、精神慰藉等多方面服务；布局不合理，区域之间、城乡之间发展不平衡；政府投入不足，民间投资规模有限；服务队伍专业化程度不高，行业发展缺乏后劲；国家出台的优惠政策落实不到位；服务规范、行业自律和市场监管有待加强等。

（二）必要性和可行性

我国的人口老龄化是在“未富先老”、社会保障制度不完善、历史欠账较多、城乡和区域发展不平衡、家庭养老功能弱化的形势下发生的，加强社会养老服务体系建设的任务十分繁重。

加强社会养老服务体系建设，是应对人口老龄化、保障和改善民生的必然要求。目前，我国是世界上唯一一个老年人口超过1亿的国家，且正在以每年3%以上的速度快速增长，是同期人口增速的五倍多。预计到2015年，老年人口将达到2.21亿，约占总人口的16%；2020年达到2.43亿，约占总人口的18%。随着人口老龄化、高龄化的加剧，失能、半失能老年人的数量还将持续增长，照料和护理问题日益突出，人民群众的养老服务需求日益增长，加快社会养老服务体系建设已刻不容缓。

加强社会养老服务体系建设，是适应传统养老模式转变、满足人民群众养老服务需求的必由之路。长期以来，我国实行以家庭养老为主的养老模式，但随着计划生育基本国策的实施，以及经济社会的转型，家庭规模日趋小型化，“4—2—1”家庭结构日益普遍，空巢家庭不断增多。家庭规模的缩小和结构变化使其养老功能不断弱化，对专业化养老机构和社区服务的需求与日俱增。

加强社会养老服务体系建设，是解决失能、半失能老年群体养老问题、促进社会和谐稳定的当务之急。目前，我国城乡失能和半失能老年人约3300万，占老年人口总数的19%。由于现代社会竞争激烈和生活节奏加快，中青年一代正面临着工作和生活的双重压力，照护失能、半失能老年人力不从心，迫切需要通过发展社会养老服务来解决。

加强社会养老服务体系建设，是扩大消费和促进就业的有效途径。庞大的老年人群体对照料和护理的需求，有利于养老服务消费市场的形成。据推算，2015年我国老年人护理服务和生活照料的潜在市场规模将超过4500亿元，养老服务就业岗位潜在需求将超过500万个。

在面对挑战的同时，我国社会养老服务体系建设也面临着前所未有的发展机遇。加强社会养老服务体系建设，已越来越成为各级党委政府关心、社会广泛关注、群众迫切期待解决的重大民生问题。同时，随着我国综合国力的不断增强，城乡居民收入的持续增多，公共财政更多地投向民生领域，以及人民群众自我保障能力的提高，社会养老服务体系建设已具备了坚实的社会基础。

二、内涵和定位

（一）内涵

社会养老服务体系是与经济社会发展水平相适应，以满足老年人养老服务需求、提升老年人生活质量为目标，面向所有老年人，提供生活照料、康复护理、精神慰藉、紧急救援和社会参与等设施、组织、人才和技术要素形成的网络，以及配套的服务标准、运行机制和监管制度。

社会养老服务体系建设应以居家为基础、社区为依托、机构为支撑，着眼于老年人的实际需求，优先保障孤老优抚对象及低收入的高龄、独居、失能等困难老年人的服务需求，兼顾全体老年人改善和提高养老服务条件的要求。

社会养老服务体系建设是应对人口老龄化的一项长期战略任务，是坚持政府主导，鼓励社会参与，不断完善管理制度，丰富服务内容，健全服务标准，满足人民群众日益增长的养老服务需求的持续发展过程。本建设规划仅着眼于构建体系建设的基本框架。

（二）功能定位

我国的社会养老服务体系主要由居家养老、社区养老和机构养老等三个有机部分组成。

居家养老服务涵盖生活照料、家政服务、康复护理、医疗保健、精神慰藉等，以上门服务为主要形式。对身体状况较好、生活基本能自理的老年人，提供家庭服务、老年食堂、法律服务等服务；对生活不能自理的高龄、独居、失能等老年人提供家务劳动、家庭保健、辅具配置、送饭上门、无障碍改造、紧急呼叫和安全援助等服务。有条件的地方可以探索对居家养老的失能老年人给予专项补贴，鼓励他们配置必要的康复辅具，提高生活自理能力和生活质量。

社区养老服务是居家养老服务的重要支撑，具有社区日间照料和居家养老支持两类功能，主要面向家庭日间暂时无人或者无力照护的社区老年人提供服务。在城市，结合社区服务设施建设，增加养老设施网点，增强社区养老服务能力，打造居家养老服务平台。倡议、引导多种形式的志愿活动及老年人互助服务，动员各类人群参与社区养老服务。在农村，结合城镇化发展和新农村建设，以乡镇敬老院为基础，建设日间照料和短期托养的养老床位，逐步向区域性养老服务中心转变，向留守老年人及其他有需要的老年人提供日间照料、短期托养、配餐等服务；以建制村和较大自然村为基点，依托村民自治和集体经济，积极探索农村互助养老新模式。

机构养老服务以设施建设为重点，通过设施建设，实现其基本养老服务功能。养老服务设施建设重点包括老年养护机构和其他类型的养老机构。老年养护机构主要为失能、半失能的老年人提供专门服务，重点实现以下功能：1. 生活照料。设施应符合无障碍建设要求，配置必要的附属功能用房，满足老年人的穿衣、吃饭、如厕、洗澡、室内外活动等日常生活需求。2. 康复护理。具备开展康复、护理和应急处置工作的设施条件，并配备相应的康复器材，帮助老年人在一定程度上恢复生理功能或减缓部分生理功能的衰退。3. 紧急救援。具备为老年人提供突发性疾病和其他紧急情况的应急处置救援服务能力，使老年人能够得到及时有效的救援。鼓励在老年养护机构中内设医疗机构。符合条件的老年养护机构还应利用自身的资源优势，培训和指导社区养老服务组织和人员，提供居家养老服务，实现示范、辐射、带动作用。其他类型的养老机构根据自身特点，为不同类型的老年人提供集中照料等服务。

三、指导思想和基本原则

（一）指导思想

以邓小平理论和“三个代表”重要思想为指导，深入贯彻落实科学发展观，以满足老年人的养老服务需求为目标，从我国基本国情出发，坚持政府主导、政策扶持、多方参与、统筹规划，在“十二五”期间，初步建立起与人口老龄化进程相适应、与经济社会发展水平相协调，以居家为基础、社区为依托、机构为支撑的社会养老服务体系，让老年人安享晚年，共享经济社会发展成果。

（二）基本原则

1. 统筹规划、分级负责。加强社会养老服务体系建设是一项长期的战略任务，各级政府对养老机构和社区养老服务设施的建设和发展统筹考虑、整体规划。中央制定全国总体规划，确定建设目标和主要任务，制定优惠政策，支持重点领域建设；地方制定本地规划，承担主要建设任务，落实优惠政策，推动形成基层网络，保障其可持续发展。

2. 政府主导、多方参与。加强政府在制度、规划、筹资、服务、监管等方面的职责，加快社会养老服务设施建设。发挥市场在资源配置中的基础性作用，打破行业界限，开放社会养老服务市场，采取公建民营、民办公助、政府购买服务、补助贴息等多种模式，引导和支持社会力量兴办各类养老服务设施。鼓励城乡自治组织参与社会养老服务。充分发挥专业化社会组织的力量，不断提高社会养老服务水平和效率，促进有序竞争机制的形成，实现合作共赢。

3. 因地制宜、突出重点。根据区域内老年人口数量和养老服务发展水平，充分依托现有资源，合理安排社会养老服务体系建设项目。以居家养老服务为导向，以长期照料、护理康复和社区日间照料为重点，分类完善不同养老服务机构和设施的功能，优先解决好需求最迫切的老年群体的养老问题。

4. 深化改革、持续发展。按照管办分离、政事政企分开的原则，统筹推进公办养老服务机构改革。区分营利性与非营利性，加强对社会养老服务机构的登记和监管。盘活存量，改进管理。完善养老服务的投入机制、服务规范、建设标准、评价体系，促进信息化建设，加快养老服务专业队伍建设，确保养老机构良性运行和可持续发展。

四、目标和任务

（一）建设目标

到2015年，基本形成制度完善、组织健全、规模适度、运营良好、服务优良、监管到位、可持续发展的社会养老服务体系。每千名老年人拥有养老床位数达到30张。居家养老和社区养老服务网络基本健全。

（二）建设任务

改善居家养老环境，健全居家养老服务支持体系。以社区日间照料中心和专业化养老机构为重点，通过新建、改扩建和购置，提升社会养老服务设施水平。充分考虑经济社会发展水平和人口老龄化发展程度，“十二五”期间，增加日间照料床位和机构养老床位340余万张，实现养老床位总数翻一番；改造30%现有床位，使之达到建设标准。

在居家养老层面，支持有需求的老年人实施家庭无障碍设施改造。扶持居家服务机构发展，进一步开发和完善服务内容和项目，为老年人居家养老提供便利服务。

在城乡社区养老层面，重点建设老年人日间照料中心、托老所、老年人活动中心、互助式养老服务中心等社区养老设施，推进社区综合服务设施增强养老服务功能，使日间照料服务基本覆盖城市社区和半数以上的农村社区。

在机构养老层面，重点推进供养型、养护型、医护型养老设施建设。县级以上城市，至少建有一处以收养失能、半失能老年人为主的老年养护设施。在国家和省级层面，建设若干具有实训功能的养老服务设施。

提高社会养老服务装备水平，鼓励研发养老护理专业设备、辅具，积极推动养老服务专用车配备。

加强养老服务信息化建设，依托现代技术手段，为老年人提供高效便捷的服务，规范行业管理，不断提高养老服务水平。

（三）建设方式

通过新建、扩建、改建、购置等方式，因地制宜建设养老服务设施。新建小区要统筹规划，将养老服务设施建设纳入公建配套实施方案。鼓励通过整合、置换或转变用途等方式，将闲置的医院、企业、农村集体闲置房屋以及各类公办培训中心、活动中心、疗养院、小旅馆、小招待所等设施资源改造用于养老服务。通过设备和康复辅具产品研发、养老服务专用车配备和信息化建设，全面提升社会养老服务能力。

（四）运行机制

充分发挥市场在资源配置中的基础性作用，为各类服务主体营造平等参与、公平竞争的环境，实现社会养老服务可持续发展。

公办养老机构应充分发挥其基础性、保障性作用。按照国家分类推进事业单位改革的总体思路，理顺公办养老机构的运行机制，建立责任制和绩效评价制度，提高服务质量和效率。

鼓励有条件或新建的公办养老机构实行公建民营，通过公开招投标选定各类专业化的机构负责运营。负责运营的机构应坚持公益性质，通过服务收费、慈善捐赠、政府补贴等多种渠道筹集运营费用，确保自身的可持续发展。

加强对非营利性社会办养老机构的培育扶持，采取民办公助等形式，给予相应的建设补贴或运营补贴，支持其发展。鼓励民间资本投资建设专业化的服务设施，开展社会养老服务。

推动社会专业机构以输出管理团队、开展服务指导等方式参与养老服务设施运营，引导养老机构向规模化、专业化、连锁化方向发展。鼓励社会办养老机构收养政府供养对象，共享资源，共担责任。

（五）资金筹措

社会养老服务体系建设资金需多方筹措，多渠道解决。

要充分发挥市场机制的基础性作用，通过用地保障、信贷支持、补助贴息和政府采购等多种形式，积极引导和鼓励企业、公益慈善组织及其他社会力量加大投入，参与养老服务设施的建设、运行和管理。

地方各级政府要切实履行基本公共服务职能，强化在社会养老服务体系建设中的支出责任，安排财政性专项资金，支持公益性养老服务设施建设。

民政部本级福利彩票公益金及地方各级彩票公益金要增加资金投入，优先保障社会养老服务体系建设。

中央设立专项补助投资，依据各地经济社会发展水平、老龄人口规模等，积极支持地方社会养老服务体系发展，重点用于社区日间照料中心和老年养护机构设施建设。

五、保障措施

（一）强化统筹规划，加强组织领导。从构建社会主义和谐社会的战略高度，充分认识加强社会养老服务体系建设的重要意义，增强使命感、责任感和紧迫感，将社会养老服务体系建设摆上各级政府的重要议事日程和目标责任考核范围，纳入经济社会发展规划，切实抓实抓好。各地要建立由民政、发展改革、老龄部门牵头，相关部门参与的工作机制，加强组织领导，加强协调沟通，加强对规划实施的督促检查，确保规划目标的如期实现。鼓励社会各界对规划实施进行监督。

（二）加大资金投入，建立长效机制。对公办养老机构保障所需经费，应列入财政预算并建立动态保障机制。采取公建民营、委托管理、购买服务等多种方式，支持社会组织兴办或者运营的公益性养老机构。鼓励和引导金融机构在风险可控和商业可持续的前提下，创新金融产品和服务方式，改进和完善对社会养老服务产业的金融服务，增加对养老服务企业及其建设项目的信贷投入。积极探索拓展社会养老服务产业市场化融资渠道。积极探索采取直接补助或贴息的方式，支持民间资本投资建设专业化的养老服务设施。

（三）加强制度建设，确保规范运营。建立、健全相关法律法规，建立养老服务准入、退出、监管制度，加大执法力度，规范养老服务市场行为。制定和完善居家养老、社区养老服务和机构养老服务的相关标准，建立相应的认证体系，大力推动养老服务标准化，促进养老服务示范活动深入开展。建立养老机构等级评定制度。建立老年人入院评估、养老服务需求评估等评估制度。

（四）完善扶持政策，推动健康发展。各级政府应将社会养老服务设施建设纳入城乡建设规划和土地利用规划，合理安排，科学布局，保障土地供应。符合条件的，按照土地划拨目录依法划拨。研究制定财政补助、社会保险、医疗等相关扶持政策，贯彻落实好有关税收以及用水、用电、用气等优惠政策。有条件的地方，可以探索实施老年护理补贴、护理保险，增强老年人对护理照料的支付能力。支持建立老年人意外伤害保险制度，构建养老服务行业风险合理分担机制。建立科学合理的价格形成机制，规范服务收费项目和标准。

（五）加快人才培养，提升服务质量。加强养老服务职业教育培训，有计划地在高等院校和中等职业学校增设养老服务相关专业和课程，开辟养老服务培训基地，加快培养老年医学、护理、营养和心理等方面的专业人才，提高养老服务从业人员的职业道德、业务技能和服务水平。如养老机构具有医疗资质，可以纳入护理类专业实习基地范围，鼓励大专院校学生到各类养老机构实习。加强养老服务专业培训教材开发，强化师资队伍建设。推行养老护理员职业资格考试认证制度，五年内全面实现持证上岗。完善培训政策和方法，加强养老护理员职业技能培训。探索建立在养老服务中引入专业社会工作人才的机制，推动养老机构开发社工岗位。开展社会工作的学历教育和资格认证。支持养老机构吸纳就业困难群体就业。加快培育从事养老服务的志愿者队伍，实行志愿者注册制度，形成专业人员引领志愿者的联动工作机制。

（六）运用现代科技成果，提高服务管理水平。以社区居家老年人服务需求为导向，以社区日间照料中心为依托，按照统筹规划、实用高效的原则，采取便民信息网、热线电话、爱心门铃、健康档案、服务手册、社区呼叫系统、有线电视网络等多种形式，构建社区养老服务信息网络和服务平台，发挥社区综合性信息网络平台的作用，为社区居家老年人提供便捷高效的服务。在养老机构中，推广建立老年人基本信息电子档案，通过网上办公实现对养老机构的日常管理，建成以网络为支撑的机构信息平台，实现居家、社区与机构养老服务的有效衔接，提高服务效率和管理水平。加强老年康复辅具产品研发。

各地可根据本规划，结合实际，制定本地区的社会养老服务体系建设规划。